Psicoanálisis del arte

Sigmund Freud

Psicoanálisis del arte

El libro de bolsillo

Título original: *Eine Kindheitserinnerung des Leonardo da Vinci / Der Moses des Michelangelo / Der Wahn und die Träume in W. Jensens «Gradiva» / Eine Kindheitserinnerung aus Dichtung und Wahrheit / Dostojewski und die Vatertötung.*
Traducción de Luis López Ballesteros de Torres

Primera edición: 1970
Tercera edición: 2013
Séptima reimpresión: 2024

Diseño de colección: Estrada Design
Diseño de cubierta: Manuel Estrada

Reservados todos los derechos. El contenido de esta obra está protegido por la Ley, que establece penas de prisión y/o multas, además de las correspondientes indemnizaciones por daños y perjuicios, para quienes reprodujeren, plagiaren, distribuyeren o comunicaren públicamente, en todo o en parte, una obra literaria, artística o científica, o su transformación, interpretación o ejecución artística fijada en cualquier tipo de soporte o comunicada a través de cualquier medio, sin la preceptiva autorización.

© Alianza Editorial, S. A., Madrid, 1970, 2024
 Calle Valentín Beato, 21
 28037 Madrid
 www.alianzaeditorial.es

ISBN: 978-84-206-1079-5
Depósito legal: M. 38.856-2012
Composición: Grupo Anaya
Printed in Spain

Si quiere recibir información periódica sobre las novedades de Alianza Editorial, envíe un correo electrónico a la dirección: alianzaeditorial@anaya.es

Índice

- 9 Un recuerdo infantil de Leonardo de Vinci
- 93 El *Moisés* de Miguel Ángel
- 128 Apéndice al ensayo sobre el *Moisés* de Miguel Ángel
- 130 El delirio y los sueños en la *Gradiva*, de W. Jensen
- 247 Un recuerdo infantil de Goethe en *Poesía y verdad*
- 260 Dostoyevski y el parricidio

- 283 Notas

Un recuerdo infantil de Leonardo de Vinci*

1

Cuando la investigación psicoterápica, que en general se contenta con un material humano de nivel vulgar, pasa a recaer sobre una de las grandes figuras de la Humanidad, no persigue, ciertamente, los fines que con tanta frecuencia le son atribuidos por los profanos. No tiende «a oscurecer lo radiante y derribar lo elevado», ni encuentra satisfacción ninguna en aminorar la distancia entre la perfección del grande hombre y la insuficiencia de su objeto humano acostumbrado. Por el contrario, abriga un extraordinario interés por todo aquello que tales modelos puedan descubrirle, y opina que nadie es tan grande que pueda avergonzarse de hallarse sometido a aquellas leyes que rigen con idéntico rigor tanto la actividad nor-

* Publicado en 1910.

mal como la patológica. Leonardo de Vinci (1452-1519) fue ya admirado por sus contemporáneos como uno de los más grandes hombres del Renacimiento italiano; pero también les pareció ya enigmático, como aún nos lo parece a nosotros. Fue un genio poliforme, «cuyos límites sólo podemos sospechar, nunca fijar»[1], y ejerció la más intensa influencia sobre la pintura de su época. En cambio, sólo en la época moderna se ha llegado a reconocer la grandeza del investigador físico que se enlazaba en él al artista. Aunque nos ha legado obras maestras de la pintura, mientras que sus descubrimientos científicos permanecieron inéditos e inaprovechados, su desarrollo como investigador influyó constantemente sobre su desarrollo artístico coartándolo con frecuencia grandemente y acabando por ahogarlo. Vasari le atribuye en su última hora palabras en las que habría expresado su remordimiento por haber ofendido a Dios y a los hombres no cumpliendo su misión en el arte, y aunque este relato de Vasari carece de verosimilitud, tanto exterior como interior, y pertenece a la leyenda que ya en tiempos del enigmático maestro comenzó a formarse en torno de su persona, constituye, sin embargo, un valioso testimonio del juicio que la misma merecía a los hombres de su época[2].

¿Qué fue lo que alejó la personalidad de Leonardo de la comprensión de sus contemporáneos? Desde luego, no podemos suponer que fuera la multiplicidad de sus aptitudes y conocimientos que le permitió presentarse como citarista y constructor de nuevos instrumentos de música en la corte de Ludovico Sforza, sobrenombrado el *Moro*, duque de Milán, o escribir aquella notable carta en la que se vanagloriaba de sus conocimientos como arquitecto e ingeniero militar, pues la coincidencia de tan múltiples aptitudes en una sola persona era cosa corriente en los tiempos del Renacimiento, aunque de todas maneras fuera Leonardo uno de los más brillantes ejemplos de ella. No pertenecía tampoco a aquel tipo de hombres geniales que, habiendo sido poco favorecidos exteriormente por la Naturaleza, niegan, a su vez, todo valor a las formas exteriores de la vida, caen en un desconsolado pesimismo y rehúyen el trato social. Por el contrario, era esbelto y bien constituido, de rostro acabadamente bello y fuerza física nada común; encantador en su trato, elocuente, alegre y afable. Gustaba de rodearse de cosas bellas, se adornaba con magníficos trajes y estimaba todo refinamiento de la vida. Estos caracteres de Leonardo quedan evidenciados en unos párrafos de su *Tratado sobre la pintura,* en los que compara este arte con los demás y describe las molestias de la labor del escultor:

> El escultor trabaja con el rostro envuelto en el polvillo del mármol, que le da todo el aspecto de un panadero. Sus vestidos se cubren de blancos trocitos de mármol, como si le hubiera nevado encima, y toda su casa está llena de polvo y de piedras. En cambio, el pintor se nos muestra bien vestido y cómodamente sentado ante su obra, manejando el ligero pincel con los más alegres colores. Puede adornarse a su gusto, y su casa está llena de bellas pinturas y resplandeciente de limpieza. Con frecuencia se acompaña de músicos o lectores que recrean su espíritu, y ni el golpear del martillo ni ningún otro ruido viene a estorbar sus placeres.

Es muy posible que esta idea de un Leonardo radiante de alegría y entregado gozosamente al placer de vivir no responda exactamente sino al primer período de la vida del maestro. En épocas posteriores, cuando el ocaso de Ludovico Moro le obligó a salir de Milán, su campo de acción, y a abandonar la segura posición de que en dicha ciudad gozaba, para llevar una vida errante, escasa en éxitos exteriores, hasta refugiarse en Francia, su último asilo, debió de ensombrecerse su ánimo y acentuarse algún rasgo extravagante de su ser. El olvido en que paulatinamente fue dejando su arte para interesarse tan sólo por sus investigaciones científicas contribuyó no poco a hacer más profundo el abismo que de sus contemporáneos le separaba. Todos los experimentos con los que, a juicio de aquéllos, perdía lamentablemente el tiempo que hubiera empleado mejor pintando los cuadros que le eran encargados y enriqueciéndose así, como el Perugino, su antiguo condiscípulo, eran considerados como chifladuras, e incluso le hicieron sospechoso de dedicarse a la magia negra. Bajo este aspecto le comprendemos nosotros mejor, y por sus notas sabemos cuáles eran las artes que ejercía. En una época en la que la autoridad de la Iglesia comenzaba a ser sustituida por la de la Antigüedad, y en la que no se conocía aún la investigación exenta de prejuicios, fue Leonardo el precursor de Bacon y de Copérnico, e incluso su digno igual, y tenía que hallarse, por tanto, aislado entre sus contemporáneos. Cuando disecaba cadáveres de hombres o de caballos, construía aparatos para volar o estudiaba la alimentación de las plantas y los efectos que en ellas producían los venenos, se apartaba considerablemente de los comentadores de Aristóteles y se acercaba a los despreciados alquimistas, en cuyos laboratorios halló un refugio la investigación experimental durante estos tiempos adversos.

Consecuencia de todo esto fue que Leonardo llegó a no coger sino de mala gana los pinceles, dejando inacabadas en su mayor parte las pocas obras pictóricas que emprendía y sin que le preocuparan los destinos ulteriores de las mismas. Esta conducta le fue ya reprochada por sus contemporáneos, para los cuales constituyó siempre un enigma.

Varios de los admiradores posteriores de Leonardo han intentado defenderle de este reproche de inconstancia, alegando que se trata de una peculiaridad general de los grandes artistas. También Miguel Ángel, activo e infatigable creador, dejó inacabadas muchas de sus obras, y sería, sin embargo, injusto tacharle de inconstante. Por otra parte, muchos de los cuadros de Leonardo no se hallan tan inacabados como el mismo artista lo pretendía, pues lo que él consideraba aún como insatisfactoria encarnación de sus aspiraciones era ya para el profano una acabada obra de arte. El maestro concebía una suprema perfección que luego no le parecía hallar nunca en su obra. Por último, tampoco sería justo hacer responsable al artista del destino final de sus producciones.

Por muy fundamentadas que aparezcan algunas de estas disculpas no logran eximir a Leonardo de toda responsabilidad. La penosa lucha con la obra, su abandono y la indiferencia con respecto a su destino subsiguiente pueden ser caracteres comunes a muchos artistas, pero Leonardo nos los muestra en su más alto grado. Solmi[3] cita las siguientes manifestaciones de uno de sus discípulos:

> Pareva che ad ogni ora tremasse quando si poneva a dipingere, e pero non diedi mai fine ad alcuna cosa cominciata, con-

siderando la grandezza dell'arte tal che egli scorgeva errori in quelle cose che ad altri parevano miracoli.

Sus últimos cuadros –la *Leda*, la *Madona de San Onofre*, el *Baco* y el *San Juan Bautista, joven*– quedaron interminados, «come quasi intervenne di tutte le cose sue...». Lomazzo[4], que pintó una copia de la *Cena*, se refiere en un soneto a la conocida incapacidad de Leonardo para dar fin a una obra pictórica:

> Protogen che il penel di sue piture
> Non levaba, agguaglio il Vinci Divo,
> Di cui opra non e finita pure.

La lentitud con que Leonardo trabajaba llegó a ser proverbial. En la *Cena* del convento de Santa Maria delle Grazie, de Milán, pintó durante tres años, después de haber empleado mucho tiempo en estudios preliminares. Un contemporáneo, el cuentista Mateo Bandello, fraile profeso a la sazón en dicho convento, nos refiere que Leonardo subía muchos días al andamio en las primeras horas de la mañana y trabajaba sin descanso hasta el anochecer, no acordándose siquiera de tomar alimento. En cambio, transcurrían luego semanas enteras sin que hiciera nada. En ocasiones se pasaba horas y horas sumido en hondas meditaciones delante de su obra, como sometiéndola a un riguroso examen. Otras veces acudía a toda prisa al convento desde el patio del castillo de Milán, en el que trabajaba en el modelo de la estatua ecuestre de Francisco Sforza, sólo para dar un par de pinceladas a una figura, marchándose en seguida[5]. Vasari nos cuenta que en el retrato de Monna Lisa, esposa del florentino

Francesco del Giocondo, trabajó durante cuatro años, sin llegar a darlo por terminado; detalle que queda confirmado por el hecho de no haberlo entregado a la persona que se lo encargó. Habiéndoselo llevado luego consigo a Francia, le fue comprado por el rey Francisco I, y constituye hoy uno de los más preciados tesoros del Louvre[6].

Si a estas informaciones sobre los métodos de trabajo de Leonardo unimos el testimonio de los numerosos apuntes y estudios que de él se conservan y que varían hasta lo infinito los temas de cada uno de sus cuadros, habremos de reconocer que sería injusto tacharle de ligero o inconstante. Observamos en él, por el contrario, una extraordinaria profundidad y una gran riqueza de posibilidades entre las que vacila la definitiva elección del artista, elevadísimas aspiraciones apenas realizables y una intensa coerción de la ejecución que no llega a resultar explicable por la fatal impotencia del artista para conseguir plenamente su propósito ideal. La lentitud proverbial de Leonardo se demuestra como un síntoma de dicha coerción y un signo precursor de su ulterior abandono total de la pintura[7], siendo también la que determinó el desdichado destino de su *Cenáculo,* del cual no podemos considerar a Leonardo por completo irresponsable. Leonardo no podía acostumbrarse a la pintura al fresco, que exige una labor continuada y rápida mientras se halla aún húmedo el fondo sobre el que han de extenderse los colores, y, por tanto, empleó colores al óleo, que le permitían trabajar sin precipitarse, pero que se desprendieron del fondo sobre el que fueron extendidos y que los separaba del muro. Los defectos de este último y los destinos por los que en el transcurso de los años fue pasando el local se agregaron a tal circunstancia para decidir la pérdida del cuadro, al parecer inevitable ya[8].

Al fracaso de un análogo experimento técnico parece haber obedecido la pérdida del cuadro de la batalla de Anghiari que Leonardo pintó más tarde, compitiendo con Miguel Ángel, en la Sala de Consiglio, de Florencia, y que también dejó inacabado. Parece aquí como si un interés ajeno al arte, el del experimentador, hubiera robustecido el interés artístico, resultando después perjudicial para la obra de arte.

El carácter de Leonardo mostraba todavía algunos otros rasgos singulares y varias contradicciones evidentes. No puede negársele un cierto grado de inactividad e indiferencia. En una época en la que todo individuo aspiraba a conquistarse el más amplio campo de acción posible, aspiración que suponía una enérgica agresividad, se hacía notar Leonardo por su apacible natural y su empeño en evitar toda clase de competencias y disputas. Era bondadoso y afable para con todos, no probaba la carne porque creía injusto despojar de la vida a los animales, y uno de sus mayores placeres era dar libertad a los pájaros que compraba en el mercado[9]. Condenaba la guerra y la efusión de sangre, y declaraba no ver en el hombre el rey de la creación, sino la más temible de las fieras[10]. Pero esta femenina delicadeza de su sensibilidad no le impedía acompañar a los condenados en su camino hacia el cadalso, para estudiar sus fisonomías, contraídas por la angustia, y dibujarlas en su álbum, ni tampoco inventar las más mortíferas armas de guerra y entrar al servicio de César Borgia como ingeniero militar. Parecía indiferente al bien y al mal, y pedía que se le midiera con una medida especial. Acompañó a César Borgia, el más cruel y desleal de todos los caudillos, en su conquista de la Romaña, y en sus anotaciones no encontramos ni una sola línea dedicada a los sucesos de que en aquella expedición hubo de ser testigo. No sería, quizá, muy desacertado comparar aquí su actitud con la de Goethe durante la campaña de Francia.

Cuando en un ensayo biográfico se quiere llegar realmente a una profunda comprensión de la vida anímica del sujeto investigado no se debe silenciar, como por discreción o hipocresía lo hacen la mayor parte de los biógrafos, las características sexuales del mismo. Poco es lo que sobre este punto conocemos de Leonardo, pero este poco, muy significativo. En una época que veía luchar la sensualidad más ilimitada con la más rigurosa ascesis, era Leonardo un ejemplo de fría repulsa sexual, inesperada y singular en un artista, pintor de la belleza femenina. Solmi[11] cita de él la siguiente frase, que da testimonio de su frigidez:

> El acto del coito y todo lo que con él se enlaza es tan repugnante, que la Humanidad se extinguirá en breve plazo si dicho acto no constituyera una antiquísima costumbre y no hubiera aún rostros bellos y temperamentos sensuales.

Los escritos que nos ha legado, y que no tratan únicamente de elevados problemas científicos, sino que contienen asimismo cosas harto inocentes, apenas dignas de una tan grande inteligencia (una Historia Natural alegórica, fábulas de animales, profecías)[12], son castos, e incluso podríamos decir abstinentes en un grado que nos asombraría hallar actualmente en una obra literaria. Eluden todo lo sexual tan decididamente como si sólo el Eros que conserva todo lo animado no fuera un tema digno del interés del investigador[13]. Conocido es con cuánta frecuencia se complacen los grandes artistas en desahogar su fantasía en representaciones eróticas y hasta obscenas. En cambio, no poseemos de Leonardo sino algunos dibujos anatómicos de los genitales internos de la mujer, de la posición del feto en la matriz, etcétera[14].

Es muy dudoso que Leonardo tuviese nunca amorosamente entre sus brazos a una mujer. Tampoco sabemos que hubiera en su vida una pasión platónica, como la de Miguel Ángel por Vittoria Colonna. Hallándose aún en el taller de Verrocchio, su maestro, fue denunciado, en unión de otros varios jóvenes, por sospechas de homosexualidad, denuncia que terminó con una absolución. El motivo de tales sospechas fue, según parece, el servirse como modelo de un muchacho de dudosa fama[15]. Siendo ya artista de renombre, se rodeaba de bellos adolescentes y jóvenes, a los que tomaba por discípulos. El último de éstos, Francesco Melzi, le acompañó a Francia, permaneció con él hasta su muerte y fue su heredero. Sin participar de la segura convicción de sus modernos biógrafos, que rechazan como una calumnia exenta de todo fundamento la posibilidad de una relación sexual entre el maestro y sus discípulos, nos parece lo más verosímil que las cariñosas relaciones de Leonardo con los jóvenes a los que aleccionaba en su arte y que, según costumbre de la época, compartían su vida, no llegaran jamás a adquirir un carácter sexual.

Ni en un sentido ni en otro puede atribuirse a Leonardo una actividad sexual muy intensa.

A nuestro juicio, no hay sino un solo camino que pueda llevarnos a la comprensión de la singularísima vida sentimental y sexual de Leonardo y de su doble naturaleza de artista e investigador. Que yo sepa, entre todos sus biógrafos, cuyos puntos de vista psicológicos difieren a veces grandemente, sólo uno, E. Solmi, se ha acercado a la solución del enigma. En cambio, un poeta que ha elegido a Leonardo para protagonista de una gran novela histórica, Dmitry Sergewitsch Merejkowski, ha fundado su obra en tal comprensión de aquel hombre extraordinario, y ha expresado en ella, inequívocamente, su concepción de la interesantísima figura del mismo, aunque no nos la presente encerrada en una seca fórmula, sino plásticamente expuesta en forma poética[16]. Solmi dice sobre Leonardo:

> Pero el insaciable deseo de penetrar en el conocimiento de todo lo que le rodeaba y hallar con fría reflexión el más profundo secreto de todo lo perfecto condenó la obra de Leonardo a permanecer siempre inacabada[17].

En un trabajo incluido en las *Conferenze fiorentine* se cita una manifestación de Leonardo que constituye su profesión de fe y nos proporciona la clave de su personalidad:

> Nessuna cosa si può amare nè odiare se prima non si ha cognizione di quella[18].

Esto es: no se puede amar ni odiar nada si antes no se ha llegado a su conocimiento. Esta misma afirmación es repetida por Leonardo en su *Tratado de la pintura* en un párrafo en el que parece defenderse del reproche de irreligiosidad:

> Pero aquellos que me critican deben enmudecer, pues tal conducta constituye el medio de llegar al conocimiento del creador de tantas maravillas y el camino que nos lleva a amar a tan grande inventor. El gran amor nace del gran conocimiento del objeto amado, y si este conocimiento del objeto es insuficiente, no se podrá amarlo sino muy poco o nada...

El valor de estas manifestaciones de Leonardo no reside en que nos comuniquen un importante hecho psicológico, pues lo que afirman es claramente falso, y Leonardo tenía que saberlo tan bien como nosotros. No es cierto que los hombres repriman su amor o su odio hasta después de haber estudiado y descubierto la esencia del objeto al que tales afectos han de referirse. Por el contrario, aman impulsivamente, obedeciendo a motivos sentimentales, y la reflexión y la meditación no pueden sino debilitar los efectos de dichos motivos. Así pues, Leonardo quería decir que aquello que los hombres llaman amor no es el amor justo y perfecto, y que se *debía* amar reteniendo el afecto, sometiéndolo a un contraste intelectual y no dándole libre curso sino después de haber salido triunfante de tal examen. Con esto manifiesta, a nuestro juicio, que él se conduce así y que sería de desear que los demás imitasen esta conducta en sus amores y sus odios.

En realidad, parece haber seguido Leonardo esta norma durante toda su vida. Sus afectos se hallaban perfectamente domados y sometidos al instinto de investigación. No amaba ni odiaba, sino que se preguntaba cuál era el origen de aquello que había de amar u odiar y cuál su significación, de manera que al principio tenía que parecer indiferente al bien y al mal, a la belleza y la fealdad. Durante esta labor de investigación desaparecerían los signos precursores del amor o el odio y se transformaban éstos en interés intelectual. No se hallaba Leonardo desprovisto en absoluto de pasiones ni carecía del divino rayo, que mediata o inmediatamente es la fuerza impulsora –*il primo motore*– de toda actividad humana. Pero había convertido la pasión en ansia de saber y se entregaba a la investigación con la tenacidad, la continuidad y la profundidad que se derivan de la pasión. Luego, una vez llegado a la cima de la labor intelectual y alcanzado el conocimiento, deja libre curso al afecto retenido durante el proceso intelectivo, como se deja volver a un río el agua tomada de él por un canal, después de haber utilizado su energía. Cuando desde la altura de un conocimiento puede abarcar ya su vista un amplio conjunto, se entrega al *pathos* y ensalza con apasionadas palabras la magnificencia de aquel trozo de la creación que ha sometido a minucioso estudio, o, dando a su admiración una forma religiosa, a su creador. Solmi ha visto muy acertadamente este proceso de transformación que en Leonardo se desarrolla. Después de citar un párrafo en el que Leonardo alaba la admirable necesidad de la naturaleza («O mirabile necessita...»), dice:

> Tale transfigurazione della scienza della natura in emozione, quasi direi, religiosa, e uno dei tratti caratteristice dei manoscritti vinciani e si trova cento volte espressa...[19].

Se ha sobrenombrado a Leonardo, por su anhelo investigador, tan insaciable como infatigable, el Fausto italiano. Pero prescindiendo de todas las consideraciones relativas a la nueva transformación del anhelo de saber en ansia de vivir, transformación que hemos de admitir como premisa de la tragedia de Fausto, queremos arriesgar la observación de que la evolución de Leonardo se acerca grandemente a la ideología de Spinoza.

Las transformaciones de la fuerza instintiva psíquica en diversas actividades no son realizables –del mismo modo que las transformaciones de las fuerzas físicas– sin una pérdida. El ejemplo de Leonardo nos advierte cuántas otras cosas hemos de perseguir en estos procesos. El aplazamiento del amor hasta después de haber adquirido el conocimiento se convierte en una sustitución. No se ama ni se odia bien cuando se ha llegado al conocimiento, pues entonces se permanece más allá del amor y del odio, y en lugar de amar no se ha hecho sino investigar. Por esta razón fue, quizá, la vida de Leonardo mucho más pobre en amor que las de otros grandes hombres. Las tormentosas pasiones que elevan y devoran y a las cuales debieron otros lo mejor de su vida parecen no haberle combatido jamás.

Pero aún podemos deducir otras consecuencias. Se ha investigado en lugar de obrar y crear. Aquel que ha comenzado a sospechar la magnificencia de la cohesión universal y sus inmutables leyes pierde fácilmente su propio, pequeñísimo *yo*. Sumido en la admiración y poseído de una verdadera humildad, olvida con demasiada facilidad que es por sí mismo una parte de aquellas fuerzas cuya actuación le maravilla y que puede intentar variar, en la medida de sus energías personales, una pequeñísima parte del necesario curso del mundo, de este mundo en el que lo pequeño no es menos maravilloso ni importante que lo grande.

Leonardo comenzó, quizá, a investigar, como opina Solmi[20], impulsado por el deseo de perfeccionar su arte, estudiando las cualidades y leyes de la luz, los colores, las sombras y la perspectiva, con el fin de alcanzar la más alta maestría en la imitación de la Naturaleza y mostrar a los demás el camino que a ella podía conducirlos. Probablemente se formaba ya una idea exagerada del valor de estos conocimientos para el artista. Después, y siguiendo la orientación de las necesidades pictóricas, pasó a la investigación exterior de los objetos de la pintura, los animales, las plantas y las proporciones del cuerpo humano, y luego a la de su estructura interna y sus funciones vitales, elementos que también se expresan en la apariencia y demandan del arte una representación. Por último, tomó en él esta tendencia enorme incremento, y rompiendo los lazos que aún ligaban su actividad investigadora con las aspiraciones de su arte, le llevó a descubrir las leyes generales de la mecánica, a adivinar la historia de las estratificaciones y petrificaciones del valle del Arno y a aquel culminante conocimiento que anotó con grandes letras en sus apuntaciones: *«Il sole non si muove»*. De este modo extendió sus investigaciones a casi todos los sectores de las Ciencias Naturales, y fue, en cada uno de ellos, un descubridor o, por lo menos, un precursor y un guía[21]. Pero su anhelo de saber permaneció orientado hacia el mundo exterior, como si hubiera algo que le alejase de la investigación de la vida anímica del hombre. En la «Academia Vinciana», para la que dibujó emblemas artísticamente complicados, se concedió un lugar muy pequeño a la Psicología.

Cuando luego intentaba retornar desde la investigación al ejercicio de su arte tropezaba con la perturbación emanada de la nueva orientación de sus intereses y de la distinta naturaleza de la labor psíquica. La obra pictórica no constituía para él sino un problema a resolver, y su pensamiento, habituado a la interminable investigación de la Naturaleza, veía surgir detrás de este primer problema otros nuevos en infinita concatenación, siéndole ya imposible limitar sus aspiraciones, aislar la obra de arte y arrancarla de la amplia totalidad en que la había incluido.

El artista se sirvió al principio del investigador como de un precioso auxiliar, pero éste acabó por hacerse más fuerte que su señor y llegó a dominarle.

Cuando en el cuadro característico de una persona hallamos un instinto exageradamente desarrollado y dominando a todos los demás, como en Leonardo el ansia de saber, explicamos esta particularidad por una especial disposición individual, cuya condicionalidad, probablemente orgánica, nos es desconocida. Sin embargo, nuestros estudios psicoanalíticos de sujetos neuróticos nos inclinan a sentar dos hipótesis, que esperamos hallar confirmadas en cada caso particular. Creemos muy verosímil que dicho instinto dominante actuó ya en la más temprana infancia del individuo y que su predominio quedó establecido por impresiones de dicha época. Asimismo admitimos que se incorporó como refuerzo energías instintivas originariamente sexuales, llegando a representar así posteriormente una parte de la vida sexual. Un individuo en el que se den estas circunstancias investigará, por ejemplo, con el mismo apasionado ardor que otros ponen en amar, y podrá sustituir así el amor por el estudio. No sólo en el instinto de investigación, sino también en la mayor parte de los demás casos de intensidad particular de un instinto, admitimos una intensificación sexual del mismo.

La observación de la vida cotidiana de los hombres nos muestra que en su mayoría consiguen derivar hacia su actividad profesional una parte muy considerable de sus fuerzas instintivas sexuales. El instinto sexual es particularmente apropiado para suministrar estas aportaciones, pues resulta susceptible de sublimación, esto es, puede sustituir un fin próximo por otros desprovistos de todo carácter sexual y eventualmente más valiosos. Consideramos demostrado este proceso cuando la historia infantil de una persona, esto es, la historia de su desarrollo psíquico, nos muestra que el instinto dominante se hallaba durante su infancia al servicio de intereses sexuales, y vemos una confirmación del mismo cuando en la vida sexual del adulto comprobamos una singular disminución, como si una parte de su actividad sexual hubiera quedado sustituida por la actuación del instinto dominante.

La aplicación de esta hipótesis a aquellos casos en los que el instinto dominante es el de investigación parece tropezar con particulares dificultades, dado que no creemos posible al principio atribuir al niño este instinto, ni tampoco grandes intereses sexuales. Del ansia de saber del niño testimonia su incansable preguntar, que tan enigmático parece al adulto mientras no se da cuenta de que todas estas preguntas no son sino rodeos en torno de una cuestión central y que no pueden tener fin porque el niño sustituye con ellas una única interrogación que, sin embargo, no planteará jamás directamente. Cuando el niño llega a un período más avanzado de la infancia y ha ampliado sus conocimientos se interrumpe con frecuencia, de repente, esta manifestación del ansia de saber. De todo esto nos proporciona una completa explicación la investigación psicoanalítica, mostrándonos que muchos niños, quizá la mayoría y desde luego los más inteligentes, atraviesan a partir de los tres años un estadio que podríamos calificar de período de la *investigación sexual infantil*. El deseo de saber no despierta, que sepamos, espontáneamente en los niños de esta edad, sino que es provocado por la impresión de un suceso importante: el nacimiento de un hermano o el temor a tal posibilidad, considerada por el niño como una amenaza de sus intereses egoístas. La investigación recae sobre el problema del origen de los niños, como si el infantil sujeto buscase el medio de evitar tan indeseado acontecimiento. Averiguamos así con asombro que el niño rehúsa creer los datos que sobre esta materia le suelen ser proporcionados; por ejemplo, la fábula de la cigüeña, tan significativa mitológicamente, y que este acto de incredulidad inicia su independencia intelectual y a veces su oposición al adulto, al que no perdonará ya nunca su engaño. En adelante investiga por sus propios medios, adivina la residencia del niño en el seno materno, forja teorías sobre el origen de los niños, atribuyéndolo a los alimentos ingeridos por la madre y suponiendo que son paridos por el intestino, y sobre la intervención del padre, tan difícil de fijar para él, y sospecha ya la existencia del coito, que se le muestra como un acto violento y hostil. Pero como su propia constitución sexual no es apta aún para la procreación, su investigación del origen de los niños tiene que fracasar necesariamente y es abandonada con el convencimiento de que nunca conducirá a la solución deseada. La impresión de este fracaso de la primera tentativa de independencia intelectual parece ser muy duradera y deprimente[22].

Una vez terminado este período de investigación sexual infantil, por un proceso de enérgica represión sexual surgen para los destinos ulteriores del instinto de investigación tres posibilidades diferentes, derivadas de su temprana conexión con intereses sexuales. La investigación puede, en primer lugar, compartir la suerte de la sexualidad, y entonces queda coartado, a partir de este momento, el deseo de saber y limitada la libre actividad de la inteligencia, quizá para toda la vida, tanto más cuanto que poco tiempo después queda establecida por la educación la intensa coerción religiosa del pensamiento. Es éste el tipo de la coerción neurótica. Comprendemos muy bien que la debilidad intelectual así adquirida favorezca considerablemente la aparición de la neurosis. En un segundo tipo, el desarrollo intelectual es suficientemente enérgico para resistir la represión sexual que sobre él actúa. Algún tiempo después del fracaso de la investigación sexual infantil, la inteligencia, robustecida ya, recuerda su anterior conexión y ofrece su ayuda para eludir la represión sexual, y la investigación sexual reprimida retorna desde lo inconsciente en forma de obsesión investigadora, disfrazada y coartada desde luego, pero lo bastante poderosa para sexualizar el pensamiento mismo y acentuar las operaciones intelectuales con el placer y la angustia de los procesos propiamente sexuales. La investigación se convierte aquí en actividad sexual, con frecuencia la única de este orden, y el sentimiento de la sublimación en ideas y de la claridad intelectual se sustituye a la satisfacción sexual. Pero el imperfecto carácter de la investigación retorna también en la imposibilidad de llegar a conclusión ninguna, y el sentimiento intelectual buscado, o sea, el de alcanzar una solución, va alejándose cada vez más.

El tercer tipo, el más perfecto y menos frecuente, elude tanto la coerción del pensamiento como la obsesión intelectual neurótica, merced a una disposición especial. La represión sexual tiene también efecto en este caso, pero no consigue transferir a lo inconsciente un instinto parcial del deseo sexual. Por el contrario, escapa la libido a la represión, sublimándose desde un principio en ansia de saber e incrementando el instinto de investigación, ya muy intenso de por sí. También aquí llega a hacerse obsesiva en cierto modo la investigación y a constituir un sustitutivo de la actividad sexual; mas por efecto de la completa diferencia de los procesos psíquicos desarrollados (la sublimación en lugar del retorno desde lo inconsciente) faltan el carácter neurótico y la adherencia a los complejos primitivos de la investigación sexual infantil, y el instinto puede actuar libremente al servicio del interés intelectual, atendiendo, sin embargo, simultáneamente a la represión sexual con la evitación de todo tema de este orden.

Si examinamos en Leonardo la coincidencia del instinto de investigación dominante con la disminución de su vida sexual, limitada a aquello que conocemos con el nombre de homosexualidad ideal, nos inclinaremos a considerarle como un modelo del tercero de los tipos antes detallados. La circunstancia de que después de la actuación infantil de su deseo de saber al servicio de intereses sexuales consiguiera sublimar la mayor parte de su libido, convirtiéndola en instinto de investigación, constituiría el nódulo y el secreto de su personalidad; pero, naturalmente, no es nada fácil aportar una prueba de esta hipótesis. Para ello necesitaríamos llegar al conocimiento del desarrollo anímico de sus primeros años infantiles, y parece insensata toda esperanza de alcanzar tal conocimiento, pues los datos que sobre Leonardo poseemos son tan escasos como inciertos, y además se trata de un período cuyas circunstancias escapan siempre a la observación, aun tratándose de personas de nuestra misma generación.

Muy poco es lo que sabemos de la juventud de Leonardo. Nació el año de 1452 en la pequeña ciudad de Vinci, situada entre Florencia y Empoli. Su nacimiento fue ilegítimo, circunstancia que en aquella época no era considerada socialmente como una grave mácula. Su padre fue Ser Piero da Vinci, notario y descendiente de una familia de notarios y agricultores que tomaron su apellido de su ciudad natal. Su madre, de la que sólo sabemos que se llamaba Catalina, fue probablemente una humilde hija de labradores y casó más tarde con otro vecino de Vinci. En toda la vida de Leonardo volvemos a hallar noticia ninguna sobre ella. Sólo el novelista Merejkowski supone haber vuelto a encontrar sus huellas. El único dato seguro sobre la infancia de Leonardo nos es proporcionado por un documento oficial del año 1457: un padrón de impuestos florentino, en el que se le incluye entre los miembros de la familia Vinci y se indica su edad de cinco años y su calidad de hijo ilegítimo de Ser Piero[23]. Éste no tuvo hijos de su matrimonio con Donna Albiera, y, merced a esta circunstancia, pudo Leonardo ser acogido y educado en la casa paterna, de la cual salió, ignoramos a qué edad, para entrar como aprendiz en el taller de Andrea del Verrocchio. En el año de 1472 aparece ya su nombre en la relación de los miembros de la *Compagnia dei Pittori*. Esto es todo.

2

Que yo sepa, sólo una vez incluye Leonardo en sus apuntaciones científicas algo referente a su infancia. En un lugar en el que trata del vuelo de los buitres se interrumpe de repente para seguir un recuerdo de sus más tempranos años infantiles que surge en su memoria:

> Parece como si me hallara predestinado a ocuparme tan ampliamente del buitre, pues uno de los primeros recuerdos de mi infancia es el de que, hallándome en la cuna, se me acercó uno de estos animales, me abría la boca con su cola y me golpeó con ella, repetidamente, entre los labios.

Nos hallamos, pues, ante un recuerdo infantil, y por cierto singularísimo, tanto por su contenido como por la época en que es situado. No es quizá imposible que un individuo conserve recuerdos de la época de la lactancia, pero tampoco puede considerarse como cosa demostrada. De todos modos, el contenido de este recuerdo de

Leonardo, o sea, el hecho de que un buitre se acercase a su cuna y le abriera la boca con la cola, nos parece tan inverosímil y fabuloso que nos inclinamos a aceptar una distinta hipótesis, con la que eludimos las dos dificultades antes indicadas. La escena con el buitre no constituiría un recuerdo de Leonardo, sino una fantasía ulterior transferida por él a su niñez[24]. Los recuerdos infantiles de los hombres no tienen a veces otro origen. En lugar de reproducirse a partir del momento en que quedan impresos, como sucede con los recuerdos conscientes de la edad adulta, son evocados al cabo de mucho tiempo, cuando la infancia ha pasado ya, y aparecen entonces deformados, falseados y puestos al servicio de tendencias ulteriores, de manera que no resultan estrictamente diferenciables de las fantasías. Como mejor podemos explicarnos su naturaleza es pensando en el nacimiento de la crónica histórica en los pueblos antiguos. Mientras el pueblo fue pequeño y débil no pensó en escribir su historia y se consagró a labrar su suelo, a defender su existencia contra sus vecinos, a ampliar sus dominios y a enriquecerse. Fue ésta una época heroica y sin historia. Pero a ella sucedió otra en la que el pueblo adquirió ya conciencia de sí mismo, se sintió rico y poderoso y experimentó la necesidad de averiguar de dónde procedía y cómo había llegado a su estado actual. La Historia, que había comenzado por anotar simplemente los sucesos de la actualidad, dirigió entonces su mirada hacia el pasado, reunió tradiciones y leyendas, interpretó las supervivencias del pretérito en los usos y costumbres y creó así una historia del pasado prehistórico. Pero esta prehistoria había de constituir, sin remedio, más bien una expresión de las opiniones y deseos contemporáneos que una imagen del pasado, pues gran parte de éste había caído en el olvido, otra se conservaba deformada, muchas supervivencias se interpretaban equivocadamente bajo la influencia de las circunstancias del momento y sobre todo no se escribía la historia por motivos de ilustración objetiva, sino con el propósito de actuar sobre los contemporáneos. El recuerdo consciente que los hombres conservan de los sucesos de su madurez puede compararse a esta redacción de la Historia, y sus recuerdos infantiles corresponden, tanto por su origen como por su autenticidad, a la historia de la época primitiva de un pueblo, historia muy posterior a los hechos y tendenciosamente rectificada.

Si el relato de Leonardo no es, por tanto, sino una fantasía nacida en años posteriores, juzgaremos al principio que no vale la pena de dedicarle gran atención. Para su esclarecimiento podría bastarnos la tendencia confesada por Leonardo, a dar a su estudio de los problemas del vuelo de las aves la importancia de una prescripción del Destino. Pero con esta valoración despectiva cometeríamos una injusticia análoga a la que constituiría rechazar ligeramente el material de leyendas, tradiciones e interpretaciones de la prehistoria de un pueblo. A pesar de sus deformaciones y sus errores, entraña dicho material la realidad del pasado y constituye aquello que el pueblo ha formado sobre la base de los acontecimientos de su época primitiva y bajo la influencia de motivos poderosos por entonces y muy importantes aún en la actualidad, y si pudiéramos deshacer, por el conocimiento de todas las fuerzas actuales tales deformaciones, podríamos descubrir detrás del material legendario la verdad histórica. Igualmente sucede con los recuerdos infantiles o fantasías del individuo. No es indiferente lo que un hombre cree recordar de su niñez, pues detrás de los restos de recuerdos incomprensibles para el mismo sujeto se ocultan siempre preciosos testimonios de los rasgos más importantes de su desarrollo anímico[25]. Poseyendo, como poseemos, en las técnicas psicoanalíticas excelentes medios auxiliares para extraer a la luz estos elementos ocultos podemos emprender la tentativa de cegar la laguna existente en la historia de Leonardo por medio del análisis de su fantasía infantil. Si en esta tentativa no conseguimos llegar a una completa certidumbre, nos consolaremos pensando que ninguna de las investigaciones emprendidas hasta el día sobre la personalidad de Leonardo, tan elevada como enigmática, ha tenido mejor fortuna. Considerando la fantasía antes relatada desde el punto de vista psicoanalítico, no nos parece ya tan singular. Recordamos, en efecto, haber encontrado muchas veces formaciones análogas, por ejemplo, en los sueños, de manera que podemos intentar traducir esta fantasía, de su lenguaje propio y peculiar, a un idioma generalmente comprensible. La traducción muestra entonces una orientación erótica. La cola –«coda»– es uno de los más conocidos símbolos y designaciones sustitutivas del miembro viril, no sólo en italiano, sino en otros muchos idiomas. La situación contenida en la fantasía –un buitre que abre los labios del niño con la cola, se la introduce en la boca y la mueve allí repetidamente– corresponde a la representación de una *fellatio*, de un acto sexual en el que el miembro viril es introducido en la boca de la persona utilizada para lograr la satisfacción activa. Esta fantasía presenta un carácter singularmente pasivo y recuerda determinados sueños y fantasías de las mujeres o de los homosexuales pasivos (aquellos que desempeñan en el comercio sexual el papel femenino).

Ruego al lector que retenga por un momento su extrañeza y que no se niegue a seguir prestando oídos al psicoanálisis, indignado al ver que su primera aplicación a la materia infiere ya una imperdonable ofensa a la pura memoria de un elevado artista. En primer lugar, es indudable que tal indignación no le conducirá nunca al descubrimiento de lo que la fantasía infantil de Leonardo significa, y por otro lado, esta fantasía aparece inequívocamente confesada por Leonardo, y no nos resignamos a abandonar la esperanza –o si se quiere el prejuicio– de que posee un sentido, como todos los demás productos psíquicos, sueños, visiones o delirios. Por tanto, continuaremos prestando a la labor psicoanalítica, que aún no ha dicho su última palabra, toda la atención a que tiene derecho.

La inclinación a tomar en la boca el miembro del hombre y chuparlo, acto incluido por la sociedad burguesa entre las repugnantes perversiones sexuales, es, sin embargo, frecuentísima entre las mujeres de nuestra época –y como lo prueban las antiguas esculturas y pinturas, también lo era entre las de tiempos pretéritos– y parece perder su carácter repulsivo para la mujer enamorada. El médico encuentra fantasías fundadas en esta inclinación incluso en mujeres que no han llegado al conocimiento de la posibilidad de tal satisfacción sexual por la lectura de la *Psychopathia sexualis* de Krafft Ebing, o por otro medio cualquiera. Así, pues, parece que el sexo femenino llega a crear con especial facilidad tales fantasías optativas sin necesidad de auxilio ninguno exterior[26]. La investigación nos muestra también que esta situación, tan implacablemente condenada, tiene un origen inocentísimo. No es sino la transformación de otra en la que todos nos hemos sentido felices y contentos; esto es, de aquella en la que siendo niños de pecho (*«essendo io in culla»*), tomábamos en la boca el pezón de la madre o de la nodriza y chupábamos de él. La impresión orgánica de este nuestro primer goce de la vida debe de haber quedado indeleblemente impresa en el hombre. Cuando más tarde advierte el niño las ubres de las vacas, que por su función equivalen a los pezones y por su forma y situación en el bajo vientre recuerdan el pene, queda establecido el grado preliminar de la posterior formación de las repulsivas fantasías sexuales antes indicadas.

Comprendemos ahora por qué transfiere Leonardo el supuesto suceso del buitre a la época de su lactancia. Detrás de la fantasía no se esconde otra cosa que una reminiscencia del acto de mamar del seno materno o ser amamantado por la madre, bella escena humana que Leonardo, como tantos otros pintores, reprodujo en sus cuadros de la Virgen con el Niño. De todos modos, nos resulta aún incomprensible que esta reminiscencia, de igual importancia en ambos sexos, quedase transformada por Leonardo en una fantasía homosexual pasiva. Mas por el momento, queremos prescindir de investigar la relación que puede unir la homosexualidad con el acto de mamar del pecho materno, y nos limitaremos a recordar que la tradición considera a Leonardo, realmente, como un hombre de sentimientos homosexuales. No nos importa en absoluto que la denuncia a la que antes nos referimos y de la que fue objeto Leonardo en sus años juveniles fuese o no justificada, pues lo que nos lleva a atribuir a una persona la inversión no es su real actividad sexual, sino su disposición sentimental.

Es otro rasgo incomprensible de la fantasía infantil de Leonardo el que atrae, ante todo, nuestra atención. Interpretamos la fantasía como una simbolización del acto de ser amamantado por la madre, y encontramos sustituida a ésta por un buitre. ¿De dónde procede este animal y cómo aparece incluido en el lugar en el que lo hallamos?

Surge en nosotros, ante esta interrogación, una ocurrencia, tan lejana a primera vista, que casi nos sentimos inclinados a renunciar a ella. En los jeroglíficos sagrados de los antiguos egipcios, la imagen correspondiente a la madre es siempre la del buitre[27]. Los egipcios adoraban, asimismo, a una divinidad materna con cabeza de buitre o con varias cabezas, de las cuales una por lo menos era de buitre[28]. El nombre de esta diosa se pronunciaba Mut, circunstancia que nos hace pensar en una posible conexión del mismo con nuestra palabra «madre» *(Mutter)*, a menos que se trate de una similicadencia puramente casual. Hallamos, pues, que el buitre presenta realmente una relación con el concepto de madre, pero al principio no vemos cómo ha de auxiliarnos esta circunstancia en nuestra labor de interpretación, dado que no podemos atribuir a Leonardo tal conocimiento, pues la traducción de los jeroglíficos no se hizo posible hasta los descubrimientos de François Champollion (años 1790-1831)[29].

Nos interesa también averiguar de qué manera llegaron los antiguos egipcios a elegir el buitre como símbolo de la maternidad. La religión y la cultura de este pueblo fue ya para los griegos y los romanos objeto de curiosidad científica, y mucho antes de que nos fuera posible descifrar sus monumentos poseíamos gran número de datos sobre él, por obras de la Antigüedad clásica llegadas hasta nosotros. Estas obras proceden, en parte, de autores conocidos, tales como Estrabón, Plutarco y Aminianus Marcellus, y llevan otros nombres desconocidos, resultando así muy dudosos su origen y fecha. A esta última categoría pertenecen la *Hierogliphyda* de Horapollo Nilo, y el libro de la sabiduría sacerdotal oriental conservado bajo el nombre divino de Hermes Trismegisto. Nos descubren estas fuentes que el buitre pasaba por ser el símbolo de la maternidad, a causa de la creencia de que no había más que buitres hembras y que esta especie de aves carecía de machos[30]. La Historia Natural de los antiguos conocía asimismo una contrapartida de esta limitación, pues sostenía que entre los escarabajos, adorados también por los egipcios como divinidades, no existían más que machos[31].

Pero entonces, ¿cómo se llevaba a cabo la fecundación de los buitres, si no existían más que hembras? El libro de Horapollo[32] nos allana esta dificultad, afirmando que, llegada una cierta época del año, se mantienen estas aves inmóviles en el aire, abren la vagina y son fecundadas por el viento.

Hemos llegado ahora, de un modo inesperado, a considerar verosímil algo que poco tiempo antes rechazábamos como absurdo. Leonardo pudo conocer muy bien, en efecto, la fábula científica que llevó a los egipcios a representar con la imagen del buitre el concepto de madre, pues era un lector infatigable, cuyo interés se extendía a todos los dominios de la literatura y del saber. En el *Codex Atlanticus* poseemos una enumeración de los libros que poseía en una determinada época[33], catálogo al que se agregan numerosas anotaciones sobre otros que había recibido prestados de sus amigos, y según los datos que Fr. Richter[34] ha tomado de tales apuntaciones, apenas podemos formarnos una idea de la enorme extensión de sus lecturas. Entre tales libros no faltaban obras, tanto antiguas como contemporáneas, de Ciencias Naturales, y todos ellos existían ya impresos en aquella época, siendo, además, Milán, residencia de nuestro artista, el foco principal del naciente arte de imprimir en Italia.

Prosiguiendo nuestra investigación, tropezamos con un dato que hace pasar a la categoría de certidumbre la verosimilitud de que Leonardo conociera la leyenda del buitre. El erudito comentador de Horapollo pone al texto antes citado de este autor (página 172) la siguiente nota: «Caeterum hanc fabulam de vulturibus cupide amplexi sunt Patres Ecclesiastici, ut ita argumenta ex rerum natura petito refutarent eos, qui Virginis partum negabant: itaque apud omnes fere huius rei mentio occurrit».

Así, pues, la fábula de la unisexualidad y de la fecundación de los buitres no quedó ilimitada a una anécdota indiferente, como la de los escarabajos, pues los Padres de la Iglesia se apoderaron de ella para utilizarla como argumento tomado de la Historia Natural contra los que dudaban de la Historia Sagrada. Si conforme a los datos más fidedignos de la Antigüedad eran fecundados los buitres por el viento, ¿por qué no podía haber pasado una vez algo análogo a una hembra humana? Tal aplicación hacía que «casi todos» los Padres de la Iglesia relatasen en sus escritos la fábula del buitre, y de este modo no podemos dudar ya de que por medio de tan poderosos patronos llegó también hasta Leonardo.

Así, pues, podemos representarnos ya la génesis de la fantasía de Leonardo en la forma siguiente: habiendo leído una vez en un Padre de la Iglesia o en un libro de Historia Natural que todos los buitres eran hembras y se reproducían sin necesidad de la cooperación del macho, surgió en él un recuerdo que quedó transformado en la fantasía citada; pero cuyo significado era el de que también él había sido una tal cría de buitre, que había tenido madre, pero no padre, y a este recuerdo se añadió luego, en la única forma en la que tan tempranas impresiones pueden exteriorizarse, un eco del placer hallado en la succión del seno materno. La relación de su fantasía con la representación de la Virgen amamantando al Niño, tan grata a todos los artistas, hubo de contribuir a hacerla grandemente valiosa e importante para Leonardo, pues mediante ella se identificaba con el Niño Jesús, consuelo y redentor de todos y no de una sola mujer.

Al analizar una fantasía infantil cualquiera tendemos a separar su contenido mnémico real de los factores posteriores que lo modifican y deforman. En el caso de Leonardo creemos haber llegado ahora al conocimiento de dicho contenido real. La sustitución de la madre por el buitre nos indica que el niño echó de menos al padre y se sintió solitario al lado de su madre abandonada. Su ilegítimo nacimiento constituye el punto de partida de su fantasía, pues sólo tal circunstancia podía llevarle a compararse con las crías de los buitres. Por otro lado, el único dato seguro que sobre su infancia poseemos es el de que a los cinco años residía ya en la casa paterna. Lo que no sabemos es cuándo fue acogido en ella, pues pudo ser pocos meses después de su nacimiento o algunas semanas antes de su inscripción en el documento antes citado. Pero la interpretación de la fantasía del buitre interviene aquí para mostrarnos que Leonardo no pasó los primeros y decisivos años de su vida con su padre y su madrastra, sino con su verdadera madre, pobre y abandonada, pudiendo así darse cuenta de la falta de su padre y echarle de menos. Parece éste un resultado insignificante y, sin embargo, arriesgado de nuestra labor psicoanalítica; pero profundizando más en él, ganará seguramente en importancia. Para confirmarlo se nos ofrece también la observación de las circunstancias reales que rodearon la infancia de Leonardo. Según los datos que poseemos, su padre, Ser Piero da Vinci, casó el mismo año del nacimiento de Leonardo con la noble Donna Albiera. La esterilidad de este matrimonio hizo que Leonardo fuera acogido en la casa paterna o, mejor dicho, en la de su abuelo. Ahora bien: no es de suponer que recién casada Donna Albiera, y no confirmada aún su esterilidad, fuera su marido a llevar a su lado un hijo ilegítimo. Es mucho más lógico que pasaran antes algunos años, y que, no habiendo obtenido en ellos el matrimonio la esperada descendencia, se decidiera a buscar una compensación, llamando al hogar al retoño ilegítimo, resolución a la que debieron de contribuir la belleza e inteligencia del niño. Con nuestra interpretación de la fantasía del buitre concuerda perfectamente el hecho de que Leonardo permaneciera por lo menos tres años, y quizá cinco, al lado de su madre, solitaria y abandonada, antes de pasar a la casa paterna, en la que encontró padre y madre. Pero ya era tarde. En los tres o cuatro primeros años de la vida quedan fijadas ciertas impresiones y establecidas ciertas formas de reacción ante el mundo exterior que no pueden ser despojadas ya de su importancia y sentido por ningún suceso ulterior.

Si es cierto que los incomprensibles recuerdos de la infancia y las fantasías que el hombre construye sobre ellos entrañan siempre los elementos más importantes de su desarrollo anímico, el hecho de haber pasado Leonardo los primeros años de su vida sin más compañía familiar que la de su madre, hecho cuya verosimilitud aparece robustecida por la fantasía del buitre, tuvo que ejercer una influencia decisiva sobre la estructuración de su vida interior. Entre los efectos de esta constelación no pudo faltar el de que al hallarse Leonardo en sus primeros años ante un problema más que los otros niños, comenzase a reflexionar con especial intensidad sobre tal enigma y se convirtiera de este modo, tempranamente, en un investigador atormentado por los grandes problemas de la procedencia de los niños y del papel que el padre desempeñaba en su nacimiento. La sospecha de esta conexión entre su investigación y su historia infantil le habría arrancado posteriormente la exclamación de que se hallaba destinado, desde un principio, a profundizar en los problemas del vuelo de las aves, puesto que, hallándose en la cuna, había ya sido visitado por un buitre. La labor de derivar la curiosidad orientada hacia el vuelo de las aves de la investigación sexual infantil, constituirá una empresa posterior y fácilmente realizable.

3

En la fantasía infantil de Leonardo representa el elemento buitre el contenido mnémico real. El contexto en el que Leonardo mismo incluye su fantasía arroja, como ya hemos visto, clara luz sobre la significación de dicho contenido para su vida posterior. Prosiguiendo nuestra labor de interpretación, tropezamos ahora con el singular problema de por qué fue transformado este contenido mnémico en una situación homosexual. La madre que amamanta a su hijo –o, mejor dicho, de la que el mismo mama– es convertida en un buitre que introduce su cola en la boca del niño. Afirmamos que la «coda» del buitre tenía que ser, conforme a los usos del lenguaje vulgar, una designación sustitutiva del pene. Pero no comprendemos cómo la actividad de la fantasía puede llegar a atribuir precisamente al pájaro maternal el signo de la virilidad, y este absurdo nos aleja de la posibilidad de reducir el producto fantástico a un sentido racional.

Pero no debemos desmayar. Hemos forzado ya el sentido de innumerables sueños aparentemente absurdos. Esperemos, pues, que no ha de sernos más difícil conseguirlo en una fantasía infantil.

Recordando que no es conveniente examinar aisladamente un punto singular, nos apresuramos a agregar a él otro que aún encontramos más extraño.

La divinidad egipcia Mut, de cabeza de buitre, figura de carácter completamente impersonal, era fundida muchas veces con otras divinidades maternales de individualidad más viva, tales como Isis y Hathor; pero conservaba, no obstante, su existencia independiente y su culto particular. En el panteón egipcio se daba la peculiaridad de que los diversos dioses no quedaban sometidos a un sincretismo. Junto a la composición divina, perduraba la simple figura divina con toda su independencia. Casi todas las imágenes de Mut, la divinidad maternal de cabeza de buitre, aparecen provistas de un falo[35]; su cuerpo, al que los senos caracterizan como femenino, mostraba también un genital masculino en erección.

Así, pues, hallamos en la diosa Mut la misma unión de caracteres maternales y masculinos que comprobamos en la fantasía de Leonardo. ¿Habremos de explicar esta coincidencia diciendo que Leonardo conocía también, por sus estudios, la naturaleza andrógina del buitre maternal? Tal posibilidad es más que dudosa, pues las fuentes en que Leonardo podía documentarse no contenían nada referente a esta singularísima particularidad. Parece, pues, más natural referir la coincidencia a un motivo común, desconocido todavía. La mitología nos enseña que la constitución andrógina, esto es, la reunión de los caracteres sexuales masculinos y femeninos, no se daba únicamente en la diosa Mut, sino también en otras divinidades, como Isis y Hathor, aunque por lo que a estas últimas respecta, sólo quizá en cuanto participaban de la naturaleza maternal y se hallaban fundidas con Mut[36]. Nos muestra, además, que también otras divinidades egipcias, tales como la Neith de Sais, de la que más tarde surgió la Atenea griega, eran concebidas primitivamente como andróginas, esto es, como hermafroditas, y que lo mismo sucedía con numerosas divinidades griegas, especialmente con las del círculo de Dionisos, e incluso con Afrodita, la diosa del amor, limitada después al sexo femenino. Los mitólogos intentan explicar la agregación del falo a las figuras femeninas de estas divinidades alegando que el atributo viril representaba la fuerza creadora original de la Naturaleza, y que tales divinidades hermafroditas expresaban la idea de que sólo la reunión de los atributos masculinos y femeninos podía constituir una imagen digna de la perfección divina. Pero ninguna de estas observaciones nos aclara el enigma psicológico de que la fantasía del hombre no repugne atribuir a una figura que ha de encarnar para ella la idea de la madre el signo de la potencia viril, contrario a la maternidad.

Las teorías sexuales infantiles nos proporcionan aquí la explicación buscada. Hay efectivamente en la vida individual una época en la que los genitales masculinos resultan armonizables con la representación de la madre. Cuando el niño dirige por vez primera su curiosidad a los enigmas de la vida sexual, queda dominado por un poderoso interés hacia sus propios genitales. Encuentra tan valiosa e importante esta parte de su cuerpo que no puede creer que carezcan de ella las personas que le rodean y a las que se encuentra semejante, y como no puede adivinar que existe otro tipo equivalente de formación genital, tiene que acogerse a la hipótesis de que todos, incluso las mujeres, poseen un miembro igual al suyo. Este prejuicio se impone tan enérgicamente al infantil investigador, que sus primeras observaciones directas de los genitales de las niñas pequeñas, sus compañeras de juego, resultan insuficientes para destruirlo. La percepción directa le muestra desde luego que allí hay algo distinto de lo que él posee, pero no le es dado aceptar como contenido de su percepción la imposibilidad de encontrar en las niñas el miembro masculino. La carencia de este miembro es, para él, una representación inquietante e insoportable, y, por tanto, busca una explicación intermedia y opina que el miembro existe también en las niñas, pero es aún muy pequeño y crecerá más adelante[37]. Cuando tampoco esta hipótesis queda confirmada por las observaciones ulteriores, construye todavía otra distinta: las niñas poseyeron también un miembro igual al suyo; pero les ha sido cortado, quedando en su lugar una herida. Este progreso de la teoría utiliza ya experiencias propias, de carácter penoso; en el intervalo se ha visto el niño amenazado por sus familiares con la amputación de aquel órgano tan valioso si continúa dedicándole excesiva atención. Bajo la amenaza de castración, transforma entonces su concepción de los genitales femeninos. En adelante temblará por su virilidad; pero al mismo tiempo despreciará a aquellas desgraciadas criaturas que, a su juicio, han sufrido ya el cruel castigo[38]. Antes que el niño quede sometido al dominio del complejo de la castración, o sea en la época en que la mujer conserva aún para él todo su valor, comienza a exteriorizarse en él un intenso placer visual como actividad erótica instintiva. Desea ver los genitales de otras personas, al principio probablemente para compararlos con los suyos. La atracción erótica emanada de la persona de la madre culmina pronto en el deseo de su genital, que el niño supone ser un pene. Pero con el conocimiento posteriormente alcanzado de que la mujer no posee tal miembro, se transforma muchas veces este anhelo en su contrario, quedando sustituido por una repugnancia que en los años de la pubertad puede constituirse en causa de impotencia psíquica, misoginia y homosexualidad duradera. Pero la fijación al objeto antes intensamente anhelado, o sea, el pene de la mujer, deja huellas indelebles en la vida anímica de aquellos niños en los que tal estadio de la investigación sexual infantil ha presentado una particular intensidad. El fetichismo, cuyo objeto es el pie o el calzado femenino, no parece considerar el pie sino como un símbolo sustitutivo del miembro de la mujer, adorado en edad temprana y echado de menos desde entonces. Los «cortadores de trenzas» desempeñan, sin saberlo, el papel de personas que llevan a cabo en los genitales femeninos el acto de la castración.

No nos pondremos en situación de comprender las actividades de la sexualidad infantil y habremos de optar por declarar inaceptables estas observaciones, mientras no abandonemos el punto de vista de nuestro desprecio civilizado de los genitales y de las funciones sexuales. Si queremos llegar a la comprensión de la vida anímica infantil, habremos de buscar analogías primitivas, pues para nosotros son los genitales, hace ya una larga serie de generaciones, *las partes pudendas,* objeto de vergüenza, y dada una más madura represión sexual, incluso de repugnancia. Si echamos una amplia ojeada sobre la vida sexual de nuestro tiempo, y especialmente sobre la de aquellas clases sociales que son las sustentadoras de la civilización, nos sentiremos inclinados a afirmar que sólo contra su voluntad, y sintiéndose rebajados en su dignidad humana, se someten los hombres de hoy en día, en su mayor parte, a las leyes de la procreación. La concepción opuesta de la vida sexual se ha refugiado actualmente entre las clases populares más bajas y menos afinadas. En cambio, las superiores ocultan todo lo referente a la actividad sexual, como algo despreciable desde el punto de vista cultural. En las épocas primitivas de la raza humana no sucedía nada de esto. Los datos trabajosamente reunidos por los investigadores de la civilización nos proporcionan la certidumbre de que los genitales constituyeron primitivamente el orgullo y la esperanza de los hombres; fueron objeto de un culto divino y transfirieron su divinidad a todas las nuevas actividades humanas. De su esencia surgieron, por sublimación, innumerables dioses, y cuando la conexión de las religiones oficiales con la actividad sexual quedó ya oculta a la conciencia general, existieron cultos secretos, que se esforzaron en mantenerla viva entre un escaso número de iniciados. Por último, tanto elemento divino y santo se llegó a extraer de la sexualidad que el agotado remanente se convirtió en objeto de desprecio. Pero dado el carácter indeleble de todas las huellas anímicas, no hemos de extrañar que incluso las formas más primitivas de adoración de los genitales hayan llegado hasta épocas muy recientes, y que los usos del idioma, las costumbres y las supersticiones de la Humanidad actual contengan supervivencias de todas las fases de este desarrollo evolutivo[39].

Importantes analogías biológicas nos han preparado a encontrar que el desarrollo anímico del individuo repite abreviadamente el curso del desarrollo de la Humanidad, y no hallaremos inverosímil, por tanto, aquello que sobre la valoración infantil de los órganos genitales nos ha descubierto la investigación psicoanalítica del alma de los niños. La infantil hipótesis del pene materno es la fuente común a la que antes hubimos de referirnos y de la que se derivan tanto la constitución andrógina de las divinidades maternas, por ejemplo, la Mut egipcia, como la «coda» del buitre en la fantasía infantil de Leonardo. Al calificar de hermafroditas, en el sentido médico de la palabra, a estas imágenes de dioses, cometemos realmente una impropiedad. Ninguna de ellas reúne los genitales de ambos sexos, como algunos repulsivos fenómenos humanos. Se limitan a presentar, a más de los senos, atributos de la madre, los genitales masculinos, idénticamente a la primera representación infantil del cuerpo materno.

La mitología conservó, para los fieles, esta singular constitución física de la madre, primitivamente fantaseada. La acentuación de la cola del buitre en la fantasía de Leonardo puede ser interpretada, por tanto, en la forma siguiente: en aquella época infantil en la que mi tierna curiosidad se dirigía hacia mi madre y le atribuía aún unos órganos genitales iguales a los míos... Hallamos aquí un nuevo testimonio de la temprana investigación sexual de Leonardo, decisiva, a nuestro juicio, para toda su vida ulterior.

Una breve reflexión nos advierte ahora que no debemos dar por terminado nuestro análisis de la fantasía infantil de Leonardo con el esclarecimiento del significado de la cola del buitre, pues contiene aún otras varias incógnitas. La más singular de todas ellas es la de sustituir el acto de mamar del seno materno por el hecho de ser amamantado, o sea, una situación activa por otra pasiva, y de indudable carácter homosexual. Teniendo en cuenta la tradición histórica de que Leonardo se comportó durante toda su vida como un hombre de sentimientos homosexuales, se nos impone la interrogación de si esta fantasía no revela un enlace causal entre las relaciones infantiles de Leonardo con su madre y su posterior homosexualidad manifiesta, aunque ideal. No nos atreveríamos a deducir una tal conexión de los recuerdos deformados de Leonardo si las investigaciones psicoanalíticas de pacientes homosexuales no nos hubieran mostrado la existencia real de tal relación, íntima y necesaria además.

Los homosexuales han emprendido en nuestros días una enérgica campaña contra la limitación que las leyes imponen a su actividad sexual y gustan de presentarse, por boca de sus representantes teóricos, como una especie sexual diferenciada desde un principio; esto es, como un grado sexual intermedio y un tercer sexo. Según ellos, son hombres cuyas condiciones orgánicas los obligan desde su nacimiento a gustar del hombre y a repeler, en cambio, a la mujer. Aunque por consideraciones de orden humanitario pudiéramos inclinarnos a suscribir sus peticiones, no debemos, en cambio, aceptar sus teorías, que han sido construidas sin tener en cuenta para nada la génesis psíquica de la homosexualidad. El psicoanálisis nos ofrece los medios de llenar esta laguna y contrastar las afirmaciones de los homosexuales. Le ha sido posible, en efecto, llevar a cabo esta labor en cierto número, aunque no muy amplio, de sujetos, y todas las investigaciones emprendidas hasta el momento han ofrecido el mismo sorprendente resultado[40]. En todos los homosexuales sometidos al análisis se descubre un intensísimo enlace infantil, de carácter erótico y olvidado después por el individuo, a un sujeto femenino, generalmente a la madre; enlace provocado o favorecido por la excesiva ternura de la misma y apoyado después por un alejamiento del padre de la vida infantil del hijo. Sadger hace resaltar que las madres de sus pacientes homosexuales eran en muchos casos mujeres hombrunas, de enérgico carácter, que podían desplazar al padre de su puesto en la vida familiar o sustituirle. En mis observaciones he hallado también algunas veces estas mismas circunstancias; pero la relación causal a que nos venimos refiriendo se me ha mostrado aún con mucha mayor evidencia en aquellos casos en los que el padre falta desde un principio o murió dejando a su hijo en edad temprana y entregado, por tanto, a la influencia femenina. Llega incluso a parecer que la existencia de un padre enérgico garantiza al hijo la acertada decisión en su elección de objeto sexual, o sea, la elección de un objeto sexual del sexo opuesto[41].

Después de este estadio preliminar surge una transformación cuyo mecanismo nos es conocido, pero de la que ignoramos las fuerzas impulsoras. El amor a la madre no puede seguir ya el desarrollo consciente ulterior y sucumbe a la represión. El niño reprime el amor a su madre, sustituyéndose a ella; esto es, identificándose con ella y tomando como modelo su propia persona, a cuya semejanza escoge sus nuevos objetos eróticos. De este modo, se transforma en homosexual o, mejor dicho, pasa al autoerotismo, dado que los niños objeto de su amor no son sino personas sustitutivas y reproducciones de su propia persona infantil, a las que ama como su madre le amó a él en sus primeros años. Decimos entonces que encuentra sus objetos eróticos por el camino del *narcisismo*, refiriéndonos a la leyenda griega de aquel adolescente llamado Narciso, al que nada era tan amado como su propia imagen, reflejada en el agua, y que fue transformado por los dioses en la bella flor que aún lleva su nombre.

Reflexiones psicológicas más profundas justifican la afirmación de que el hombre convertido así en homosexual permanece fijado en lo inconsciente a la imagen mnémica de su madre. La represión del amor a la madre le hace conservar de un modo perdurable en su inconsciente este mismo amor, al que permanecerá fiel en adelante. Cuando parece perseguir con ardiente amor a otros muchachos, lo que hace es huir de las mujeres, que podían llevarle a incurrir en infidelidad. Determinadas observaciones directas nos han permitido demostrar que aquellos individuos que en apariencia sólo son sensibles a los encantos masculinos se hallan sometidos, como los hombres normales, a la atracción emanada de la mujer; pero se apresuran siempre a transferir a un objeto masculino la excitación recibida del femenino, repitiendo así, de continuo, el mecanismo por el que adquirieron su homosexualidad.

Nada más lejos de nosotros que exagerar la importancia de estas aclaraciones de la génesis psíquica de la homosexualidad. Es indiscutible que se hallan en patente contradicción con las teorías oficiales de los homosexuales, pero sabemos que no son lo suficientemente amplias para facilitar una definitiva aclaración del problema. Aquello que por razones prácticas denominamos homosexualidad puede surgir de muy diversos procesos psicosexuales de coerción, y el proceso por nosotros descubierto no es quizá sino uno entre muchos, no refiriéndose sino a uno de los diversos tipos de «homosexualidad». Hemos de reconocer también que el número de los casos en los que pueden demostrarse las condiciones por nosotros señaladas supera considerablemente en nuestro tipo homosexual al de aquellos otros en los que aparece realmente el efecto derivado, de manera que no podemos tampoco rechazar la colaboración de factores constitucionales desconocidos, de los cuales se suele derivar exclusivamente, en general, la homosexualidad. No hubiéramos tenido por qué penetrar en la génesis psíquica de la forma de homosexualidad por nosotros estudiada si no abrigásemos justificadísimas sospechas de que precisamente Leonardo, cuya fantasía infantil ha constituido nuestro punto de partida, perteneció a este tipo de homosexuales.

Por escasamente conocida que nos sea la conducta sexual del gran artista e investigador, hemos de considerar verosímil que sus contemporáneos no incurrieran en groseros errores al juzgar su personalidad. A la luz de esta tradición se nos muestra Leonardo como un hombre de actividad y necesidades sexuales en extremo reducidas, cual si una aspiración más elevada le hubiera sustraído a la general necesidad animal de los hombres.

Prescindiendo de la cuestión de si buscó alguna vez y por qué caminos, la satisfacción sexual directa, o si por el contrario, huyó de ella en absoluto, tenemos derecho a buscar en él aquellas corrientes sentimentales que impulsan imperiosamente a otros a la acción, pues no podemos creer que exista una vida anímica humana en cuya estructura no participe la libido, o sea, el ansia sexual en su más amplio sentido, aunque aparezca muy alejada de su fin original o de toda realización práctica.

Lo único que podemos hallar en Leonardo son huellas de actividad sexual no transformada, pero estas huellas nos orientan ya en una dirección y nos permiten contarle entre los homosexuales. Los datos que de su vida poseemos hacen resaltar el hecho de que sólo admitía como discípulos niños y adolescentes de singular belleza, con los cuales se conducía bondadosamente, asistiéndolos por sí mismo cuando enfermaban, como una madre asiste a sus hijos y como su madre hubo de asistirle a él. Habiéndolos escogido por su belleza y no por su talento, ninguno de sus discípulos –Cesare da Sesto, G. Boltraffio, Andrea Salaino, Francesco Melzi, etcétera– llegó a ser artista de renombre. En su mayoría no consiguieron adquirir una personalidad propia y desaparecieron sin legar a la historia del arte una fisonomía definida. Otros artistas que deben ser considerados como discípulos de Leonardo y continuadores de su técnica pictórica, así Luini y Bazzi, llamado el Sodoma, no llegaron probablemente a conocerle.

Se nos objetará, sin duda, que el proceder de Leonardo para con sus discípulos carece de toda relación con motivos de orden sexual, no siendo lícito, por tanto, deducir de ella peculiaridad ninguna de este género. Pero contra tal objeción alegaremos que nuestra hipótesis aclara algunos singulares rasgos de la conducta del maestro, enigmáticos si no. Leonardo llevaba un libro de notas en el que escribía, de izquierda a derecha, sus apuntaciones íntimas. En este diario se dirigía a sí mismo hablándose en segunda persona:

> Estudia con el maestro Luca la multiplicación de las raíces[42]... Haz que te enseñe el maestro D'Abacco la cuadratura del círculo.

O con ocasión de un viaje[43]:

Salgo para Milán con objeto de ocuparme de mi jardín... Manda hacer dos sacos. Haz que te enseñe Boltraffio el torno y graba en él una piedra... Deja el libro al maestro Andrea il Tedesco[44].

O un propósito de una significación totalmente distinta:

Tienes que hacer ver en tu trabajo que la Tierra es una estrella como la Luna o aproximadamente, y demostrar así la nobleza de nuestro mundo[45].

En este diario, que por lo demás suele silenciar –como los de otros muchos mortales– los más importantes sucesos del día o dedicarles tan sólo dos palabras, hallamos algunas apuntaciones que aparecen citadas por todos los biógrafos de Leonardo, a causa de su extremada singularidad. Se refieren a pequeños gastos del maestro y muestra tan minuciosa escrupulosidad que parecen provenir de un severo padre de familia excesivamente cuidadoso y ahorrativo, faltando, en cambio, toda indicación sobre el empleo de sumas más cuantiosas y no existiendo nada que nos pruebe que el artista era un hombre económico y cuidadoso de su dinero. Una de estas anotaciones corresponde a la compra de una capa destinada a su discípulo Andrea Salaino[46]:

Brocado de plata	15	liras	4	sueldos
Terciopelo rojo	9	"	—	"
Cintas	—	"	—	"
Botones	—	"	—	"

Una segunda nota, muy extensa y detallada, reúne todos los gastos que le había ocasionado otro discípulo[47] por sus malas cualidades y su inclinación al robo:

> El día 21 de abril de 1490 comencé este libro y recomencé el caballo[48]. Jacomo entró en mi casa el día de la Magdalena de 1490, a la edad de diez años. (Anotación marginal: Ladrón, mentiroso, terco, glotón.) Al segundo día le mandé cortar un par de camisas, unos pantalones y un jubón y al sacar el dinero para pagar estos vestidos me lo robó del bolsillo, siendo imposible hacérselo confesar, aunque me constaba con absoluta seguridad. (Nota marginal: 4 liras...)

Luego continúa el relato de los crímenes del pequeño y termina con la cuenta siguiente:

> En el primer año: una capa, 2 liras; 6 camisas, 4 liras; 3 jubones, 6 liras; 4 pares de medias, 7 liras, etc.[49].

Los biógrafos de Leonardo, nada propicios a fijar su atención en sus pequeñas singularidades y debilidades, con el fin de llegar por medio de su análisis a la explicación de los enigmas de la vida anímica de su héroe, suelen aprovechar estas curiosas cuentas para exaltar la bondad y el cuidado de Leonardo con respecto a sus discípulos. Pero al obrar así, olvidan que lo singular y necesitado de explicación no es la conducta de Leonardo, sino el hecho de habernos dejado tales testimonios de ella. Siendo imposible atribuirle la intención de legar a la posteridad un testimonio de sus bondades, habremos de suponer que fue una causa de orden afectivo la que le movió a consignar tales anotaciones. No es fácil adivinar cuál fue esta causa, y no sabríamos formular hipótesis alguna si otra de las cuentas encontradas entre los papeles de Leonardo no arrojara viva luz sobre estas anotaciones, singularmente minuciosas y relativas al vestido de los discípulos, etc.[50]:

	Florines
Gastos para el entierro de Catalina	27
Dos libras de cera	18
Catafalco	19
Por llevar la cruz y colocarla	4
A los que llevaron el ataúd	8
A cuatro sacerdotes y cuatro clérigos	20
Al campanero	2
A los sepultureros	16
Al empleado, por el permiso	1
SUMA	115
Gastos anteriores:	
Al médico 4	
Azúcar y luces 12	16
SUMMA SUMMARUM	131

El poeta Merejkowski es el único autor que sabe decirnos quién era esta Catalina. De otras breves anotaciones deduce que la madre de Leonardo, la pobre labradora de Vinci, fue a Milán en 1493 para visitar a su hijo, hombre ya de cuarenta y un años, y enfermó durante su estancia en la ciudad. Leonardo la llevó al hospital, y cuando murió la enterró con todo decoro[51].

Esta hipótesis del sutil novelista ruso carece de pruebas que abonen su exactitud; pero entraña tan alto grado de verosimilitud y se halla tan de acuerdo con todos los datos que poseemos sobre la vida sentimental de Leonardo, que nos inclinamos a suponerla cierta. Leonardo había logrado someter sus sentimientos al yugo de la investigación y coartar así su libre exteriorización, pero hubo también ocasiones en las que lo reprimido logró libertarse y surgir al exterior. La muerte de su madre habría sido una de estas ocasiones. La cuenta antes reproducida de los gastos motivados por el entierro de Catalina nos ofrece una manifestación, si bien deformada hasta resultar irreconocible, del dolor experimentado por el artista ante la muerte de su madre. Tal deformación nos resulta incomprensible desde el punto de vista de los procesos anímicos normales. Pero bajo las condiciones anormales de la neurosis, y especialmente de la llamada neurosis obsesiva, hemos tropezado ya innumerables veces con procesos semejantes. Hemos visto, efectivamente, que bajo estas condiciones queda desplazada, sobre actos insignificantes e incluso pueriles, la manifestación de sentimientos muy intensos, pero que la represión ha hecho inconscientes. La acción de sentimientos antinómicos a éstos ha logrado debilitar hasta tal punto su manifestación, que su intensidad parece insignificante; pero en la imperiosa obsesión que impone el acto pueril en el que se exteriorizan, se delata su verdadero poder, radicado en lo inconsciente y que la conciencia quisiera negar. Sólo tal coincidencia con los procesos de la neurosis obsesiva puede explicar la anotación hecha por Leonardo de los gastos del entierro de su madre. En su inconsciente se hallaba Leonardo ligado aún a su madre, como de niño lo estuvo, por una inclinación de matiz erótico. La energía contraria de la represión ulterior de este amor infantil no permitió que le fuera erigido en el diario un más digno monumento conmemorativo; pero el resultado transaccional de este conflicto neurótico tenía que hallar una exteriorización, y de este modo quedó anotada la cuenta, pasando a la posteridad como un detalle incomprensible.

No parece muy arriesgado aplicar este conocimiento, deducido de la cuenta del entierro, a las otras relativas a los gastos de los discípulos. Así, pues, también constituirían estas cuentas una exteriorización obsesiva y deformada de los escasos restos de sentimientos libidinosos, vivos aún en Leonardo. Su madre y sus discípulos, imágenes de su propia belleza infantil, habrían sido sus objetos sexuales –en tanto en cuanto la represión sexual que dominaba su personalidad permite una tal designación–, y la obsesión de anotar minuciosamente los gastos por ellos ocasionados constituiría la singular revelación de estos conflictos rudimentarios. Resultaría así que la vida erótica de Leonardo pertenecía realmente al tipo de homosexualidad cuya evolución psíquica conseguimos antes descubrir. La aparición de la situación homosexual en su fantasía del buitre se nos haría entonces comprensible, pues no significaría sino lo que antes hemos afirmado con respecto a dicho tipo, y su traducción sería la siguiente: por mi relación erótica con respecto a mi madre he llegado a ser un homosexual[52].

4

La fantasía de Leonardo continúa reteniendo nuestra atención. Con palabras que recuerdan claramente la descripción de un acto sexual —«... *e molte volte mi percuoterse con tal coda dentro alle labbra*»— acentúa nuestro héroe la intensidad de las relaciones eróticas entre la madre y el niño. No es difícil deducir de este enlace de la actividad de la madre (del buitre) con la acentuación de la zona bucal un segundo contenido mnémico de la fantasía, que podríamos traducir en la forma siguiente: mi madre puso en mi boca infinidad de apasionados besos. La fantasía se halla, pues, compuesta de dos recuerdos: el de ser amamantado por la madre y el de ser besado por ella.

La bondadosa Naturaleza ha dado al artista la facultad de exteriorizar, por medio de creaciones, sus más secretos sentimientos anímicos, ignorados incluso por él mismo, y esta exteriorización nos conmueve profundamente, sin que sepamos de dónde proviene tal emoción. En la obra de Leonardo habrá de existir, por tanto, algún testimonio de aquello que su memoria ha conservado como la impresión más poderosa de su infancia. Pero si reflexionamos por qué profundas transformaciones ha de pasar una impresión de la vida del artista antes de poder aportar algo a la obra de arte, habremos de confesarnos que precisamente en la obra de Leonardo resulta dificilísimo fijar con seguridad tales elementos.

Al pensar en las pinturas de Leonardo, recordamos todos la singular sonrisa, fascinadora y enigmática, que tanto nos encanta en los labios de sus figuras femeninas. Esta sonrisa inmóvil, dibujada en los largos y ondulados labios de tales figuras, resulta característica del maestro de Vinci y es conocida con el calificativo de «leonardesca»[53]. El rostro bellamente singular de la florentina Monna Lisa del Giocondo ha fascinado e intrigado con máxima intensidad a los contempladores. Precisaba de una interpretación y ha encontrado infinitas, pero ninguna satisfactoria: *Voilà quatre siècles bientôt que Monna Lisa fait perdre la tête à tous ceux qui parlent d'elle, après l'avoir longtemps regardée*[54].

Muther[55] escribe:

> Aquello que fascina al espectador es el demoníaco encanto de esta sonrisa. Cientos de poetas y literatos han escrito sobre esta mujer, que tan pronto parece sonreírnos seductoramente como dejar perderse en la lejanía una mirada fría y sin alma, pero ninguno ha descifrado su sonrisa ni interpretado sus pensamientos. Todo en este cuadro, incluso el paisaje, parece sumergido en una densa y ardorosa sensualidad.

Varios críticos han manifestado la sospecha de que en la sonrisa de la Gioconda se reúnen dos distintos elementos, y de este modo han visto en la expresión de la bella florentina la más perfecta reproducción de las antítesis que dominan la vida erótica de la mujer: la reserva y la seducción, la abnegada ternura y la imperiosa sexualidad, que considera al hombre como una presa a la que devora despiadadamente. Así escribe Muentz:

> On sait quelle énigme indéchiffrable et passionante Monna Lisa Gioconda ne cesse depuis bientôt quatre siècles de proposer aux admirateurs pressés devant elle. Jamais artiste (j'emprunte la plume du délicat écrivain qui se cache sous le pseudonyme de Pierre de Corlay) a-t-il traduit ainsi l'essence même de la féminité: tendresse et coquetterie, pudeur et

sourde volupté, tout le mystère d'un coeur qui se réserve, d'un cerveau qui réfléchit, d'une personnalité qui se garde et ne livre d'elle même que son rayonnement...

El italiano Angelo Conti[56] ve el cuadro del Louvre animado por un rayo de sol:

La donna sorrideva in una calma regale: i suoi instinti di conquista di ferocia, tutta l'eredità della specie, la volontà della seduzione e dell'agguato, la grazia dell'inganno, la bontà che cela un proposito crudele, tutto ciò appariva alternativamente e scompariva dietro il velo ridente e si fondeva nel poema del suo sorriso... Buona e malvaggia, crudele e compassionevole, graziosa e felina, ella rideva...[57].

Leonardo trabajó por espacio de cuatro años, quizá desde 1503 a 1507, en este cuadro durante su segunda estancia en Florencia y contando ya más de medio siglo. Según las noticias de Vasari, buscó las artes más escogidas para entretener a su bella modelo y mantener en sus labios la enigmática sonrisa. De todos los delicados encantos que su pincel reprodujo sobre el lienzo, sólo muy pocos conserva el retrato en su estado actual. Mientras lo estuvo pintando pasó por ser lo más alto que el arte podía producir y, sin embargo, no llegó a satisfacer a Leonardo, que no lo consideró terminado, se negó a entregarlo a la persona que se lo había encargado y se lo llevó consigo a Francia, donde Francisco I, su protector, lo adquirió para el Louvre.

Dejando insolucionado el enigma fisonómico de la Gioconda, consignaremos el hecho indudable de que su sonrisa fascinó al artista con no menor intensidad que a todos los que la han contemplado en los cuatrocientos años transcurridos desde entonces. La enigmática sonrisa retorna, a partir de este momento, en todos sus cuadros y en los de sus discípulos. Tratándose de un retrato, no podemos suponer que Leonardo prestó al rostro de la retratada un rasgo fisonómico tan expresivo sin que, en realidad, lo poseyera ella.

Habremos, pues, de admitir que Leonardo halló tal sonrisa en su modelo y quedó tan subyugado por su atractivo, que adornó con ella desde aquel momento todas las libres creaciones de su fantasía. Esta hipótesis aparece expresada por A. Konstantinowa en la forma siguiente[58]:

> Durante el largo tiempo que el maestro dedicó al retrato de Monna Lisa, se infundió con una tan intensa participación del sentimiento en los encantos de aquel rostro femenino, que los transfirió luego –especialmente la enigmática sonrisa y la singularísima mirada– a todos los rostros que más tarde hubo de pintar o dibujar. Así, volvemos a hallar tales rasgos peculiarísimos en el *San Juan Bautista* del Louvre, y sobre todo en *La Virgen con el Niño y Santa Ana,* conservado también en el mismo museo.

Pero también pudo ser otra la realidad. Algunos biógrafos de Leonardo han sentido la necesidad de fundamentar más profundamente la perdurable fascinación que la sonrisa de Gioconda ejerció sobre el artista. Así W. Pater, que ve en el retrato de Monna Lisa «la encarnación de toda la experiencia amorosa de la humanidad civilizada» y trata muy sutilmente de «aquella inexplicable sonrisa que en las figuras de Leonardo parece hallarse unida a un funesto presagio», nos muestra una diferente orientación, escribiendo[59]:

> Además es este cuadro un retrato. Podemos perseguir cómo desde su infancia se entreteje en la trama de sus sueños, hasta el punto de que si no encontramos testimonio ninguno en contra, concluiremos que constituía su ideal femenino, por fin hallado...

Algo muy análogo piensa M. Herzfeld cuando dice que Leonardo se encontró a sí mismo en Monna Lisa, siéndole de este modo posible incluir tan gran parte de su propio ser en aquel cuadro, «cuyos rasgos yacían desde mucho tiempo atrás en el alma de Leonardo»[60].

Intentaremos desarrollar estas indicaciones hasta lograr aclararlas por completo. Según ellas, la sonrisa de la Gioconda subyugó a Leonardo porque despertó en su alma algo que en ella dormía desde mucho tiempo atrás, probablemente un recuerdo, y este recuerdo era lo suficientemente importante para no volver ya a borrarse jamás, después de su resurrección, y obligar al artista a crearle continuas exteriorizaciones. La afirmación de Pater de que podemos perseguir cómo en los sueños de Leonardo se entreteje desde su infancia un rostro semejante al de la Monna Lisa, nos parece digna de crédito y debe ser interpretada literalmente.

Vasari menciona como primeros ensayos artísticos de Leonardo *teste di femmine che ridono*. El texto en el que hallamos este dato, nada sospechoso, puesto que nada tiende a demostrar, es el siguiente:

... facendo nella sua giovanezza di terra alcune teste di femmine che ridono, che vanno formate per l'arte di gesso, a parimente teste di putti chi parevano uscite di mano d'un maestro...

Vemos, pues, que su actividad artística comenzó con la representación de dos clases de objetos, las cuales han de recordarnos los dos órdenes de objetos sexuales deducidos por nosotros en el análisis de su fantasía. Si las bellas cabezas de niños eran repeticiones de su propia persona infantil, las mujeres sonrientes no podían ser sino repeticiones de Catalina, su madre, y comenzamos a sospechar la posibilidad de que la misma poseyera aquella sonrisa enigmática, perdida luego para el artista y que tanto le impresionó cuando volvió a hallarla en los labios de la dama florentina[61].

La obra de Leonardo más inmediata cronológicamente a la Gioconda es el cuadro que representa a la Virgen con el Niño y Santa Ana. En él muestran los dos rostros femeninos la sonrisa «leonardesca». No se sabe de cierto cuánto tiempo antes o después del retrato de Monna Lisa comenzó Leonardo a pintar este cuadro. Dado que ambas obras le ocuparon durante varios años, hemos de admitir que trabajó en ambas simultáneamente. Lo que más se armonizaría con nuestra hipótesis sería que precisamente la profunda penetración de Leonardo en los rasgos fisonómicos de Monna Lisa le hubiese impelido a crear la composición de la Virgen con el Niño Jesús y Santa Ana, pues si la sonrisa de la Gioconda hizo surgir en él el recuerdo de su madre, es natural que este recuerdo le impulsase inmediatamente a crear una glorificación de la maternidad y a devolver a su madre la sonrisa que de nuevo había hallado en la esposa de Francesco del Giocondo. De este modo, habremos de transferir ahora nuestro interés desde el retrato de Monna Lisa a aquel otro cuadro no menos bello y conservado también en el Louvre.

Santa Ana con su hija y su nieto es un tema poco corriente en la pintura italiana; pero, además, la composición de Leonardo se aleja considerablemente de todas las conocidas. Muther escribe sobre ella[62]:

> Algunos maestros, como Hans Fries, Holbein el Viejo y Girolano dai Libri, representaron a Santa Ana sentada junto a la Virgen y situaron al Niño entre ambas. Otros, como Jacobo Cornelisz, en el cuadro conservado en Berlín, componen una verdadera «trinidad»; esto es, nos muestran a Santa Ana teniendo en brazos la pequeña figurita de la Virgen, la cual tiene a su vez en los suyos la del Niño Jesús, más pequeña aún. En el cuadro de Leonardo, la Virgen aparece sentada en el regazo de Santa Ana, inclinada hacia adelante, tendiendo los brazos al Niño, que juega con un corderito. La abuela apoya en la cintura su único brazo visible y contempla con bienaventurada sonrisa a sus dos descendientes. La agrupación es, desde luego, un poco forzada. Pero la sonrisa que se refleja en los rostros de las dos figuras femeninas ha perdido, no obstante ser innegablemente la misma del retrato de Monna Lisa, todo su carácter inquietante y misterioso, no expresando sino ternura y serena bienaventuranza[63].

Examinando con profunda atención este cuadro, logramos una repentina comprensión de su esencia. Sólo Leonardo podía pintarlo, como sólo él podía imaginar la fantasía del buitre. En él se halla representada la síntesis de su historia infantil y todos sus detalles pueden ser explicados por las impresiones más personales de la vida de Leonardo. En la casa paterna encontró, a más de una buena madrastra, Donna Albiera, una abuela, Nònna Lucia, la madre de su padre, que debió de consagrarle todo el tierno cariño que las abuelas sienten por sus nietos. Esta circunstancia le hizo ya, sin duda, familiar la representación de la infancia protegida por la madre y la abuela. Otro rasgo singular del cuadro al que nos venimos refiriendo adquiere ahora gran importancia. Santa Ana, la madre de la Virgen María y abuela del Niño Jesús, que debía de ser ya una mujer entrada en años, aparece representada con rasgos juveniles de belleza aún no marchita, apenas más graves y maduros que los de su hija. Leonardo ha dado aquí al Niño Jesús dos madres: la que le tiende los brazos y otra que le contempla amorosamente desde el segundo término, y ha adornado a ambas con la sonrisa de la felicidad maternal. Esta singularidad del cuadro no ha dejado de despertar el asombro de los críticos. Así, opina Muther, por ejemplo, que Leonardo repugnaba pintar la ancianidad con sus arrugas y surcos, razón por la cual convirtió a Santa Ana en una mujer de resplandeciente belleza. Pero no creemos que esta explicación pueda satisfacer a nadie. Otros autores se han acogido a negar que existe realmente entre las dos figuras femeninas tal igualdad de juventud. Mas la tentativa de explicación de Muther basta para demostrar que la figura de Santa Ana da, efectivamente, en este cuadro una impresión de rejuvenecimiento, independiente de todo prejuicio teórico[64].

La infancia de Leonardo fue tan singular como este cuadro. Tuvo dos madres: Catalina, la primera y verdadera, de cuyos brazos fue arrancado entre los tres y los cinco años, y Donna Albiera, mujer de su padre, que fue para él una madrastra más joven y delicada. Reuniendo este hecho de su niñez con el que mencionamos en primer lugar, y condensándolos en una unidad mixta, dio forma a la composición de su cuadro. La figura maternal más alejada del niño corresponde, por su apariencia y su situación especial con respecto a aquél, a la primera madre de Leonardo, o sea, a Catalina. Con la bienaventurada sonrisa de Santa Ana, quiso, quizá, encubrir y negar el artista la envidia que la infeliz Catalina hubo de experimentar al verse obligada a ceder su hijo a la noble rival, como antes le había cedido el hombre amado[65].

De este modo habríamos llegado, partiendo de otra obra de Leonardo, a la confirmación de nuestra hipótesis de que la sonrisa de la Gioconda despertó en el artista el recuerdo de la madre de sus primeros años infantiles. A partir de este momento, las madonnas y los retratos femeninos de los pintores italianos mostraron la humilde inclinación de la cabeza y la bienaventurada sonrisa singular de la pobre campesina, madre del magnífico artista florentino.

Al reproducir Leonardo en el rostro de Monna Lisa el doble sentido que esta sonrisa entrañaba, esto es (según las palabras de Pater), la promesa de una ilimitada ternura y al mismo tiempo un presagio amenazador, no hizo más que permanecer fiel al contenido de sus más tempranos recuerdos, pues el apasionado cariño de su madre le fue fatal, determinando su destino y las privaciones que había de sufrir. La violencia de las caricias maternales, transparentada en su fantasía del buitre, no era sino harto natural. La pobre madre abandonada tenía que agregar a su amor maternal el recuerdo de la ternura gozada en sus amores con Ser Piero y su deseo de nuevos goces eróticos, y se veía impulsada no sólo a compensarse a sí misma de la falta del amado, sino a compensar al niño de la del padre, acariciándole también por él. De este modo situó a su hijo, como todas las madres insatisfechas, en el lugar del marido y le despojó de una parte de su virilidad provocando una maduración excesivamente precoz de su erotismo. El amor de la madre hacia el hijo al que amamanta y cuida es más profundo que su posterior afecto por el niño, ya en crecimiento. Su naturaleza es la de una relación amorosa absolutamente satisfactoria, que no sólo colma todos los deseos anímicos, sino también todas las necesidades físicas, y si representa una de las formas de la felicidad que el hombre puede alcanzar, se debe en gran parte a la posibilidad de satisfacer, sin reproche alguno, sentimientos optativos ha largo tiempo reprimidos, y deben ser calificados de perversos[66].

Aun en los matrimonios jóvenes más felices, siente el padre que su hijo ha llegado a ser su rival, y surge en él una perdurable hostilidad, profundamente arraigada en lo inconsciente, contra el preferido.

Cuando Leonardo, llegado al cenit de su vida, volvió a encontrar aquella bienaventurada sonrisa, que recordaba haber visto en los labios de su cariñosa madre, se encontraba ya, ha largo tiempo, bajo el dominio de una coerción que le prohibía volver a ansiar nunca más tales caricias de labios femeninos. Pero era pintor y se esforzó en crear de nuevo aquella sonrisa con sus pinceles, reproduciéndola en todos sus cuadros, y no sólo en aquellos que ejecutó por sí mismo, sino en los que hizo ejecutar bajo su dirección por sus discípulos, tales como la *Leda,* el *San Juan Bautista* y el *Baco.* Los dos últimos son variantes del mismo tipo. Muther dice:

> Del asceta bíblico que se alimentaba de saltamontes ha hecho Leonardo un Baco, un *Apollino,* que nos contempla con mirada sensual y perturbadora, sonriendo enigmáticamente y cruzadas las piernas de mórbida carnación.

Estos cuadros respiran un misticismo en cuyos secretos apenas nos atrevemos a penetrar. Lo más que podemos intentar es establecer su conexión con las creaciones anteriores de Leonardo. Las figuras son de nuevo andróginas, pero ya no en el sentido de la fantasía del buitre. Son bellos adolescentes de suave morbidez y de formas afeminadas, que en lugar de bajar los ojos nos miran con una enigmática expresión de triunfo, como si supieran de una inmensa felicidad cuyo secreto guardan. La conocida sonrisa deja sospechar que se trata de un secreto amoroso. Con estas figuras superó, quizá, Leonardo el fracaso de su vida erótica, representando en la dichosa reunión de los caracteres masculinos y femeninos la realización de los deseos del niño, perturbado por la ternura materna.

5

Entre las anotaciones de los diarios de Leonardo hallamos una que atrae nuestra atención por la importancia de su contenido y por una ligera falta de redacción.

En julio de 1504 escribe:

Addì 9 de Luglio 1504, mercoledì, a ore 7, morì Ser Piero da Vinci, notaio al palazzo del Potestà, mio padre, a ore 7. Era d'età anni 80, lasciò figliouli maschi e 2 femmine.

La anotación se refiere, pues, a la muerte del padre de Leonardo, y el ligero error de redacción consiste en la repetición de la hora del fallecimiento –a *ore* 7– como si al terminar la frase hubiera olvidado Leonardo haber consignado ya al principio dicho dato. Es ésta una minucia que sólo al psicoanalista puede interesar y aprovechar, pues quien no lo sea la dejará pasar inadvertida, y al serle llamada la atención sobre ella, alegará que se trata de un ligero error en el que todos podemos incurrir por distracción o bajo los efectos de una emoción cualquiera, careciendo por lo demás de todo alcance y significación.

El psicoanalista piensa de otro modo. Para él no hay nada, por insignificante que aparezca, que no pueda constituir la expresión de procesos anímicos ocultos; ha averiguado, hace mucho tiempo, que tales olvidos y repeticiones son extraordinariamente significativos y que debemos quedar muy agradecidos a la *distracción* cuando permite la revelación de sentimientos ocultos en todo otro momento.

Afirmaremos, pues, que también esta anotación, como las referentes a Catalina y a los discípulos, corresponde a una ocasión en la que fracasó a Leonardo la represión de sus afectos, logrando así una expresión deformada de elementos rigurosamente ocultos durante largo tiempo. También su forma es análoga, mostrando igual pedantesco prurito de exactitud e igual predominio de los números[67].

Tales repeticiones son calificadas por nosotros como *perseveraciones,* y constituyen un excelente medio auxiliar para revelar la acentuación afectiva. Recuérdense, por ejemplo, las coléricas palabras de San Pedro en el Paraíso dantesco contra su representante en la Tierra (Canto XXVII, v. 22 a 25):

> Quegli ch'usurpa in terri il luogo mio
> Il luogo mio, il luogo mio, che voca
> Nella presenza del Figlinole di Dio
> Fatto a del cimiterio mio cloaca.

Sin la coerción afectiva de Leonardo, la anotación en el diario hubiera podido tomar la forma siguiente: «Hoy, a las siete, murió mi padre, Ser Piero da Vinci, mi pobre padre». Pero el desplazamiento de la perseveración sobre el detalle más indiferente, esto es, sobre la hora del fallecimiento despoja a la anotación de todo *pathos* y nos revela la existencia de algo que había de ser encubierto y reprimido.

Ser Piero da Vinci, notario y descendiente de notarios, era un hombre de gran energía vital, que le conquistó consideración y bienestar. Casó cuatro veces; sus dos primeras mujeres murieron sin haber tenido hijos, y cuando la tercera le dio en 1476 su primer descendiente legítimo, tenía ya Leonardo veinticuatro años y hacía mucho tiempo que había abandonado la casa paterna, trasladándose al taller del Verrocchio, su maestro. De la cuarta y última mujer, con la que casó siendo ya cincuentón, tuvo aún nueve hijos y dos hijas[68].

El padre de Leonardo desempeñó también, desde luego, en el desarrollo psicosexual de su hijo, un papel importantísimo, y no solamente negativo, por su ausencia durante los primeros años infantiles del mismo, sino también directo e inmediato, por su ulterior presencia. Aquellos que de niños desean a su madre entrañan inevitablemente la aspiración de llegar a ocupar el lugar del padre, se identifican con él en su fantasía, y hacen luego, de su vencimiento, la labor de toda su vida. La orientación decisiva hacia la homosexualidad se verifica, como ya sabemos, en los años próximos a la pubertad. Cuando Leonardo llegó a ésta, la identificación con su padre perdió todo su significado para su vida sexual pero continuó existiendo en otras actividades distintas exentas de carácter erótico. Sabemos que gustaba del lujo y de los bellos vestidos, y que tenía criados y caballos, aunque, según cuenta Vasari, «no poseía bienes de fortuna y trabajaba poco». Tales gustos no pueden atribuirse únicamente a su sentido de la belleza, sino también a la obsesión de copiar y superar al padre. Éste había constituido para la pobre muchacha campesina el prototipo de la distinción, y al hijo le quedaba el deseo de jugar a la nobleza y el impulso *to out-herod,* esto es, de demostrar al padre cuál era la verdadera distinción.

El artista se considera como el padre de sus creaciones estéticas. Para la actividad pictórica de Leonardo tuvo una fatal consecuencia su identificación con su padre. Creaba la obra y cesaba en el acto de ocuparse de ella, como su padre había hecho con él. La ulterior rectificación de esta conducta de su progenitor no podía ya modificar esta obsesión, derivada de las impresiones de los primeros años infantiles, pues aquello que ha sido reprimido y permanece inconsciente no puede ya ser corregido por experiencias posteriores.

En el Renacimiento precisaba todo artista de un alto señor y protector, un *padrone,* que le encargaba trabajos y en cuyas manos reposaba su destino. Leonardo encontró su *padrone* en Ludovico Sforza, sobrenombrado el *Moro,* hombre ambicioso, amante del lujo y diplomáticamente disimulado, pero inconstante y poco de fiar. En su corte, establecida en Milán, pasó Leonardo la época más brillante de su vida, desplegando libremente a su servicio su potencia creadora, de la que fueron testimonio el fresco de la Cena y la estatua ecuestre de Francisco Sforza. Antes de que la estrella de Ludovico se ensombreciera, llevándole a morir en una prisión francesa, abandonó Leonardo Milán, y cuando la desgracia de su protector llegó a sus oídos, escribió en su diario: «El duque perdió sus estados, su fortuna y su libertad, y no llevó a término ninguna de sus obras». Es singular, y desde luego muy significativo, que Leonardo dirigiese aquí a su *padrone* el mismo reproche que la posteridad había de hacerle a él, como si quisiese echar sobre una persona perteneciente a la serie paterna la responsabilidad que le incumbía por dejar interminadas sus obras. De todos modos, el reproche que hace al duque se hallaba perfectamente justificado.

Pero si como artista le perjudicó su imitación de su padre, la rebelión contra el mismo constituyó la condición infantil de sus rendimientos como investigador, no menos importante. Según una bella comparación de Merejkowski, parecía un hombre que se ha despertado en la noche y vela en las tinieblas mientras los demás duermen.

Su libertad intelectual le llevó a dejarnos en una atrevida frase la justificación de toda investigación independiente: *Aquel que disputa alegando la autoridad, usa más de la memoria que de la inteligencia.* De este modo, fue el primer investigador físico moderno, y un sinnúmero de descubrimientos y anticipaciones premió en él al primer hombre que después de los griegos tenía el valor de acercarse a los secretos de la Naturaleza, apoyado únicamente en la observación y en su propio juicio. Pero cuando enseñaba a despreciar la autoridad y a rechazar la imitación de los *antiguos,* indicando de continuo el estudio de la Naturaleza como la fuente de toda verdad, no hacía sino repetir en la más elevada sublimación posible para el hombre la decisión que antes se impuso al niño, admirado ante el maravilloso espectáculo del mundo. Transportados desde la abstracción científica a la experiencia concreta individual, los antiguos y la autoridad corresponden al padre, y la Naturaleza, a la madre bondadosa y tierna que le había criado. Mientras que los demás humanos –y tanto hoy como en las épocas más primitivas– precisan imperiosamente de una autoridad en la que apoyarse hasta el punto de que sienten vacilar el mundo entero cuando tal autoridad les parece amenazada, podía Leonardo prescindir por completo de semejante apoyo. Pero jamás le hubiera sido esto posible si en sus primeros años no hubiese aprendido a renunciar al padre. El atrevimiento y la independencia de su ulterior investigación científica presuponen una investigación sexual infantil no coartada por el padre, y la continúan, apartándola de lo sexual.

Cuando un individuo ha escapado en su infancia, como Leonardo, a la intimidación ejercida por el padre, y ha roto, en su actividad investigadora, las cadenas de la autoridad, no puede esperarse que permanezca dentro de una religión dogmática. El psicoanálisis nos ha descubierto una íntima conexión entre el complejo del padre y la creencia en Dios, y nos ha mostrado que el Dios personal no es, psicológicamente, sino una superación del padre, revelándonos innumerables casos de sujetos jóvenes que pierden la fe religiosa en cuanto cae por tierra para ellos la autoridad paterna. En el complejo paternomaterno reconocemos, pues, la raíz de la necesidad religiosa. El Dios omnipotente y justo y la bondadosa naturaleza se nos muestran como magnas sublimaciones del padre y de la madre, o mejor aún, como renovaciones y reproducciones de las tempranas representaciones infantiles de ambos. La religiosidad se refiere, biológicamente, a la impotencia y a la necesidad de protección del niño durante largos años. Cuando luego el adulto reconoce su abandono y su debilidad ante los grandes poderes de la vida, se siente en una situación análoga a la de su infancia y trata de consolarse por medio de la renovación regresiva de los poderes protectores infantiles. La protección que la fe religiosa ofrece a los creyentes contra la neurosis queda fácilmente explicada por el hecho de que los despoja del complejo paterno-materno, del que depende la conciencia de la culpabilidad –tanto individual como generalmente humana–, resolviéndolo para ellos, mientras que el incrédulo tiene que resolver por sí solo tal problema.

No parece que el ejemplo de Leonardo fuera contrario a esta concepción de la fe religiosa. Ya durante su vida se le acusó de incredulidad o –cosa equivalente en aquellos tiempos– de haber renegado de la fe de Cristo, acusaciones que aparecen incluidas en la primera biografía de Leonardo, escrita por Vasari, el cual las suprimió luego en la segunda edición de sus *Vite*. Comprendemos muy bien que, ante la extraordinaria susceptibilidad de su época para todo lo referente a la religión, se abstuviera Leonardo de toda manifestación sobre su actitud con respecto al Cristianismo, incluso en sus anotaciones íntimas. Pero como investigador no se dejó inducir en error por los datos que sobre la creación del mundo consignan los Libros Sagrados. Así, discutió la posibilidad de un diluvio universal y contó, en Geología, por milenios, con igual libertad de espíritu que los hombres modernos.

Entre sus «profecías» hallamos algunas que tienen que ofender la sensibilidad de los creyentes cristianos. Por ejemplo, una de las referentes al culto de las imágenes:

> Los hombres hablarán a hombres que nada oyen, que tienen abiertos los ojos y no ven; hablarán con ellos y no recibirán respuesta; pedirán piedad a aquel que tiene oídos y no oye y encenderán luces ante un ciego.

O sobre las lamentaciones del Viernes Santo:

> En toda Europa llorarán innumerables pueblos la muerte de un solo hombre, acaecida en Oriente.

Se ha dicho que el arte de Leonardo despojó a las imágenes divinas de sus últimos restos de rigidez eclesiástica y las humanizó para representar en ellas elevadas sensaciones humanas. Muther le alaba, declarando que dominó un ambiente espiritual de decadencia y devolvió a los hombres el derecho a la sensualidad y al alegre goce de la vida. En las notas que nos muestran a Leonardo sumido en la investigación de los grandes enigmas de la Naturaleza no faltan manifestaciones de admiración al Creador, última causa de tales magnos misterios; pero nada nos indica que quisiera conservar una relación personal con dicho poder divino. Las frases en las que depositó la sabiduría de los últimos años de su vida respiran la resignación del hombre que se somete a la ’Ανάγκη, a las leyes de la Naturaleza, y no espera de la bondad o la gracia divinas atenuación ninguna. Es casi indudable que Leonardo superó tanto la religión dogmática como la personal, alejándose con su labor investigadora de la concepción cristiana del universo.

Nuestros conocimientos, antes mencionados, sobre el desarrollo de la vida anímica infantil nos conducen a la hipótesis de que también las primeras investigaciones infantiles de Leonardo recayeron sobre los problemas de la sexualidad. Él mismo lo deja transparentar al enlazar su inclinación investigadora con la fantasía del buitre y acentuar el problema del vuelo de los pájaros como uno de los que habían de constituir, por mandato del Destino, objeto especial de su estudio. Un pasaje harto oscuro de sus anotaciones, semejante a una profecía, y en el que trata del vuelo de los pájaros, testimonia cuánto interés afectivo entrañaba su deseo de volar:

> El gran pájaro emprenderá su vuelo desde el lomo de su gran cisne, colmando de admiración al universo, llenando con su fama todos los escritos y conquistando eterna gloria para el nido que le vio nacer[69].

Probablemente esperaba llegar a volar alguna vez, y por los sueños realizadores de deseos de los hombres sabemos qué felicidad promete la realización de tal esperanza.

Mas, ¿por qué sueñan tanto los hombres con poder volar? El psicoanálisis nos da la respuesta, mostrándonos que el volar o ser un pájaro no es sino el disfraz de un deseo distinto. La fábula de la cigüeña, con la que intentamos satisfacer la curiosidad infantil sobre el origen de los niños; los falos alados de los antiguos; el empleo, en alemán, de la palabra *voegeln* (de *Vogel:* 'pájaro') como designación corriente de la actividad sexual, y en italiano del sustantivo *uccello* ('pájaro') para designar el miembro viril, son pequeños fragmentos de una amplia totalidad demostrativa de que el deseo de poder volar, en el sueño, no significa sino el ansia de ser apto para la función sexual[70]. Es éste un deseo que surge en nuestros más tempranos años infantiles. Cuando el adulto piensa en su infancia se le aparece ésta como una edad dichosa, en la que gozaba del momento presente y avanzaba hacia el futuro sin que ningún deseo le atormentase. Tal representación le hace considerar dignos de envidia a los niños. Pero si éstos pudieran manifestarnos directamente su opinión nos proporcionarían con seguridad datos muy diferentes. Parece, en efecto, que la infancia no es aquel dichoso idilio que luego imaginamos. Por el contrario, los niños se sienten fustigados durante toda su infancia por el deseo de llegar a ser mayores y poder hacer lo que los adultos. Este deseo domina todos sus juegos. Cuando, en el curso de su investigación sexual, sospecha el infantil sujeto que en este terreno, tan enigmático e importante para él, puede el adulto realizar algo muy especial que a él le está prohibido incluso saber, experimenta un poderoso deseo de adquirir dicha capacidad y sueña con ella bajo el disfraz del vuelo o prepara este disfraz para sus sueños posteriores. Así, pues, la aviación, resuelta ya por fin en nuestros tiempos, posee también su raíz erótica.

Al confesarnos la atracción que el problema del vuelo ejerció sobre él desde su infancia, confirma Leonardo que su investigación sexual infantil se hallaba orientada hacia lo sexual, como ya nos lo hacían suponer nuestras observaciones directas de la infancia contemporánea. Por lo menos, este problema consiguió escapar a la represión que luego le apartó de la sexualidad. Desde los años infantiles hasta la época de la más completa madurez intelectual continuó orientando su interés, con ligeras modificaciones de sentido, hacia la misma cuestión, y es muy posible que el deseado arte permaneciera inaccesible para él tanto en su sentido sexual primario como en el mecánico, perdurando ambos deseos como irrealizables.

El gran Leonardo permaneció infantil durante toda su vida en diversos aspectos. Dícese que todos los grandes hombres tienen que conservar algo infantil. Llegado a la edad adulta continuaba complaciéndose en pueriles juegos, circunstancia que le hacía aparecer inquietante e incomprensible a los ojos de sus contemporáneos. Viéndole preparar, para las fiestas cortesanas y los solemnes recibimientos, ingeniosísimos juguetes mecánicos, nos sentimos descontentos los que no quisiéramos que hubiese derrochado sus energías en tales puerilidades; pero él parecía complacerse en ellas, pues Vasari nos cuenta que se entretenía con análogos pasatiempos, aun cuando ningún encargo le obligaba a ello.

Allí hizo una masa de cera y construyó con ella, cuando estaba fluida, delicadísimos animalitos que volaban al llenarlos de aire, cayendo a tierra conforme se iban vaciando. A un singular lagarto que le trajo el viñador del Belvedere le hizo, con la piel de otros animales de la misma clase, unas alas llenas de mercurio, que temblaban y se movían; luego le pintó ojos, le puso cuernos y barbas, lo domesticó y lo llevaba en una cajita, asustando con él a sus amigos.

A veces le servían estos juegos para expresar profundos pensamientos. Así,

> hacía desgrasar y lavar tan minuciosamente una tripa de carnero, que podía ocultarse en la palma de la mano; luego le aplicaba el tubo de un fuelle oculto en la cámara contigua, y cuando, moviendo el fuelle, la tripa se inflamaba, obligando a los presentes a refugiarse en un rincón, él la comparaba al genio, que limitado primero a un pequeño espacio, crece luego cada vez más, llenando los ámbitos.

De su gusto por tales pasatiempos testimonian también sus enigmas, escritos en forma de «profecías», y sus fábulas, composiciones muy ricas en ideas, pero carentes de gracia hasta un extremo singular.

Los juegos que Leonardo toleraba a su fantasía han inducido con gran frecuencia en grave error a sus biógrafos, desconocedores de esta característica del gran artista. Entre los manuscritos milaneses de Leonardo se encuentran, por ejemplo, borradores de cartas a «Diodario de Sorio (Siria), ministro del sagrado sultán de Babilonia», en las que se presenta Leonardo como ingeniero enviado a aquellos territorios del Oriente para llevar a cabo determinados trabajos, se defiende de un supuesto reproche de holganza, expone descripciones geográficas de ciudades y montañas y describe, por último, un importantísimo suceso, del que fue testigo durante su estancia en aquellos parajes[71].

Basándose en estos manuscritos quiso demostrar J. P. Richter, en 1881, que Leonardo estuvo en Oriente al servicio del sultán de Egipto, llegando incluso a convertirse a la fe mahometana. El artista vinciano habría realizado este viaje en 1483, esto es, antes de su agregación a la corte del duque de Milán. Pero la crítica de otros autores ha demostrado fácilmente que estos supuestos testimonios de una estancia en Oriente no son sino fantasías del joven Leonardo, creadas por él para su propio entretenimiento, y en las que daba libre curso a sus deseos de ver mundo y correr aventuras. También la Academia Vinciana, de cuya existencia no poseemos más datos que cinco o seis complicados emblemas dibujados por nuestro héroe, debió de ser uno de tales productos imaginativos. Vasari cita, en efecto, los emblemas, pero nada dice de la Academia[72]. Muentz, que reproduce en la cubierta de su gran obra sobre Leonardo uno de dichos emblemas, es de los pocos autores que creen en la existencia de tal institución.

Es muy probable que esta inclinación de Leonardo a los juegos y pasatiempos infantiles desapareciese en sus años de madurez y confluyera también en la actividad investigadora, que constituyó el último y más elevado desarrollo de su personalidad. Pero su larga duración puede enseñarnos cuán lentamente se arranca de su infancia aquel que ha alcanzado durante ella la más alta bienaventuranza erótica, jamás renovada después.

6

Sería inútil pretender engañarse ocultándose que los lectores no gustan hoy de la Patografía. Su repulsa se disimula bajo el reproche de que la investigación patográfica de un grande hombre no conduce nunca a la inteligencia de su significación ni de su obra, siendo, por tanto, inútil capricho estudiar en él cosas que podemos hallar en cualquier ente vulgar. Pero esta crítica es tan evidentemente injusta, que sólo como pretexto o encubrimiento de otras ideas distintas puede resultarnos comprensible. La Patografía no se propone hacer comprensible la obra del grande hombre y mal puede reprocharse a nadie el incumplimiento de algo que no ha prometido. Los verdaderos motivos de la oposición son muy distintos y los hallamos en cuanto reflexionamos que los biógrafos se muestran siempre singularmente fijados a su héroe. Con gran frecuencia lo han elegido impulsados por motivos puramente personales, de orden sentimental, que se lo hicieron simpático de antemano. De este modo se entregan a una labor de idealización que aspira a incluir al grande hombre en la serie de sus modelos infantiles y quizá a resucitar en él la representación paterna infantil. En favor de este deseo, borran los rasgos individuales de su fisonomía, disimulan las huellas de sus luchas con resistencias interiores y exteriores, le despojan de toda debilidad e imperfección humanas y nos ofrecen entonces una helada figura ideal, ajena por completo a nosotros, en lugar del hombre al que podíamos sentirnos afines, siquiera fuese lejanamente. Esta conducta es muy de lamentar, pues con ella sacrifican la verdad a una ilusión y renuncian en favor de sus fantasías infantiles a una ocasión de penetrar en los más atractivos secretos de la naturaleza humana[73]. Leonardo mismo, con su amor a la verdad y su deseo de saber, no hubiera rechazado la tentativa de deducir de las pequeñas rarezas y singularidades de su personalidad las condiciones de su desarrollo anímico e intelectual. La mejor manera de honrarle será obrar aquí como él hubiera obrado. En nada disminuiremos su grandeza estudiando los sacrificios que hubo de costarle el paso de la infancia a la madurez y reuniendo los factores que imprimieron a su persona el trágico estigma del fracasado.

Haremos constar especialmente que nunca hemos contado a Leonardo entre los neuróticos o «enfermos de los nervios», como impropiamente se les denomina. Aquellos que se lamentan de vernos aplicar al gran artista conocimientos de orden patológico, muestran hallarse limitados por prejuicios a los que hoy en día no se concede ya valor ninguno, muy justificadamente.

No creemos ya que la salud y la enfermedad, lo normal y lo nervioso, puedan ser precisamente diferenciados ni que los caracteres neuróticos deban ser considerados como prueba de inferioridad. Sabemos hoy que los síntomas neuróticos son formaciones sustitutivas de ciertos rendimientos de la represión que hemos de llevar a cabo en el curso de nuestro desarrollo desde el niño al hombre civilizado, y sabemos también que todos producimos tales formaciones sustitutivas y que sólo su número, intensidad y distribución justifican el concepto práctico de enfermedad y la deducción de una inferioridad constitucional. Por los pequeños rasgos que de la personalidad de Leonardo nos son conocidos, debemos considerarle próximo a aquel tipo neurótico que designamos con el nombre de «tipo obsesivo», comparando su actividad investigadora con la «meditación obsesiva» del neurótico y sus coerciones con las abulias del mismo.

El fin de nuestro trabajo era el esclarecimiento de las coerciones de la vida sexual y la actividad artística de Leonardo. Nos permitiremos, pues, reunir con tal objeto aquello que sobre el curso de su desarrollo psíquico hemos podido adivinar.

No hemos podido llegar al conocimiento de sus circunstancias hereditarias. En cambio, hemos comprobado que las circunstancias accidentales de su niñez ejercieron una profunda influencia perturbadora. Su nacimiento ilegítimo le sustrajo, quizá, hasta los cinco años, a la influencia del padre, y le abandonó a la cariñosa seducción de la madre, cuyo único consuelo constituía. Las apasionadas caricias maternas provocaron en él una temprana madurez sexual y entró en una fase de actividad sexual infantil, de la cual no hemos logrado determinar con toda evidencia más que una única manifestación: la intensidad de su investigación sexual infantil. La tendencia al placer visual y el ansia de saber quedaron excitadas en grado sumo por sus tempranas impresiones infantiles; la zona erógena bucal recibió una acentuación que conservará ya para siempre. De su exagerada compasión posterior de los animales podemos deducir que durante este período infantil no careció de enérgicos rasgos contrarios, o sea, de carácter sádico.

Un poderoso avance de la represión puso fin a este exceso infantil y determinó las disposiciones que habían de surgir en los años de la pubertad. El apartamiento de toda actividad groseramente sexual será el resultado más evidente de la transformación. Leonardo podrá vivir en completa abstinencia y dar la impresión de un hombre asexual. Cuando las ondas de la excitación concomitante a la pubertad lleguen hasta el adolescente, no le harán, sin embargo, enfermar, obligándole a formaciones sustitutivas costosas y perjudiciales. La parte más considerable de la necesidad del instinto sexual podrá quedar sublimada merced al temprano predominio del ansia sexual de saber, en un deseo general de saber, y escapará así a la represión. Otra parte, mucho menos importante, de la libido permanecerá orientada hacia fines sexuales y representará la atrofiada vida sexual del adulto. A consecuencia de la represión del amor a la madre, quedará transformado este resto de la libido en una disposición homosexual y se manifestará en forma de pederastia ideal. La fijación a la madre y a los dichosos recuerdos de su comercio con ella quedará perdurablemente conservada en lo inconsciente, pero permanecerá, por lo pronto, inactiva. Así, pues, las aportaciones del instinto sexual a la vida anímica de Leonardo quedan repartidas entre la represión, la fijación y la sublimación.

Surgiendo de una oscura adolescencia, se nos aparece Leonardo como artista pintor y escultor, gracias a una capacidad específica, reforzada probablemente en los primeros años infantiles por la precoz aparición de la tendencia al placer visual. Nos complacería indicar en qué forma depende la actividad artística de los instintos primitivos anímicos, pero nuestros medios resultan insuficientes para ello. Por tanto, nos limitaremos a hacer constar el hecho indudable de que la actividad creadora del artista proporciona también una derivación a sus deseos sexuales, y a recordar, por lo que a Leonardo respecta, las informaciones de Vasari sobre sus primeras tentativas artísticas: cabezas de mujeres sonrientes y de bellos muchachos, o sea, representaciones de sus objetos sexuales. En los primeros años de su juventud parece trabajar Leonardo libre de toda coerción. Durante el tiempo en el que tomó a su padre como modelo de su conducta exterior, vivió Leonardo en Milán, donde el favor del Destino le hizo encontrar en Ludovico Moro una sustitución del padre, una época de viril fuerza creadora y de productividad artística. Pero pronto se confirmó en él la experiencia de que la represión casi completa de la vida sexual no ofrece las condiciones más favorables para el ejercicio de las tendencias sexuales sublimadas. El carácter prototípico de la vida sexual acaba por imponerse, comienzan a paralizarse la actividad y la capacidad de tomar rápidas resoluciones, y la tendencia a la indecisión y a la reflexión obsesiva se hace notar de un modo perturbador en la *Cena,* y determina, ejerciendo su influjo sobre la técnica, el fatal destino de la maravillosa obra de arte. Lentamente va desarrollándose en él un proceso sólo comparable a las regresiones de los neuróticos. El desarrollo de su personalidad, que a partir de la pubertad le llevó al arte, es alcanzado y dominado por aquel otro cuyas condiciones arraigan en su primera infancia y que le conduce a la investigación. La segunda sublimación de sus instintos eróticos cede el paso a la primera y primitiva, preparada por la primera represión. Leonardo pasa a ser un investigador, al principio al servicio de su arte, luego independientemente de él y, por último, volviéndole la espalda. Con la pérdida de su mecenas, sustitución del padre, y el progresivo entenebrecimiento de su vida, va haciéndose cada vez más amplia esta sustitución regresiva. El artista se hace *impacientissimo al penello,* como nos cuenta un enviado de Isabella d'Este, que deseaba poseer a toda costa otro cuadro de su mano. Su pasado infantil ha adquirido dominio sobre él. Pero la actividad investigadora con la que sustituye la creación artística parece mostrar algunos rasgos que caracterizan la actuación de tendencias inconscientes –la insaciabilidad, la indiferencia y la incapacidad de adaptarse a las circunstancias reales.

Llegado al cenit de su existencia, a los cincuenta años, edad en la que los caracteres sexuales de la mujer han sucumbido a un proceso regresivo, mientras que la libido del hombre arriesga aún, con frecuencia, un enérgico avance, pasa Leonardo por una nueva transformación. Capas aún más profundas de su contenido anímico devienen de nuevo activas, y esta nueva regresión favorece a su arte, que se hallaba en vías de atrofiarse. Leonardo encuentra a la mujer que despierta en él el recuerdo de la sonrisa bienaventurada y extáticamente sensual de la madre, y bajo la influencia de esta evocación experimenta de nuevo el impulso que le guió al principio de sus tentativas artísticas, cuando creó las cabezas de mujeres sonrientes. Pinta la *Monna Lisa,* la *Virgen con el Niño Jesús y Santa Ana* y la serie de cuadros enigmáticos, caracterizados por la misteriosa sonrisa. Con ayuda de sus más primitivos sentimientos eróticos festeja el triunfo de dominar una vez más la coerción que pesa sobre su arte. Este último desarrollo se pierde, para nosotros, en las tinieblas de la ancianidad, que se aproxima ya al creador. Pero su intelecto se ha elevado antes a los más altos rendimientos de una concepción del universo que deja muy atrás a su época.

En los capítulos que anteceden hemos expuesto aquello que puede justificar una tal representación del curso evolutivo de Leonardo, así como nuestra división de su vida y nuestro esclarecimiento de su vacilación entre el arte y la ciencia. Si incluso por los partidarios y conocedores del psicoanálisis se nos objetara que no hemos hecho sino escribir una novela psicoanalítica, respondemos que no exageramos tampoco la seguridad de nuestros resultados. Como otros muchos, hemos sucumbido a la atracción ejercida por el grande y enigmático Leonardo, en cuya personalidad creemos advertir poderosas pasiones instintivas que, sin embargo, no pueden manifestarse sino de un modo atenuadísimo.

Cualquiera que sea la verdad de la vida de Leonardo, no podemos abandonar nuestra tentativa de investigarla psicoanalíticamente antes de haber llevado a cabo una determinada labor. Hemos de trazar, en general, las fronteras que delimitan la función del psicoanálisis en la investigación biográfica, con objeto de que no se nos reproche como un fracaso la falta de algunos esclarecimientos. La investigación psicoanalítica dispone, como material, de las fechas biográficas del investigado, de los factores accidentales correspondientes a los acontecimientos exteriores y a las influencias del medio y de las reacciones conocidas del individuo. Apoyada en su conocimiento de los mecanismos psíquicos, intenta fundamentar su personalidad dinámicamente, basándose en sus reacciones, y descubrir sus fuerzas anímicas instintivas originales, así como las transformaciones y evoluciones ulteriores de las mismas. Conseguido esto, queda aclarada la conducta vital de la personalidad por la acción conjunta de la constitución y el destino, de fuerzas interiores y poderes exteriores. Cuando tal empresa no alcanza resultados indubitables, como quizá sucede en este caso de Leonardo, no debemos culpar al método empleado, tachándolo de insuficiente o defectuoso, sino a la inseguridad y deficiencia del material. Así, pues, el único culpable del fracaso es el investigador que ha obligado al psicoanálisis a pronunciarse sobre un material insuficiente.

Pero aun disponiendo de un amplio material histórico y dominando el desarrollo de los mecanismos psíquicos, hay dos puntos importantísimos en los que la investigación psicoanalítica no puede esclarecernos la necesidad de que el individuo sea así, sin poder manifestarse en forma ninguna distinta. Por lo que a Leonardo respecta, hemos tenido que suponer que la circunstancia accidental de su ilegítimo nacimiento y la exagerada ternura de su madre ejercieron una influencia decisiva sobre la formación de su carácter y sobre su destino ulterior, en razón a que la represión sexual desarrollada después de esta fase infantil le llevó a la sublimación de la libido en ansia de saber, determinando la inactividad sexual de toda su vida ulterior. Pero esta represión consecutiva a las primeras satisfacciones eróticas de la infancia no hubiera debido tener efecto. En otro individuo no se habría desarrollado o hubiera alcanzado mucha menor amplitud. Hemos de reconocer aquí un margen de libertad que el psicoanálisis no puede determinar.

Asimismo, tampoco se debe querer presentar el resultado de este avance represivo como el único posible. Otra persona no habría conseguido, probablemente, arrebatar a la represión la parte principal de la libido, por medio de la sublimación en ansia de saber. Bajo iguales influencias que Leonardo hubiera adquirido una duradera perturbación de la actividad intelectual o una incoercible disposición a la neurosis obsesiva. Así, pues, el psicoanálisis no consigue darnos la explicación de dos peculiaridades de Leonardo: su especialísima tendencia a la represión de los instintos y su extraordinaria capacidad para sublimar los instintos primitivos.

Los instintos y sus transformaciones son lo último que el psicoanálisis puede llegar a conocer. A partir de este límite, cede el terreno a la investigación biológica. Tanto la tendencia a la represión como la capacidad de sublimación han de ser referidas a las bases orgánicas de carácter, sobre las cuales se eleva luego el edificio anímico. Dado que la actitud artística y la capacidad funcional se hallan íntimamente ligadas a la sublimación, hemos de confesar que también la esencia de la función artística nos es inaccesible psicoanalíticamente. La investigación biológica moderna se inclina a explicar los rasgos fundamentales de la constitución orgánica de un hombre por la mezcla de disposiciones masculinas y femeninas, en sentido material. La belleza física de Leonardo y la circunstancia de ser ambidiestro se hallarían de acuerdo con una tal explicación. Pero no queremos abandonar el terreno de la investigación puramente psicológica. Nuestro fin continúa siendo la demostración del enlace existente entre los sucesos exteriores y las reacciones individuales por el camino de la actividad instintiva. Aunque el psicoanálisis no nos explica el hecho de la capacidad artística de Leonardo, nos proporciona, de todos modos, la inteligencia de las manifestaciones y limitaciones de tal capacidad. Parece, en efecto, que sólo un hombre de una vida infantil como la de Leonardo puede pintar la *Monna Lisa* y la *Virgen con el Niño Jesús y Santa Ana,* y elevarse al mismo tiempo tan vertiginosamente en su actividad investigadora, como si la clave de todos sus rendimientos y también de su infortunio se hallase oculta en la fantasía infantil del buitre.

Pero, ¿no deberemos acaso rechazar los resultados de una investigación que atribuye a los azares de la constelación paterno-materna una influencia tan decisiva sobre el destino de un hombre, y hace depender, por ejemplo, el de Leonardo de su nacimiento ilegítimo y de la esterilidad de Donna Albiera, su primera madrastra? No creo que haya derecho a una tal repulsa. Considerando que el azar es indigno de decidir nuestro destino, no hacemos sino recaer en la concepción piadosa del universo, cuyo vencimiento preparó el mismo Leonardo al escribir que el Sol no se movía. Naturalmente, nos irrita que durante nuestra temprana infancia, tan impotente y necesitada de auxilio, no seamos protegidos por un Dios de justicia o un bondadoso poder previsor contra tales influencias. Pero al pensar así, olvidamos que realmente todo es casual en nuestra vida, desde nuestra génesis por el encuentro del espermatozoo y el óvulo, casualidad que por esta misma razón participa, sin embargo, en la normatividad y necesidad de la Naturaleza, faltándole únicamente una relación con nuestros deseos e ilusiones. La distribución de la determinación de nuestra vida entre las «necesidades» de nuestra constitución y los «accidentes» de nuestra infancia no se halla, quizá, fijamente establecida todavía; pero no podemos dudar de la importancia de nuestros primeros años infantiles. En general, mostramos aún poco respeto a la Naturaleza, que, según las oscuras palabras de Leonardo, análogas a otras del *Hamlet* shakespeariano, *è piena d'infinite ragioni che non furono mai in isperienza:*

> Cada una de las criaturas humanas corresponde a uno de los infinitos experimentos en los que estas *ragioni* intentan pasar a la experiencia.

El *Moisés* de Miguel Ángel*

He de confesar, ante todo, que soy profano en cuestión de arte. El contenido de una obra de arte me atrae más que sus cualidades formales y técnicas, a las que el artista concede, en cambio, máxima importancia. Para muchos medios y efectos del arte me falta, en realidad, la comprensión debida. Y quiero hacerlo constar así para asegurar a mi intento presente una acogida benévola.

Pero las obras de arte ejercen sobre mí una poderosa acción, sobre todo las literarias y las escultóricas, y más rara vez, las pictóricas. En consecuencia, me he sentido impulsado a considerar muy detenidamente algunas de aquellas obras que tan profunda impresión me causaban, y he tratado de aprehenderlas a mi manera; esto es, de llegar a comprender lo que en ellas producía tales efectos. Y aquellas manifestaciones artísticas (la música, por

* Publicado en 1914.

ejemplo) en que esta comprensión se me niega, no me producen placer alguno. Una disposición racionalista o acaso analítica se rebela en mí contra la posibilidad de emocionarme sin saber por qué lo estoy y qué es lo que me emociona.

Todo esto ha orientado mi atención hacia el hecho, aparentemente paradójico, de que precisamente algunas de las creaciones artísticas más acabadas e impresionantes escapan a nuestra comprensión. Las admiramos y nos sentimos subyugados por ellas, pero no sabemos qué es lo que representan. Carezco de lecturas suficientes para saber si este hecho ha sido ya observado, o si ha habido o no algún crítico de arte que haya encontrado en semejante perplejidad de nuestra inteligencia comprensiva una de las condiciones capitales de los más poderosos efectos que una obra de arte puede suscitar. De todos modos, a mí habría de serme muy difícil aceptar como verdadera semejante condición.

Y no es que los peritos en arte o los entusiastas no encuentren palabras cuando nos ponderan una de estas obras de arte. Muy al contrario, encuentran incluso demasiadas. Pero, generalmente, ante estas creaciones magistrales del artista dice cada uno algo distinto, y nadie algo que resuelva el enigma planteado al admirador ingenuo. Lo que tan poderosamente nos impresiona no puede ser, a mi juicio, más que la intención del artista en cuanto el mismo ha logrado expresarla en la obra y hacérnosla aprehensible. Sé muy bien que no puede tratarse tan sólo de una aprehensión meramente intelectual; ha de ser suscitada también nuevamente en nosotros aquella situación afectiva, aquella constelación psíquica que engendró en el artista la energía impulsora de la creación. Mas ¿por qué no ha de ser posible determinar la intención del artista y expresarla en palabras, como cualquier otro hecho de la vida psíquica? En cuanto a las grandes obras de arte, acaso no puede hacerse sin auxilio del análisis. La obra misma tiene que facilitar este análisis si es la expresión eficiente en nosotros de las intenciones y los impulsos del artista. Y para adivinar tal intención habremos de poder descubrir previamente el sentido y el contenido de lo representado en la obra de arte; esto es, habremos de poderla interpretar. Es, pues, posible que tal obra de arte precise de interpretación, y que sólo después de la misma pueda yo saber por qué he experimentado una impresión tan poderosa. Abrigo incluso la esperanza de que esta impresión no sufrirá minoración alguna, una vez llevado a buen término el análisis.

Consideremos ahora, por ejemplo, el *Hamlet,* una de las obras maestras de Shakespeare, representada por vez primera hace ya más de trescientos años[1]. Examinadas las investigaciones psicoanalíticas de que se ha hecho objeto a esta obra cumbre de la literatura dramática, soy de la opinión que sólo el psicoanálisis ha conseguido resolver el enigma del efecto que la misma produce al referir su argumento al tema de Edipo. Pero antes, ¡qué multitud de tentativas de interpretación, incompatibles entre sí, y qué diversidad de opiniones sobre el carácter del protagonista y las intenciones del autor! ¿Qué ha querido presentarnos Shakespeare? ¿Un enfermo, un insuficiente o un idealista demasiado bueno para el mundo real? ¡Y cuántas de estas interpretaciones nos dejan completamente fríos, puesto que en nada contribuyen a la explicación del efecto de la obra, sugiriéndonos así que su encanto reposa tan sólo en los pensamientos integrados en el diálogo y en las excelencias del estilo! Y, sin embargo, estas mismas tentativas de interpretación, ¿no demuestran, acaso, que se siente una necesidad de hallar otra fuente distinta de aquel efecto?

Otra de estas magnas y enigmáticas obras de arte es la estatua marmórea de *Moisés,* erigida por Miguel Ángel en la iglesia de San Pietro in Vincoli, de Roma, y destinada originariamente por el artista al gigantesco monumento funerario que había de guardar los restos del soberano pontífice Julio II[2]. Todo juicio laudatorio sobre esta obra de arte (por ejemplo, el de Hermann Grimm, según el cual es «la corona de la escultura moderna») me causa íntima satisfacción, pues ninguna otra escultura me ha producido jamás tan poderoso efecto. Cuantas veces he subido la empinada escalinata que conduce desde el feísimo Corso Cavour a la plaza solitaria, en la que se alza la abandonada iglesia, he intentado siempre sostener la mirada colérica del héroe bíblico, y en alguna ocasión me he deslizado temeroso fuera de la penumbra del interior, como si yo mismo perteneciera a aquellos a quienes fulminan sus ojos; a aquella chusma, incapaz de mantenerse fiel a convicción ninguna, que no quería esperar ni confiar, y se regocijaba ruidosamente al obtener de nuevo la ilusión del ídolo.

Mas, ¿por qué califico de enigmática esta plástica? Es indudable que representa a Moisés, el legislador de los judíos, con las tablas de la Ley. Pero esto es lo único seguro. Recientemente (1912), un crítico de arte, Max Saverlandt, ha podido decir lo que sigue:

El *Moisés* de Miguel Ángel

Sobre ninguna obra de arte han recaído juicios tan contradictorios como sobre este *Moisés*. Ya en la simple interpretación de la figura hallamos las mayores contradicciones...

Sobre la base de una colección de juicios, reunida por mí hace años, expondré cuáles son las dudas que se enlazan a la interpretación de la figura de Moisés, y no creo que haya de serme muy difícil mostrar cómo detrás de tales dudas se ocultan los elementos esenciales y mejores para la comprensión de esta obra de arte[3].

1

El *Moisés* de Miguel Ángel se nos muestra sentado, con el tronco de frente y la cabeza y la mirada vueltas hacia la izquierda; el pie derecho descansa sobre el suelo, en tanto que el izquierdo se alza apoyado solamente en los dedos; el brazo derecho se halla en contacto con las tablas de la Ley y una parte de las barbas y el izquierdo reposa sobre el regazo. Si quisiéramos dar una descripción más detallada, tendríamos que adelantar mucho de lo que luego nos proponemos exponer. Las descripciones de los críticos son, en general, singularmente inexactas. Lo que no han comprendido, lo han percibido también –o lo han expresado– inexactamente. H. Grimm dice que la mano derecha,

bajo cuyo brazo reposan las tablas de la Ley, ase las barbas.

Y lo mismo W. Lübke:

Irritado, se agarra con la mano derecha la caudalosa barba...

Spinger:

Moisés aprieta contra su cuerpo una de sus manos (la izquierda) y se coge con la otra, como inconscientemente, la barba ondulante.

C. Justi encuentra que los dedos de la mano derecha juguetean con la barba

como el hombre civilizado, en momento de excitación, con la cadena del reloj.

También Müntz hace resaltar este ademán de juguetear con la barba. H. Thode habla de la

posición serenamente firme de la mano derecha sobre las tablas de la Ley.

Ni siquiera en la mano derecha reconoce un ademán de excitación, como Justi y Boito pretenden.

La mano permanece tal como estaba, asiendo la barba, antes que el titán volviera la cabeza a la izquierda.

Jakob Burckhardt pretende que

el famoso brazo izquierdo no hace, en el fondo, más que apretar la barba contra el cuerpo.

Si ya estas descripciones generales no coinciden, la discrepancia en la interpretación de rasgos aislados de la estatua no tendrá por qué asombrarnos. Por mi parte, creo imposible caracterizar la expresión fisonómica de Moisés mejor que Thode, el cual lee en ella una

> mezcla de cólera, dolor y desprecio; la cólera, en el entrecejo contraído; el dolor en la mirada, y el desprecio, en el resalte del labio inferior y en las comisuras de la boca, echadas hacia abajo.

Pero otros admiradores han debido de ver la estatua con ojos muy distintos. Así, Dupaty opina:

> Ce front auguste semble n'être qu'un voile transparent qui couvre à peine un esprit immense[4].

En cambio, Lübke dice:

> Sería inútil buscar en la cabeza la expresión de una poderosa inteligencia; sólo la capacidad de una enorme cólera, de una energía arrolladora, se expresa en su ceño fruncido.

Guillaume (1875) se aleja todavía más en la interpretación de la expresión fisonómica, pues no encuentra en ella agitación ninguna,

> sólo orgullosa sencillez, dignidad espiritual y la energía de la fe. La mirada de Moisés penetra en el futuro, prevé la duración de su raza y la inmutabilidad de su ley.

Muy análogamente dice Müntz:

> La mirada de Moisés va más allá del género humano; se pierde en aquellos misterios que él fue el único en guardar.

Y para Steinemann, este Moisés

no es ya el legislador inflexible ni el temible enemigo del pecado, contra el cual fulmina su cólera digna de Jehová, sino el sumo sacerdote, en el que los años no dejan huella alguna y que, bendiciendo y profetizando, bañada la frente por un fulgor de eternidad, se despide para siempre de su pueblo.

Ha habido también otros a los que el *Moisés* de Miguel Ángel no les decía nada, y fueron lo bastante sinceros para manifestarlo así. Tal es, por ejemplo, un articulista de la *Quarterly Review* (1858):

There is an absence of meaning in the general conception, which precludes the idea of a self-sufficing whole.

Y nos extraña comprobar, por último, que otros no han hallado en el *Moisés* nada admirable, y se han alzado contra él, reprochando la brutalidad de la figura y la animalidad de la cabeza. Lo que el maestro dejó aquí escrito en la piedra, ¿lo escribió realmente con letra tan imprecisa o tan equívoca que puede hacer posibles lecturas tan diferentes?

Pero hay otra interrogación a la que se subordinan fácilmente las dudas apuntadas. ¿Quiso Miguel Ángel crear en este Moisés una obra de carácter y expresión, ajena al tiempo, o ha representado al héroe bíblico en un momento determinado y muy importante de su vida? La mayoría de los críticos se decide por esto último e indica también la escena de la vida de Moisés que el artista ha plasmado eternamente. Tal escena sería aquella en que a su descenso del Sinaí, donde ha recibido de manos de Dios las tablas de la Ley, advierte Moisés que los judíos han construido entretanto un becerro de oro, en derredor del cual danzan jubilosos. Este cuadro es el que sus ojos contemplan y el que suscita en él los sentimientos que sus rasgos expresan y que habrán de impulsarle, en el acto, a obrar con máxima energía. Miguel Ángel ha elegido el instante de la última vacilación, de la calma precursora de la tempestad. En el instante inmediato, Moisés se erguirá violento –el pie izquierdo se alza ya del suelo–, arrojará de sus manos, quebrándolas, las tablas de la Ley y descargará su ira sobre los apóstatas.

En el detalle de esta interpretación difieren nuevamente sus mantenedores:

J. Burckhardt:

> Moisés aparece representado en el momento en que advierte la adoración del becerro de oro y va a alzarse irritado. Late en su figura la preparación a un movimiento violentísimo, que la potencia física de su figura hace terriblemente amenazador.

W. Lübke:

> Como si sus ojos, que fulminan rayos, acabaran de descubrir la adoración del becerro de oro, un impulso interior recorre violentamente toda la figura. Estremecido, se coge, con la mano derecha, la barba caudalosa, cual si quisiera dominar aun por un momento su impulso para darle curso después con más terrible energía.

Springer se adhiere a esta opinión, no sin formular cierta reserva, sobre la cual habremos de volver más adelante:

Penetrado de energía y de celo, el héroe domina con inmenso esfuerzo su agitación interior... Por eso imaginamos involuntariamente una escena dramática y juzgamos que Moisés está representado en el momento en que advierte la adoración del becerro de oro y va a alzarse ardiendo en cólera. Sin embargo, no creemos fácil que esta hipótesis coincida con la verdadera intención del artista, ya que la figura de Moisés, lo mismo que las otras cinco estatuas sedentes del proyectado monumento funerario, habían de producir un efecto predominantemente decorativo; pero sí podemos considerarla como una prueba concluyente de la plenitud de vida y la esencia personalísima de la figura de Moisés.

Algunos autores, que no se deciden precisamente por la escena del becerro de oro, coinciden, sin embargo, con esta hipótesis en el punto esencial de que Moisés aparece representado en el momento de alzarse y pasar a la acción. Hermann Grimm:

> La figura aparece penetrada de una elevación, de una consciencia de la propia personalidad y de un sentimiento tales como si este hombre dispusiera de los rayos del cielo; pero se dominará, antes de desencadenarlos, en espera de que los enemigos a los que quiere exterminar se atrevan a atacarle. Está sentado como disponiéndose a alzarse, con la cabeza orgullosamente erguida, con la mano, bajo cuyo brazo reposan las tablas de la Ley, asida a la barba que fluye caudalosa sobre su pecho, con las aletas de la nariz muy abiertas y con una boca en cuyos labios parecen temblar las palabras.

Heath Wilson dice que Moisés ha visto algo que ha captado su atención y se dispone a levantarse bruscamente, pero vacila todavía. La mirada, en la que se mezclan la indignación y el desprecio, puede aún transformarse en compasiva.

Wöffin habla de «movimiento inhibido». El motivo de la inhibición yace aquí en la voluntad de la persona misma; es el último instante de contención antes de iniciar una acción violenta; esto es, antes de ponerse bruscamente en pie.

C. Justi ha sido quien más minuciosamente ha razonado la interpretación según la cual Moisés acaba de advertir la adoración del becerro de oro, y refiere a ella detalles de la estatua no observados antes. Nos hace notar la posición singular, en efecto, de las dos tallas de la Ley en vías de resbalar al asiento:

> Así, pues, o Moisés mira en dirección al lugar desde el cual llegan a él los rumores o es la visión misma del sacrilegio la que le hiere como un golpe conmocionante. Estremecido de horror y de dolor, se ha dejado caer en su asiento[5]. Había permanecido cuarenta días y cuarenta noches en la cima de la montaña. Un suceso de magnas proporciones, un gran destino, un gran delito o incluso una gran felicidad puede ser, desde luego, percibido en un instante; pero no aprehendido en cuanto a su esencia, su alcance y sus secuelas. Por un instante le parece destruida su obra y desespera de aquel pueblo. En tal momento, la agitación interior se delata en pequeños movimientos involuntarios. Deja que las tablas de la Ley, que mantenía en su mano derecha, resbalen hasta quedar de canto sobre el asiento de piedra, sujetas con el antebrazo contra el costado. La mano, en cambio, se acerca al pecho y a la barba, y al girar la cabeza hacia la derecha, tira de la barba hacia la izquierda, alterando la simetría del fron-

doso ornato masculino; parece como si los dedos juguetearan con la barba, como el hombre civilizado, en el momento de agitación, con la cadena del reloj. La izquierda se hunde en el ropaje del regazo (en el Antiguo Testamento son las entrañas la sede de los afectos). Pero la pierna izquierda aparece ya echada hacia atrás, y adelantada la derecha; en el momento inmediato, Moisés se levantará airado, la energía psíquica pasará de la sensación a la voluntad, el brazo derecho se moverá, las tablas de la Ley caerán al suelo, y ríos de sangre lavarán la afrenta de la apostasía... No es éste aún el momento de tensión del hecho. Domina todavía, casi paralizante, el dolor anímico.

Muy análogamente se expresa Fritz Knapp, salvo que sustrae la situación inicial a la reserva que antes expusimos, y analiza más consecuentemente el movimiento indicado de las tablas:

Moisés, que acababa de hallarse a solas con Dios, se ve distraído por rumores humanos. Oye ruido; los cánticos que acompañan las danzas le arrancan de sus ensueños. Su cabeza y sus ojos se vuelven hacia el ruido. Sobresalto, cólera, toda la furia de hirvientes pasiones, recorren la figura gigantesca. Las tablas de la Ley comienzan a resbalar de sus manos, y caerán, quebrándose, al suelo al levantarse bruscamente la figura, para lanzar a las masas apóstatas tonantes palabras de cólera... Este momento de máxima tensión es el elegido.

Knapp acentúa, pues, la preparación a la acción, y niega la representación de la inhibición inicial por una agitación demasiado intensa.

No negaremos que ciertas tentativas de interpretación, tales como las de Justi y Knapp, últimamente mencionadas, tienen algo extraordinariamente atractivo. Deben este carácter a la circunstancia de que no se limitan a la impresión de conjunto de la figura, sino que pasan a analizar caracteres aislados de la misma, que otros observadores, dominados y como paralizados por la impresión general, han omitido considerar. El giro resuelto de la cabeza y de los ojos hacia la izquierda, en tanto que el resto de la figura aparece de frente, concuerda con la hipótesis de que en aquella dirección se ve algo que atrae de pronto la atención del sedente. El pie izquierdo, alzado, no permite apenas otra interpretación que la de una disposición a levantarse[6], y la singularísima posición de las tablas, que son algo sacratísimo y no pueden ser figuradas en cualquier lugar, como un aditamento sin importancia, encuentra una excelente explicación en la hipótesis de que resbalan a consecuencia de la excitación de su portador, y acabarán por caer al suelo. Así, pues, sabríamos que esta estatua de Moisés le representa en un determinado momento importante de su vida, y no corremos tampoco peligro de equivocarnos en cuanto al momento de que se trata.

Pero dos observaciones de Thode nos arrebatan lo que ya creíamos haber logrado. Declara, en efecto, que para él las tablas de la Ley no están en trance de resbalar, sino perfectamente quietas, y hace notar «la posición resueltamente inmóvil de la mano derecha sobre las tablas, puestas de canto». Si ahora consideramos nosotros este detalle de la estatua, habremos de reconocer sin reserva alguna que Thode está en lo cierto. Las tablas de la Ley están firmemente sujetas y no corren peligro alguno de resbalar. La mano derecha las apoya o se apoya en ellas. Lo cual no explica desde luego su posición, pero sí la invalida para la interpretación de Justi y de otros.

Una segunda observación resulta aún más decisiva. Thode recuerda que

> esta figura fue proyectada como elemento de una serie de seis y que aparece representada en posición sedente. Ambas circunstancias contradicen la hipótesis de que Miguel Ángel quiso fijar un momento histórico determinado. Pues en cuanto a lo primero, la tarea de presentar figuras sedentes yuxtapuestas como tipos de la naturaleza humana *(vita activa, vita contemplativa)* excluye la idea de distintos acontecimientos históricos. Y con respecto a la segunda, la posición sedente, condicionada por la concepción artística total del monumento, contradice el carácter de aquel acontecimiento; esto es, del descenso desde el Sinaí al campamento.

Hagamos nuestras estas observaciones de Thode. A mi juicio, podremos darles aún más fuerza. El *Moisés* debía adornar, con otras cinco estatuas (tres en un proyecto posterior), el basamento del sepulcro. Su pareja inmediata hubiera debido ser un San Pablo. Dos de las otras, la *Vita activa* y la *Vita contemplativa,* fueron erigidas personificándolas en Lea y Rahel, en el monumento que hoy vemos lamentablemente disminuido. Pero fueron representadas en pie. Tal pertenencia de la figura de Moisés a un conjunto hace imposible la hipótesis de que la figura hubiera de despertar en el espectador la idea de que iba a levantarse en el acto para entregarse a una acción violenta. Si las figuras restantes no aparecían también representadas en igual actitud de preparación a la acción –lo cual es muy inverosímil–, había de hacer pésima impresión que precisamente aquella otra pudiera sugerirnos la idea de que iba a abandonar su puesto y a sus compañeros, o sea a sustraerse a su misión en el conjunto del monumento. Ello daría lugar a una evidente incoherencia que no debemos atribuir, sin vernos necesariamente forzados a ello, al gran escultor. Una figura dotada de tal movimiento sería absolutamente incompatible con el estado de ánimo que todo el momento funerario debía despertar.

Así, pues, este Moisés no debe querer levantarse; tiene que poder permanecer en soberana calma, como las demás figuras y como la proyectada estatua del Papa mismo (que Miguel Ángel no llegó a ejecutar). Pero entonces el Moisés que contemplamos no puede ser la representación del hombre poseído de cólera, que, al descender del Sinaí, ve a su pueblo entregado a la apostasía y arroja contra el suelo, quebrándolas, las tablas de la Ley. Y, realmente, recuerdo yo mi decepción cuando en anteriores visitas a la iglesia de San Pietro in Vincoli me senté ante la estatua, esperando ver cómo se alzaba violenta, arrojaba las tablas al suelo y descargaba su cólera. Nada de ello sucedió; por el contrario, la piedra se hizo cada vez más inmóvil; una calma sagrada, casi agobiante, emanó de ella, y sentí necesariamente que allí estaba representado algo que podría permanecer inmutable, que aquel Moisés permanecería allí eternamente sentado y encolerizado.

Ahora bien: si tenemos que renunciar a la interpretación de la estatua como representación del instante inmediato a la descarga activa de la cólera provocada por la adoración del becerro de oro, apenas nos queda ya otro camino que el de aceptar una de las concepciones que quieren ver en este Moisés una figura de carácter. El menos arbitrario de estos juicios, y el mejor fundado en el análisis de los motivos de movimiento de la figura parece ser el de Thode:

> En este caso, como siempre, se trata para él de crear un tipo de carácter. Crea la figura de un apasionado guía de la Humanidad, el cual, consciente de su divina misión legisladora, tropieza con la resistencia incomprensiva de los hombres. Para caracterizar a tal hombre de acción, el único medio hábil era hacer visible la energía de su voluntad, y esto era posible por medio de la representación intuitiva de un movimiento que penetrara la serenidad aparente, tal como se manifiesta en el giro de la cabeza, la tensión de los músculos y la posición de la pierna izquierda. Son éstos los mismos fenómenos que comprobamos en la figura de Giuliano, el *vis activus* de la Capilla de los Médicis. Esta característica general se hace más profunda por la acentuación del conflicto en que tal genio conformador de la Humanidad entra con la generalidad: los efectos de la cólera, el desprecio y el dolor llegan a una expresión típica. Sin ellos era imposible hacer intuible la naturaleza de tal superhombre. Lo que Miguel Ángel ha creado no es una imagen histórica, sino un tipo de carácter de insuperable energía, dando forma a los rasgos descritos en la Biblia, a sus propias vivencias interiores, a impresiones emanadas de la personalidad de Julio II y también, a mi juicio, a otras procedentes de la actividad combativa de Savonarola.

Al lado de estas disquisiciones podemos situar quizá una observación de Knackfuss, según el cual, el secreto capital del efecto que el *Moisés* produce reside en el contraste artístico entre el fuego interior y la serenidad exterior de la actitud.

Por mi parte, no encuentro en mí nada que se rebele contra la explicación de Thode, pero sí echo de menos algo. Acaso, la necesidad de una relación más íntima entre el estado de ánimo del héroe y el contraste de «serenidad aparente» y «agitación interior» expresado en su actitud.

2

Mucho antes de toda actividad psicoanalítica supe que un crítico de arte ruso, Iván Lermolieff, cuyos primeros trabajos publicados en alemán datan de los años 1874 a 1876, había provocado una revolución en las galerías de pinturas de Europa, revisando la atribución de muchos cuadros a diversos pintores, enseñando a distinguir con seguridad las copias de los originales y estableciendo, con las obras así libertadas de su anterior clasificación, nuevas individualidades artísticas. A estos resultados llegó prescindiendo de la impresión de conjunto y acentuando la importancia característica de los detalles secundarios, de minucias tales como la estructura de las uñas de los dedos, el pabellón de la oreja, el nimbo de las figuras de santos y otros elementos que el copista descuida imitar y que todo artista ejecuta en una forma que le es característica. Me interesó luego mucho averiguar que detrás del seudónimo ruso se había ocultado un médico italiano llamado Morelli, muerto en 1891 cuando ocupaba un puesto en el Senado de su patria. A mi juicio, su procedimiento muestra grandes afinidades con el psicoanálisis. También el psicoanálisis acostumbra a deducir de rasgos poco estimados o inobservados, del residuo –el *«recuse»*– de la observación cosas secretas o encubiertas.

Pues bien: en dos partes de la figura de Moisés hallamos detalles que hasta ahora no han sido atendidos, ni siquiera exactamente descritos. Son éstos la posición de la mano derecha y la de las tablas de la Ley. Puede decirse que esta mano media de un modo singularísimo, forzado y necesitado de explicación, entre las tablas y... la barba del héroe encolerizado. Se ha dicho que hunde sus dedos entre la barba, que juguetea con los rizos de la misma mientras apoya el borde del dedo meñique en las tablas. Pero esto no es exacto. Vale la pena examinar más cuidadosamente lo que hacen los dedos de esta mano derecha y describir con exactitud la frondosa barba con la cual entran en contacto.

Vemos entonces, con toda claridad lo siguiente: el pulgar de esta mano queda oculto, y el índice, y sólo él, entra en contacto eficaz con la barba. Pero se hunde tan profundamente en las blandas masas pilosas que éstas sobresalen del nivel del dedo, por encima y por debajo de él. Los otros tres dedos, doblados por sus falanges, se apoyan en el pecho, y el último rizo de la derecha que continúa hasta más abajo de ellos no hace más que rozarlos. Se han sustraído, por decirlo así, al contacto de la barba. No puede, por tanto, decirse que la mano derecha juguetea con la barba o se hunde en ella; lo único exacto es que el dedo índice aparece colocado sobre una parte de la barba y produce en ella una profunda depresión. Apretar un dedo contra la barba es, ciertamente, un ademán singular y difícilmente comprensible.

La tan admirada barba de Moisés cae desde las mejillas, el labio superior y la barbilla, en multitud de rizos, cuyo curso podemos distinguir, sin embargo, por separado. Uno de los rizos extremos del lado derecho parte de la mejilla y llega al borde superior del dedo índice, por el cual queda sujeto. Podemos suponer que se desliza hacia abajo, entre el índice y el pulgar oculto. El rizo correspondiente del lado izquierdo fluye, casi sin desviación, hasta muy abajo del pecho. La espesa masa de cabellos que va desde este último rizo hasta la línea media ha corrido una suerte singularísima. No puede seguir el movimiento de la cabeza hacia la izquierda y se ve obligada a formar una curva blandamente enrollada, un fragmento de guirnalda, que cruza por encima de la masa de cabellos interiores de la derecha. Es sujetada, en efecto, por la presión del índice derecho, aunque ha nacido a la izquierda de la línea media, y constituye, en realidad, la parte principal de la mitad izquierda de la barba. De este modo, la masa principal de la barba aparece llevada a la derecha, aunque la cabeza se vuelve resueltamente hacia la izquierda. En el lugar en que se hunde el índice derecho se ha formado algo como un remolino de cabellos: rizos de la parte izquierda se superponen a otros de la derecha, comprimidos por el dedo índice. Sólo más allá de este lugar surgen ya libres las masas de cabellos, desviadas de su dirección, para caer perpendiculares hasta que sus extremos son acogidos por la mano izquierda, que reposa, abierta, sobre el regazo.

No confío nada en la claridad de mi descripción, ni quiero aventurar juicio alguno sobre si el artista nos ha hecho realmente fácil la solución del indicado remolino de la barba. Pero, fuera de esta duda, queda subsistente el hecho de que la presión del índice de la mano derecha recae principalmente sobre mechones de la mitad izquierda de la barba, y que esta presión impide que la barba siga el movimiento de la cabeza y de los ojos hacia la izquierda. Podemos, pues, preguntarnos qué significa esta disposición y a qué motivos obedece. Si hubieron de ser, realmente, razones de línea y espacio las que movieron al artista a llevar hacia la derecha la masa fluyente de la barba de la figura que mira hacia la izquierda, ¿no parece, acaso, la presión de un único dedo un medio singularmente inadecuado para lograr tal efecto? Y a aquel que por una razón cualquiera se ha recogido a un lado la barba, ¿se le ocurriría realmente luego sujetar una de las mitades de la misma por encima de la otra mitad con la presión de un solo dedo? Pero quizá estos pequeños detalles no significan nada en el fondo, y estamos fatigando nuestro pensamiento con cosas que al artista le eran indiferentes.

Prosigamos, sin embargo, nuestro análisis bajo la premisa de que también estos detalles entrañan un sentido. Hallamos entonces una solución que suprime las dificultades y nos deja vislumbrar un sentido nuevo. El hecho de que en la figura de Moisés los rizos *izquierdos* de la barba aparezcan sujetos por la presión del índice *derecho* puede, quizá, ser explicado como resto de un contacto de la mano derecha con la mitad izquierda de la barba, contacto que en un instante anterior al representado habría sido mucho más estrecho. La mano derecha había asido mucho más enérgicamente la barba, llegando hasta el borde izquierdo de la misma, y al retraerse a la posición que en la estatua vemos, la siguió una parte de la barba, dando así testimonio del movimiento ejecutado. La guirnalda que la barba forma sería la huella de la trayectoria seguida por dicha mano.

Habríamos inducido así un movimiento regresivo de la mano derecha. Esta hipótesis nos impone ineludiblemente otras varias. Nuestra fantasía completa el proceso, del cual sería una parte el movimiento atestiguado por la huella dejada en la barba, y nos conduce de nuevo, sin esfuerzo, a la interpretación según la cual, hallándose Moisés en actitud reposada, se vio sobresaltado por el clamor del pueblo y la vista del becerro de oro. Se hallaba tranquilamente sentado, mirando de frente, con la barba descendiendo recta sobre el pecho y sin que la mano derecha tuviera probablemente contacto ninguno con ella. En esto llegan a sus oídos los clamores del pueblo; vuelve la cabeza y la mirada hacia el lugar en que resuenan; contempla la escena y se da cuenta en el acto de lo que sucede. La indignación y la cólera se apoderan de él, y quisiera saltar de su asiento para castigar a los sacrílegos, aniquilándolos.

Entretanto, su furia, que se sabe aún alejada de su objeto, se dirige, en un ademán, contra el propio cuerpo. La mano impaciente, dispuesta a la acción, ase la barba, que había seguido el movimiento de la cabeza, y la aprieta convulsivamente, entre el pulgar y la palma con los dedos cerrados, gesto de una fuerza y una violencia que recuerdan otras creaciones de Miguel Ángel. Pero luego, no sabemos aún cómo ni por qué, hay una transición: la mano derecha, adelantada y hundida en la barba, retrocede rápidamente, soltando su presa; los dedos se separan de la barba; pero se habían hundido tan profundamente en ella, que al retirarse arrastran consigo un gran mechón hacia la derecha, donde queda cruzado, bajo la presión de uno de los dedos, el superior y más extendido, por encima de los mechones de la derecha. Y esta nueva posición, que sólo por su derivación de la inmediatamente anterior se nos hace comprensible, queda ya mantenida.

Reflexionemos ahora. Hemos supuesto que la mano derecha no estaba al principio en contacto ninguno con la barba; que luego, en un momento de máxima tensión, avanzó hacia la izquierda asiendo la barba, y que, por último, volvió atrás, llevándose consigo una parte de la misma. Hemos movido esta mano como si dispusiéramos libremente de ella. Pero, ¿nos es lícito obrar así? ¿Está, en realidad, totalmente libre esta mano? ¿No tiene que mantener o sostener las tablas de la Ley estándole así vedadas, por su importantísima misión tales excursiones mímicas? Y, además, ¿qué puede hacerla retroceder, si para abandonar su posición inicial ha obedecido a un poderoso motivo?

He aquí nuevas dificultades. Pues la mano derecha está indudablemente en conexión con las tablas de la Ley. Y tampoco podemos negar que nos falta un motivo que pudiera provocar el retroceso supuesto. Pero, ¿y si las dos dificultades se resolvieran recíprocamente y dieran entonces un proceso comprensible, sin la menor laguna? ¿Si precisamente algo que sucede con las tablas nos explicara el movimiento de la mano?

En estas tablas echamos de ver algo que hasta ahora no se ha juzgado, por lo visto, digno de observación. Se dice que la mano se apoya en las tablas, o bien que las sostiene. Vemos, en efecto, sin dificultad las dos tablas, rectangulares, juntas y puestas de canto. Pero si las consideramos más detenidamente, hallamos que su borde inferior es distinto del superior y aparece oblicuamente inclinado hacia adelante. El borde superior es rectilíneo, y, en cambio, el inferior muestra, en su parte anterior, un saliente, a manera de un pequeño cuerno, y precisamente con él es con lo que las tablas tocan el asiento de piedra. ¿Cuál puede ser la significación de este detalle, inexactamente reproducido, por cierto, en la copia en yeso existente en la Academia de Artes Plásticas de Viena? Es casi indudable que tal saliente designa el borde superior con relación a la escritura de las tablas. Sólo el borde superior de estas tablas rectangulares suele estar redondeado o relajado. Así, pues, en la estatua de Moisés, las tablas de la Ley aparecen cabeza abajo, lo cual es ciertamente una singular disposición de tan sagrados objetos. Aparecen cabeza abajo y casi balanceadas sobre una punta. ¿Qué factor formal puede contribuir a esta disposición? ¿O también este detalle hubo de ser indiferente para el artista?

Surgen en este punto las hipótesis de que también las tablas han llegado a esta posición a consecuencia de un movimiento ya cumplido; que tal movimiento dependió del cambio de lugar de la mano derecha, antes incluido, y que obligó a su vez a aquella mano a su posterior retroceso. Los procesos cumplidos por la mano y las tablas se reúnen en la unidad siguiente: en un principio, cuando la figura se hallaba tranquilamente sentada, sostenía derechas las tablas bajo el brazo derecho. La mano derecha asía sus bordes inferiores, y encontraba al hacerlo un apoyo en el saliente, dirigido hacia adelante. Esta mayor facilidad para su sostén explica la posición invertida de las tablas. Luego llegó el momento en que la tranquilidad fue perturbada por el ruido. Moisés volvió la cabeza, y al ver la escena movió el pie izquierdo, disponiéndose a alzarse; la mano soltó las tablas y avanzó hacia la izquierda y hacia arriba asiendo la barba como para desahogar su violencia en el propio cuerpo. Las tablas quedaron entonces confiadas a la presión del brazo derecho, que debía apretarlas contra el pecho. Pero esta sujeción no fue suficiente, y empezaron a resbalar hacia adelante y hacia abajo; el borde superior, antes horizontal, se dirigió también hacia adelante y hacia abajo, y el inferior, privado de su sostén, se acercó con su punta anterior al asiento de piedra. Un momento más y las tablas habrían basculado sobre su nuevo punto de apoyo, dando en el suelo con el borde, antes anterior, y rompiéndose. *Para evitarlo,* la mano derecha retrocede, soltando la barba, parte de la cual es arrastrada sin querer en el movimiento; alcanza aún las tablas, y se apoya cerca de su esquina posterior, ahora superior. De este modo, el conjunto que constituyen la barba, la mano y las tablas, descansando sobre una esquina, singularmente forzado, al parecer, se deriva del movimiento apasionado de la mano y de sus evidentes consecuencias. Si se quieren borrar las huellas del movimiento ejecutado, tendremos que levantar el ángulo anterior superior de las tablas y hacerlo retroceder hasta el plano de la figura, y con ello separar del asiento el ángulo anterior inferior (con el saliente), bajar la mano y situarla cogiendo el borde inferior de las tablas, que habrá quedado en posición horizontal.

Condivi, un contemporáneo de Miguel Ángel, dijo:

> Moisés, el caudillo de los hebreos, aparece sentado en la actitud de un sabio, absorto en hondas meditaciones; *sujeta debajo del brazo derecho las tablas de la Ley,* y apoya la barbilla en la mano izquierda (!), como alguien que está fatigado y lleno de preocupaciones.

Nada de esto se ve en la estatua de Miguel Ángel; pero coincide casi por entero con la hipótesis en la que se basa W. Lübke, coincidiendo con otros observadores: «Estremecido, se coge con la mano derecha la barba, caudalosa...». Lo cual es inexacto en cuanto a la estatua misma, pero coincide con nuestro juicio. Justi y Knapp han visto, como ya antes indicamos, que las tablas están en vías de resbalar y corren peligro de quebrarse. Thode hubo de rectificarles, haciendo ver que las tablas están seguramente sujetas por la mano derecha; pero estarían en lo cierto si su descripción no se refiriera a la estatua, sino a nuestro estadio intermedio. Diríase que estos autores habrían prescindido de la visión directa de la estatua e iniciado sin darse cuenta un análisis de los motivos de movimiento de la misma; análisis que los habría conducido a las mismas premisas que nosotros hemos sentado más conscientemente y con mayor precisión.

3

Si no me engaño mucho, ha de sernos permitido ahora cosechar el fruto de nuestros esfuerzos. Hemos visto a cuántos de los que han contemplado detenidamente la estatua y meditado sobre la impresión que en ellos despertaba, se les ha impuesto la interpretación de que Moisés aparecía representado en ella bajo los efectos de la visión de la apostasía de su pueblo. Pero esta interpretación hubo de ser abandonada, pues tenía su continuación en la expectativa de que Moisés había de alzarse en el instante inmediato, quebrar las tablas y llevar a cabo la obra de la venganza, lo cual contradecía el destino de la estatua como elemento del sepulcro de Julio II, junto con otras cinco, u otras tres figuras sedentes. Ahora podemos ya recoger esta interpretación, antes abandonada, pues nuestro Moisés no se alzará ya airado ni arrojará lejos de sí las tablas. Lo que en él vemos no es la introducción a una acción violenta, sino el residuo de un movimiento ya ejecutado. Poseído de cólera, quiso alzarse y tomar venganza, olvidando las tablas; pero ha dominado la tentación y permanece sentado, domada su furia y traspasado de dolor, al que se mezcla el desprecio. No arrojará ya las tablas, quebrándolas contra la piedra, pues precisamente a causa de ellas ha dominado su ira, refrenando para salvarlas su apasionado impulso. Cuando en el primer momento se abandonó a su violenta indignación, hubo de descuidar su custodia, soltando de ellas la mano con que las sujetaba. Entonces, las tablas empezaron a resbalar y corrieron peligro de quebrarse contra el suelo. Esto le sirvió de advertencia. Pensó en su misión, y renunció por ella a la satisfacción de su afecto. Su mano retrocedió y salvó las tablas, que resbalaban, antes que pudieran caer. En esta actitud permaneció ya quieto, y así le ha eternizado Miguel Ángel.

Si recorremos de arriba abajo la figura, hallamos en ella sucesivamente los rasgos que siguen: en los gestos del rostro se reflejan los afectos, que llegaron a ser dominantes; en la parte media de la figura aparecen visibles los indicios del movimiento reprimido, y, por último, el pie muestra aún la postura inicial de la acción propuesta. Resulta así como si el dominio de la pasión, desencadenada por la apostasía de su pueblo, hubiera seguido una trayectoria vertical de arriba abajo. El brazo izquierdo, del que aún no hemos hablado, parece exigir su parte en nuestra interpretación. La mano correspondiente reposa sobre el regazo y parece acariciar los extremos de la barba. Da la impresión de querer borrar la violencia, con la que un momento antes la ha mesado la otra mano.

Se nos opondrá en este punto una objeción. No es éste el Moisés de la Biblia, el cual se encolerizó verdaderamente y arrojó las tablas contra el suelo, quebrándolas. Sería otro Moisés completamente distinto, creado por el artista, el cual se habría permitido enmendar los textos sagrados y falsear el carácter del hombre sublime. ¿Podemos, acaso, suponer a Miguel Ángel capaz de semejantes libertades, rayanas en el sacrilegio?

Los pasajes de la Sagrada Escritura, en los que se describe la conducta de Moisés en la escena de la adoración del becerro de oro, dicen así (Libro II de Moisés, capítulo 32):

7. Entonces Jehová dijo a Moisés: «Anda desciende, porque tu pueblo, que sacaste de tierra de Egipto, se ha corrompido».–8. Presto se han apartado del camino que yo les man-

dé, y se han hecho un becerro de fundición, y lo han adorado y han sacrificado a él, y han dicho. «Israel: Éstos son tus dioses, que te sacaron de la tierra de Egipto».–9. Dijo más Jehová a Moisés: «Yo he visto a este pueblo, que por cierto es pueblo de dura cerviz».–10. Ahora, pues, déjame que se encienda mi furor en ellos y los consuma; y a ti yo te pondré sobre gran gente.–11. Entonces Moisés oró a la faz de Jehová, su Dios, y dijo: «¡Oh Jehová! ¿Por qué se encenderá tu furor en tu pueblo, que Tú sacaste de la tierra de Egipto con gran fortaleza y con mano fuerte?».

... 14. Entonces Jehová se arrepintió del mal que dijo que había de hacer a su pueblo.–15. Y volviose Moisés, y descendió del monte, trayendo en su mano las dos tablas del testimonio; las tablas, escritas por ambos lados; de una parte y de otra estaban escritas.–16. Y las tablas eran obra de Dios y la escritura era escritura de Dios, grabada sobre las tablas.–17. Y oyendo Josué el clamor del pueblo, que gritaba, dijo a Moisés: «Alarido de pelea hay en el campo».–18. Y él respondió: «No es eco de algazara de fuertes, ni eco de alaridos de flacos; algazara de cantar oigo yo».–19. Y acontecio que como llegó él al campo y vio el becerro y las danzas, enardeciósele la ira a Moisés, y arrojó las tablas de sus manos, y quebrolas al pie del monte.–20. Y tomó el becerro que habían hecho, y quemolo en el fuego, moliolo hasta reducirlo a polvo, que esparció sobre las aguas, y diolo a beber a los hijos de Israel.

... 30. Y acontecio que al día siguiente dijo Moisés al pueblo: «Vosotros habéis cometido un gran pecado; mas yo subiré ahora a Jehová; quizá le aplacaré acerca de vuestro pecado».–31. Entonces volvió Moisés a Jehová y dijo: «Ruégote, pues este pueblo ha cometido un gran pecado, porque se hicieron dioses de oro».–32. «Que perdones ahora su pecado, y si no ráeme ahora de tu libro que has escrito».–33. Y

Jehová respondió a Moisés: «Al que pecare contra Mí, a éste raeré yo de mi libro».–34. Ve, pues, ahora; lleva a este pueblo donde te he dicho; he aquí mi ángel; irá delante de ti; que en el día de mi visitación yo visitaré en ellos su pecado.–35. Y Jehová hirió al pueblo, porque habían hecho el becerro que formó Aarón.

La influencia de la crítica bíblica moderna nos hace imposible leer estos pasajes sin encontrar en ellos señales de una síntesis poco hábil de varias fuentes. En el versículo octavo, el Señor mismo comunica a Moisés que su pueblo se ha apartado del camino recto y se ha hecho un ídolo. Moisés ruega por los pecadores. Pero en el versículo 18 se conduce ante Josué como si no supiera nada, y en el 19 arde en ira al contemplar la escena de idolatría. En el versículo 14 ha logrado ya el perdón de Dios para su pueblo pecador, pero en el 31 y siguientes sube de nuevo a la montaña para implorar tal perdón; informa al Señor de la apostasía del pueblo, y recibe la seguridad de que el castigo será aplazado. El versículo 35 se refiere a un castigo del pueblo por Dios, del que nada se dice cuando ya en los versículos del 20 al 30 se ha descrito el juicio y la sentencia, que el mismo Moisés ha hecho cumplir. Sabido es que las partes históricas de este libro, que trata del Éxodo, aparecen plagadas de incongruencias y contradicciones aún más palmarias.

Para los hombres del Renacimiento no existía, naturalmente, tal actitud crítica ante los textos bíblicos; tenían que suponer coherente el relato, y hallaron entonces acaso que no ofrecía un buen punto de apoyo al arte escultórico. El Moisés del pasaje de la Biblia había sido ya informado de la idolatría de su pueblo, y había optado por la benignidad y el perdón; pero, no obstante, sucumbía luego a un ataque de ira a la vista del becerro de oro y de la multitud danzando jubilosa en derredor del mismo. No sería, pues, de extrañar que el artista, cuyo propósito era representar la reacción del héroe a esta dolorosa sorpresa, hubiera prescindido del texto bíblico por motivos internos. Tales desviaciones de la literalidad de la Sagrada Escritura por motivos más fútiles no era nada inhabitual ni estaban vedadas al artista. Un famoso cuadro del Parmigiano, conservado en su ciudad natal, nos muestra a Moisés sentado en la cumbre de una montaña y en el momento de arrojar contra el suelo las tablas de la Ley, aunque el versículo bíblico dice textualmente: «... y quebrolas al pie del monte». Ya la representación de un Moisés sedente se desvía del texto bíblico y parece dar más bien la razón a aquellos críticos según los cuales la estatua de Miguel Ángel no intenta reproducir momento alguno determinado de la vida del héroe.

Más importante que la infidelidad para con el texto sagrado es quizá la transformación introducida por Miguel Ángel, según nuestra interpretación, en el carácter de Moisés. Según el testimonio de la tradición, Moisés era un hombre iracundo y sujeto a bruscas explosiones de cólera. En uno de tales ataques de santa ira había dado muerte a un egipcio que maltrataba a un israelita, a consecuencia de lo cual tuvo que huir al desierto. Y en otra explosión análoga de afecto quebró contra el suelo las dos tablas que Dios mismo había escrito. Al informarnos de esos rasgos de carácter, la tradición es seguramente imparcial y ha conservado la impresión de una magna personalidad que existió un día. Pero Miguel Ángel ha puesto en el sepulcro de Julio II otro Moisés, superior al histórico o tradicional. Ha elaborado el tema de las tablas quebradas y no hace que las quiebre la cólera de Moisés, sino, por el contrario, que el temor de que las tablas se quiebren apacigüe tal cólera o, cuando menos, la inhiba en el camino hacia la acción. Con ello ha integrado algo nuevo y sobrehumano en la figura de Moisés, y la enorme masa corporal y la prodigiosa musculatura de la estatua son tan sólo un medio somático de expresión del más alto rendimiento psíquico posible a un hombre, del vencimiento de las propias pasiones en beneficio de una misión a la que se ha consagrado.

En este punto llega a su fin nuestra interpretación de la estatua de Miguel Ángel. Puede aún suscitarse la cuestión de cuáles fueron los motivos que actuaron en el artista para hacerle destinar el *Moisés* –y un Moisés así transformado– al sepulcro del papa Julio II. Se ha indicado repetidamente que tales motivos deben ser buscados en el carácter del Papa y en las relaciones de Miguel Ángel con él. Julio II era afín a Miguel Ángel en cuanto aspiraba a realizar algo magno. Era un hombre de acción, y conocemos cuál era el fin al que apuntaba: aspiraba a realizar la unidad de Italia bajo la soberanía del Papado. Lo que sólo varios siglos después hubo de ser logrado por la acción conjunta de varias potencias, quiso conseguirlo él solo en el corto espacio de tiempo y de soberanía que le era acordado, impacientemente y por medios violentos. Supo estimar a Miguel Ángel como a un igual, pero le hizo también sufrir muchas veces con su violencia y su desconsideración. El artista conocía también lo extremado de sus aspiraciones, y su naturaleza, profundamente reflexiva, le hizo quizá sospechar el fracaso al que ambos estaban condenados. Y así eligió su *Moisés* para el sepulcro del Papa como un reproche al difunto pontífice y una admonición a sí mismo, elevándose con tal crítica por encima de su propia naturaleza.

4

En el año 1863, un inglés, W. Watkiss Lloyd, consagró un librito al *Moisés* de Miguel Ángel[7]. Cuando conseguí hacerme con esta obra, de sólo 46 páginas, su contenido despertó en mí sentimientos muy varios, dándome ocasión de comprobar una vez más personalmente qué indignos motivos infantiles coadyuvan a nuestra labor al servicio de una gran causa. Lamenté que Lloyd hubiera anticipado tanto de lo que yo estimaba como resultado de mis propios esfuerzos, y sólo en segunda instancia pude alegrarme de la inesperada corroboración que me ofrecía. Aunque en cierto punto decisivo se separan nuestros caminos.

Lloyd fue el primero en observar que las descripciones de la estatua eran, en general, inexactas; que Moisés no se dispone a levantarse; que la mano derecha no ase la barba, y que sólo su dedo índice reposa aún sobre ella. Y vio también, cosa más importante, que la actitud de la figura sólo puede ser explicada por su referencia a un instante anterior, no representado, y que la superposición de la parte izquierda de la barba sobre los rizos de la derecha indica que la mano derecha y la mitad izquierda de la barba han estado, inmediatamente antes, en íntimo contacto. Pero emprende otro camino para reconstituir esta relación necesaria y no supone que la mano avanzó hacia la parte izquierda de la barba, sino que esta última se hallaba antes junto a la mano. Hemos de representarnos, dice, que «un momento antes del repentino giro hacia la izquierda, la cabeza de la estatua se hallaba vuelta hacia la derecha por encima de la mano que sostenía y sostiene las tablas de la Ley». La presión de la palma de la mano sobre las tablas hace que los dedos permanezcan naturalmente abiertos bajo los rizos de la barba, y la rápida vuelta de la cabeza hacia la izquierda tiene por consecuencia que una parte de los rizos quede retenida, durante unos instantes, por la mano que ha permanecido quieta, formándose así aquella guirnalda de rizos que debe ser considerada como una huella del movimiento cumplido.

De la otra posibilidad de un acercamiento anterior de la mano y la barba prescinde Lloyd a causa de una reflexión que demuestra cuán próximo anduvo a nuestra interpretación. No era posible que el profeta, incluso en el momento de máxima agitación, adelantara la mano para ladear así su barba, pues en tal caso la posición de los dedos habría sido muy otra, y además, las tablas de la Ley, mantenidas tan sólo por la presión de la mano, habrían caído al suelo a consecuencia de tal movimiento a no ser que se supusiera a la figura, para retenerlas, un ademán tan violento y forzado que el solo hecho de atribuírsele constituiría una profanación.

No es difícil advertir cuál es la omisión en que Lloyd incurre. Ha interpretado acertadamente las singularidades de la barba como signo de un movimiento cumplido, pero luego omite aplicar la misma conclusión a los detalles, no menos forzados, de la posición de las tablas. Utiliza tan sólo los indicios que de la posición de la barba se desprenden, y no, en cambio, los que nos proporcionan las tablas, cuya situación supone que fue la inicial. De este modo se cierra el camino de una interpretación como la nuestra, que utiliza ciertos detalles insignificantes para llegar a una sorprendente interpretación de toda la figura y de sus propósitos.

Pero, ¿y si ambos hubiéramos errado? ¿Si hubiéramos dado señalada importancia a detalles que fueron para el artista indiferentes, habiéndolos plasmado así arbitrariamente o sólo obedeciendo a motivos formales, sin encerrar en ellos secreto alguno? ¿Si hubiéramos corrido la suerte de tantos intérpretes, que creen ver claramente lo que el artista no ha pretendido, consciente ni inconscientemente, crear? Sobre esto no me es posible decidir. No sé decir si es lícito atribuir tal ingenuidad a un artista como Miguel Ángel, en cuyas obras luchan por lograr expresión tantas ideas, y ello precisamente ante los rasgos singulares y extraños de la estatua de Moisés. Por último, puede añadirse sinceramente que la culpa de esta inseguridad debe compartirla con el intérprete el artista. Miguel Ángel ha llegado muchas veces en sus creaciones al límite más extremo de lo que el arte puede expresar; quizá en el Moisés no consiguiera plenamente su intención, si ésta fue la de dejar adivinar la tempestad de una violenta agitación por las señales que después de su curso hubo de dejar en la calma.

Apéndice al ensayo sobre el *Moisés* de Miguel Ángel

Varios años después de la aparición de mi ensayo sobre el *Moisés* de Miguel Ángel, publicado en 1914 por la revista *Imago*, la amabilidad de E. Jones hizo llegar a mis manos un número del *Burlington Magazine for Connoisseurs* (núm. CCXVII, vol. XXXVIII, abril 1921), que atrajo de nuevo mi interés sobre la interpretación por mí propuesta de tal obra de arte. Este número de la mencionada revista integra un breve artículo de H. P. Mitchell sobre dos bronces del siglo XII, conservados en el Ashmolean Museum, de Oxford, y atribuidos a un gran artista de aquella época: Nicolás de Verdún, del cual existen otras creaciones en Tournay, Arras y Klosterneuburg, cerca de Viena, y en Colonia la que se considera como su obra maestra: el arca de los Reyes Magos.

Una de las dos estatuitas estudiadas por Mitchell es un *Moisés* (de unos 23 centímetros de altura), indudablemente caracterizado por las tablas de la Ley, visibles a su izquierda. También este *Moisés* se nos muestra sentado y envuelto en un manto de múltiples pliegues; su rostro ofrece una expresión apasionadamente movida, quizá dolorosa, y su mano derecha ase la larga barba y aprieta sus rizos entre el pulgar y la palma como con unas tenazas, ejecutando, por tanto, el mismo movimiento supuesto en el citado ensayo, como estudio preliminar de aquella actitud en la que hoy vemos petrificado al *Moisés* de Miguel Ángel.

Una ojeada a la reproducción adjunta nos hará ver la diferencia capital entre las dos representaciones, separadas por más de tres siglos. El *Moisés* del artista de Lorena sostiene las tablas por su borde superior con su mano izquierda y las apoya sobre la rodilla; si transferimos las tablas al otro lado y las confiamos al brazo derecho, tendremos la situación inicial correspondiente al *Moisés* de Miguel Ángel. Y si mi concepción del gesto de asirse la barba es admisible, el *Moisés* del año 1180 reproducirá un instante de la tempestad de afectos y, en cambio, la estatua de San Pietro in Vincoli, la calma después de la tempestad.

Creo que el hallazgo aquí comunicado incrementa la verosimilitud de la interpretación por mí intentada en 1914.

Quizá algún crítico de arte pueda llenar el intervalo temporal entre el *Moisés* de Nicolás de Verdún y el del maestro del Renacimiento italiano con la indicación de otros tipos de *Moisés* intermedios.

El delirio y los sueños en la *Gradiva*, de W. Jensen[*]

1

En un círculo de personas que poseen la convicción de que los esenciales problemas del sueño han sido resueltos por la labor investigadora del autor del presente trabajo, surgió un día la curiosidad de examinar los sueños que no han sido nunca soñados; esto es, aquellos que el artista atribuye a los personajes de su obra y no pasan, por tanto, de ser una pura invención poética. La proposición de investigar esta clase de sueños pudiera parecer ociosa y un tanto singular; pero, desde cierto punto de vista, no deja de estar justificada. No es ni con mucho opinión general que los sueños poseen un sentido y pueden ser interpretados. La ciencia y la mayoría de los hombres cultos sonríen cuando se les habla de una interpretación

[*] Publicado en 1907.

onírica. Tan sólo la supersticiosa clase popular, que en esta cuestión parece constituirse en depositaria de antiguas creencias, permanece fiel a la idea de una posible interpretación de los sueños, y el autor de estas líneas ha osado, en una de sus obras, colocarse enfrente de los severos principios científicos y al lado de la superstición y de las antiguas opiniones. Claro es que está muy lejos de reconocer en los sueños aquella revelación del porvenir a cuyo descubrimiento tiende la Humanidad, en vano, desde sus comienzos y por toda clase de medios, a veces harto ilícitos. Pero tampoco puede rechazar por completo cierta relación de los sueños con lo futuro, pues al término de una penosa labor interpretativa se le demostró el sueño como un *deseo* del sujeto, que el fenómeno onírico le presentaba *cumplido,* y nadie puede negar que los deseos humanos se orienten predominantemente hacia el porvenir.

Afirmamos, pues, que el sueño es un deseo cumplido. Aquellos que no teman emprender una difícil lectura y no exijan que para ahorrarles trabajo se les presente aun a costa de la fidelidad y de la verdad, como sencillo y fácil un complicado problema, hallarán en mi obra *La interpretación de los sueños** una amplia prueba de esta afirmación. Mientras tanto, y para seguirnos en este trabajo, tendrán que echar a un lado las objeciones que seguramente surgirán en ellos contra esta definición de los sueños como realizaciones de deseos.

Pero hemos entrado de buenas a primeras en el examen de algo que pertenece ya a un estadio muy avanzado

---

* Alianza Editorial, Madrid, 2011 (1966).

de la investigación de los sueños. El primer problema que a esta investigación se presenta no es el de determinar si el sentido de los sueños ha de ser siempre una realización de deseos y no otro cualquiera, tal como una expectación, un propósito, una reflexión, etcétera. Anterior a estas interrogaciones es la de si en realidad poseen los sueños un sentido cualquiera y puede dárseles el valor de procesos psíquicos. La ciencia responde negativamente y explica los sueños como simples procesos fisiológicos detrás de los cuales no hay necesidad de buscar sentido, significado ni intención alguna. Durante el reposo nocturno actúan −según esta teoría− ciertos estímulos somáticos sobre nuestra vida anímica, llevando a la conciencia tan pronto unas como otras representaciones robadas a la coherencia psíquica. De este modo podrían ser comparados los sueños a contracciones de la vida psíquica, pero nunca a movimientos expresivos de la misma.

En esta discusión sobre la naturaleza del sueño parecen los poetas situarse al lado de los antiguos, de la superstición popular y del autor de estas líneas y de *La interpretación de los sueños,* pues cuando hacen soñar a los personajes creados por su fantasía no sólo se conforman a la cotidiana experiencia de que el pensamiento y la sensibilidad de los hombres continúan vivos en el estado de reposo nocturno, sino que al presentarnos los sueños de sus personajes, su intención es precisamente la de darnos a conocer por medio de ellos los estados de alma de los mismos. Y los poetas son valiosísimos aliados, cuyo testimonio debe estimarse en alto grado, pues suelen conocer muchas cosas existentes entre el cielo y la tierra y que ni siquiera sospecha nuestra filosofía. En la Psicología, sobre todo, se hallan muy por encima de nosotros los hombres vulgares, pues beben en fuentes que no hemos logrado aún hacer accesibles a la ciencia. Desgraciadamente, esta aceptación por los poetas de la naturaleza significativa de los sueños no es todo lo inequívoca que fuera de desear, pues una penetrante crítica pudiera objetarnos que el poeta no toma partido en pro ni en contra de la significación psíquica de cada sueño, sino que se limita a mostrar cómo el alma dormida se contrae bajo el efecto de las excitaciones que, como restos de la vida despierta, han permanecido vivas en ella.

El que los poetas no nos ofrezcan todo el apoyo que de ellos esperábamos no ha de debilitar, sin embargo, el interés que nos inspira la forma en que se sirven de los sueños como medio auxiliar de la creación artística. Aunque nuestra investigación no haya de descubrirnos nada nuevo sobre la esencia del fenómeno anímico, nos presentará quizá una visión, bajo un nuevo ángulo, de la naturaleza de la producción poética. Pero si los verdaderos sueños pasan por ser creaciones totalmente contingentes y desprovistas de toda norma, ¡qué no serán las libres imitaciones poéticas de los mismos! Afortunadamente, la vida anímica posee mucha menos libertad y arbitrariedad de lo que suponemos, y hasta quizá carezca de ellas en absoluto. Lo que en el mundo exterior nos hallamos acostumbrados a calificar de casualidad demuestra luego hallarse compuesto de múltiples leyes, y también lo que en el mundo psíquico denominamos arbitrariedad, reposa sobre estrictas normas que, por ahora, sólo oscuramente sospechamos.

Dos caminos distintos se nos ofrecen para emprender esta investigación. Sería uno el profundizar en un caso especial; esto es, en los sueños atribuidos por un poeta a los personajes de una de sus obras. El otro consistiría en la exposición conjunta y paralela de todos los ejemplos de empleo literario de los sueños que pudiésemos hallar en las obras de diversos autores. Este segundo camino me parece el más conveniente y quizá el único justificado, pues nos protegería contra los peligros que para nuestra labor ha de suponer la aceptación de un artificial concepto unitario –«el poeta»– que en la investigación se fragmentaría, individualizándose y dando paso a la diversidad de los muchos «poetas» conocidos, a los que estimamos muy diferentemente y entre los que estamos acostumbrados a hallar aquellas figuras que aislamos del conjunto para venerarlas como las de los más profundos conocedores del alma humana. No obstante, tenemos que emprender en el presente trabajo el primero de los caminos antes señalados. Débese esto a que una de las personas del círculo en que surgió la idea de esta investigación manifestó haber leído últimamente, con agrado, una obra literaria en la que se hallaban contenidos varios sueños, los cuales, por presentar aquellas características que su estudio del fenómeno onírico le había hecho familiares, le invitaban a aplicar a ellos el método de interpretación expuesto en nuestra antes citada obra. Confesó, además, la persona en quien surgió esta idea que el agrado que le había producido la lectura de la obra a que se refería dependía con seguridad, en gran parte, de circunstancias puramente subjetivas, pues el desarrollarse la acción en Pompeya y ser el protagonista un joven arqueólogo que traslada todo su interés, desde la vida real, a los restos de la Antigüedad clásica, hasta que por un medio indirecto, pero perfectamente admisible, es atraído de nuevo a la vida presente, eran hechos que despertaron en él íntimas resonancias. La obra a que nuestro amigo se refería era la novelita titulada *Gradiva,* a la que W. Jensen, su autor, califica de «fantasía pompeyana».

Ruego ahora a mis lectores que abandonen el presente libro y lo sustituyan por la novela citada, aparecida en 1903, con objeto de que, en adelante, pueda yo referirme a algo conocido. Para aquellos otros que conocen ya la *Gradiva* expondré aquí una ligera síntesis de su contenido, que despierte en su memoria el recuerdo de la totalidad, y confío en que, al mismo tiempo, el de las bellezas que en la misma se contienen y que en una síntesis no pueden por menos de desaparecer.

Un joven arqueólogo, Norberto Hanold, descubre en un museo de Roma una figura en bajorrelieve que desde el primer momento ejerce sobre él una particular atracción. Deseoso de contemplarla y estudiarla con todo detenimiento, hace sacar una copia en escayola y la transporta a su domicilio, en una ciudad universitaria alemana, colocándola en sitio preferente de su gabinete de estudio. La figura representada en el bajorrelieve es la de una muchacha, ya plenamente formada, que en actitud de andar, recoge sus amplias vestiduras, dejando ver sus pies, calzados de sandalias, uno de los cuales reposa por entero en el suelo, mientras el otro sólo se apoya sobre las puntas de los dedos, quedando la planta y el talón casi perpendiculares a tierra. Este paso, poco vulgar, cuyo especial atractivo quiso el artista fijar en su obra escultórica, es también lo que siglos después encadena la atención de nuestro arqueólogo.

El interés que la figura descrita despierta en el protagonista de la novela constituye el hecho psicológico fundamental de la misma y resulta un tanto singular, pues

> el doctor Norberto Hanold, catedrático de Arqueología, no hallaba en aquel relieve nada que desde el punto de vista científico de su disciplina justificara una especial atención... No conseguía explicarse lo que en él le había interesado; sólo sabía que desde el primer momento se había sentido dominado por una intensa atracción que el tiempo no lograba debilitar.

Su fantasía no deja un solo momento de ocuparse de la singular imagen, en la que halla algo vivo y «presente», como si el artista hubiera trasladado a su obra una visión «del natural» percibida momentos antes en un paseo por las calles. Tanta vida toma en su imaginación aquella figura, que acaba por darle el nombre de «Gradiva» –«la que avanza»– y suponerla perteneciente a una noble familia, hija quizá

> de un edil patricio que ejercía su cargo bajo la advocación de Ceres.

El relieve la representaría en el momento de dirigirse hacia el templo de esta diosa. Mas, después, le parece contrario a la serena naturaleza de la figura encuadrarla en el bullicio de una ciudad, y llega a la convicción de que el vivo modelo copiado por el desconocido artista no pudo habitar sino en Pompeya, donde con su andar característico hollaría aquellas singulares hileras de piedras, descubiertas en las excavaciones, que, sin estorbar el tránsito rodado, permitían a los transeúntes atravesar las calles a pie enjuto en tiempo de lluvia. Por otro lado, pareciéndole hallar en los rasgos fisonómicos de Gradiva cierto corte *griego,* deduce que los ascendientes de la bella muchacha debieron de ser de origen *heleno.* De este modo va nuestro buen arqueólogo poniendo toda su ciencia de la Antigüedad al servicio de sus fantasías sobre el modelo del bajorrelieve.

En medio de tales imaginaciones surge en él una interrogación crítica, que cree científicamente motivada. Trátase de determinar

> si el artista ha reproducido en su obra una realidad viva;

esto es, si el singular movimiento con que Gradiva avanza corresponde a algo efectivo, aunque poco común. No pudiendo Hanold resolver este problema sino por medio de la observación directa, se ve forzado a emprender una actividad totalmente opuesta a sus hábitos personales. En efecto,

> el sexo femenino no había sido para él, hasta aquel momento, más que un concepto expresado en mármol o bronce, sin que jamás hubiese concedido la menor atención a aquellas representantes del mismo que vivían y alentaban en derredor suyo.

Los deberes sociales le habían parecido siempre una insoportable molestia, y cuando alguna vez pasaba breves instantes en una reunión femenina, se fijaba tan poco en sus interlocutoras, que en días sucesivos pasaba a su lado sin saludarlas, cosa que, naturalmente, no le hacía ganar muchas simpatías entre las mujeres. Mas ahora, la misión científica que se había impuesto le obligaba a observar a todas las que encontraba, fijándose con especial interés en su modo de pisar. Esta actividad hubo de valerle numerosas miradas femeninas, tanto disgustadas como halagadas,

> sin que él llegara nunca a darse cuenta del significado de unas ni de otras.

Como resultado de este cuidadoso estudio, tuvo que admitir que el modo de andar de Gradiva no se daba en la realidad, conclusión que le produjo gran disgusto.

Poco después tiene un terrible sueño, en el que se ve transportado a la antigua Pompeya, precisamente en el día en que la erupción del Vesubio sepulta la ciudad bajo su ardiente lava.

> Hallándose en el Foro, cerca del templo de Júpiter, ve de repente ante sí a la propia Gradiva. Hasta aquel momento no había ni siquiera imaginado que pudiera hallarla en aquellos lugares, mas en el acto le parece naturalísimo el encuentro, puesto que se trata de una pompeyana que vive en su ciudad natal, *y sin que él tuviera de ello la menor sospecha,* en la misma época que él.

Sabiendo el peligro inminente que a todos amenaza, lanza Hanold un grito, como queriendo prevenir a la bella muchacha. Gradiva se vuelve un instante hacia él, pero después sigue indiferente su camino hacia el templo y, sentándose en la escalinata del pórtico, reclina lentamente su cabeza sobre la fría piedra, mientras su rostro va adquiriendo la rígida palidez del mármol. Norberto se dirige hacia ella, pero al llegar a su lado la encuentra como sumida, con serena expresión, en un profundo sueño. La lluvia de cenizas, haciéndose cada vez más densa, acaba por enterrar a la bella figura yacente.

Al despertar de su sueño resuenan aún en los oídos de Norberto los gritos de angustia de los pompeyanos y el sordo mugir del mar embravecido. Pero aún después de recobrar el dominio sobre su pensamiento y reconocer en tales ruidos los de la populosa calle a la que da su alcoba, continúa por largo tiempo creyendo en la realidad de lo soñado, y todavía después de haber rechazado la idea de que dos mil años antes había asistido a la destrucción de Pompeya, perdura en él la convicción de que Gradiva había vivido en dicha ciudad y perecido en la catástrofe que la sepultó el año 79. Este sueño da tal impulso a las fantasías del joven arqueólogo que el pensamiento de la muerte de Gradiva le produce igual emoción que si se tratase de una persona querida.

Asomado a la ventana, dejaba así vagar sus pensamientos, cuando los trinos de un canario que cantaba dentro de su jaula, colgada en la abierta ventana de la casa frontera, atrajeron su atención. Bruscamente, como si fuera ahora cuando despertase de su sueño, salió de su ensimismamiento, y al dirigir su mirada hacia la calle creyó ver pasar ante su casa una figura femenina semejante a su Gradiva, y hasta quiso reconocer el paso característico que tan en vano hubo de buscar anteriormente. Sin darse exacta cuenta de sus actos, salió de su casa en persecución de la desconocida, y sólo el asombro y la burla de la gente, al verle correr por las calles a medio vestir, hiciéronle retornar a su habitación sin haber conseguido su propósito. Acodado de nuevo a la ventana, se comparó con aquel canario que cantaba en la casa vecina. También a él le parecía hallarse prisionero, pero si quería podía evadirse de su jaula. Como una nueva consecuencia de su sueño, y quizá también por el influjo del dulce ambiente primaveral, surgió en él la decisión de emprender un viaje a Italia, para el que halló en seguida un pretexto científico, aunque reconocía que el

> impulso a emprender aquel viaje había sido determinado en él por una sensación indefinible.

Hemos de detenernos un momento, al llegar a esta decisión tan vagamente motivada, con objeto de formarnos una más concreta idea de la personalidad y la conducta de nuestro héroe, el cual nos resulta hasta ahora un tanto incomprensible e insensato, pues no conocemos aún por qué caminos llegará a adquirir su particular locura un carácter general humano que despierte nuestra simpatía. Mas el dejarnos en tal inseguridad durante algún tiempo es un derecho innegable del poeta, que con la belleza de su estilo y la ingeniosidad de su trama imaginativa recompensa la confianza que en él ponemos y la simpatía que nos hallamos dispuestos a conceder al protagonista de su obra. Entre los datos que sobre él mismo nos proporciona, hallamos los de que fue, desde luego, consagrado, por tradición de familia, a la ciencia arqueológica, y que cuando, a la muerte de sus padres, quedó aislado e independiente, se sumió por completo en sus estudios, apartándose de la vida exterior y de los goces que la misma ofrece a la juventud. El mármol y el bronce fueron para él lo verdaderamente vivo y lo único que podía dar objeto y valor a la existencia. Mas la Naturaleza –quizá con piadosa intención– hubo de dotarle con una cualidad nada científica que sirviese de correctivo a las anteriores: una arrebatada fantasía, que no se manifestaba tan sólo en sus sueños, sino también, a veces, en su actividad despierta. Tal disociación entre su labor intelectual y su fantasía le predestinaba a acabar en poeta o en neurótico, incluyéndolo entre aquellos hombres cuyo reino no es de este mundo. Así pudo suceder que permaneciera obsesionado por la juvenil figura femenina del bajorrelieve, y que, entretejiéndola en su fantasía, la personificara, dándole un nombre y situando su vida en la ciudad de Pompeya, destruida por el Vesubio mil ochocientos años atrás. Por último, después de un singular sueño de angustia, o pesadilla, pasa esta fantasía de la existencia y muerte de la personificada Gradiva a constituirse en un delirio que influye ya en sus actos. Estos fenómenos de la fantasía nos parecerían extraños e incomprensibles si los hallásemos en una persona viva. Mas como Norberto Hanold, nuestro héroe, no pasa de ser un ente de ficción creado por el poeta, quisiéramos arriesgarnos a dirigir a éste la pregunta de si su fantasía no ha sido quizá determinada por poderes distintos de su propia voluntad contingente.

Abandonamos antes a nuestro joven arqueólogo en el momento en que el canto de un canario enjaulado parece sugerirle la idea de un viaje a Italia, sin que él mismo se dé cuenta exacta del motivo que le impulsa a partir ni tampoco del fin y objeto que con el tal viaje se propone. Llegado a Italia, un íntimo desasosiego le lleva de ciudad en ciudad, mezclado con la nube de turistas y jóvenes parejas en viaje de novios que invade en primavera la bella península latina. La ternura de los amorosos recién casados le parece incomprensible y le lleva a sentar la conclusión de que entre todas las locuras humanas

> la mayor y más incomprensible es el matrimonio; sobre todo, coronado por el neciamente indispensable viaje a Italia.

Huyendo de una de tales tiernas parejas, que no cesa de arrullarse en la habitación vecina a la suya, sale de Roma para Nápoles; mas allí tropieza con otras de igual género, y al enterarse de que la mayoría de ellas, siguiendo un clásico itinerario, no hacen sino una rapidísima visita a Pompeya y salen luego para Capri, decide, para librarse de ellas, seguir una opuesta conducta. De este modo, y «contrariamente a lo que se había propuesto al emprender el viaje», llega a Pompeya a los pocos días de salir de su casa.

Mas tampoco allí encuentra la deseada paz. La misión de mantener su ánimo en un continuo estado de irritación y desasosiego, de la que hasta entonces se habían encargado los amorosos matrimonios recientes, es asumida ahora por las innumerables y pegajosas moscas meridionales, en las que acaba por ver Norberto la encarnación de lo absolutamente perverso e inútil. Reuniendo en una unidad las dos plagas que le han atormentado, le parece volver a hallar a las parejas conyugales en las moscas que revolotean dos a dos, y supone que, en su idioma, se interpelarán con los mismos dulces apelativos. Sin embargo, acaba por darse cuenta de que «su disgusto no depende únicamente de circunstancias exteriores, sino que tiene, en parte, un origen íntimo», pues «siente que se halla malhumorado porque le falta algo, sin que pueda precisar el qué».

A la mañana siguiente se encamina hacia la destruida ciudad y, después de despedir al guía, se pone a recorrerla al azar, sin acordarse siquiera, por un singular olvido, de su reciente sueño, en el que fue testigo de la catástrofe que hubo de sepultarla. Cuando luego, en la «cálida y divina» hora del mediodía, que para los antiguos era la de los espíritus, han desaparecido todos los visitantes y no quedan ante él sino las solitarias ruinas bañadas por el ardiente sol, surge en el arqueólogo la capacidad de trasladarse a las pasadas épocas, mas no ya con ayuda de la ciencia.

> Lo que ésta enseña es una fría concepción arqueológica expresada en un muerto idioma filológico e insuficiente para llegar a la comprensión del alma de las cosas. Aquel que sienta el anhelo de adentrarse en la íntima realidad de Pompeya habrá de pasar solitario esta ardiente hora meridiana entre los restos del pasado y mirar y oír con algo de más sutil capacidad de percepción que los ojos y los oídos. Sólo entonces verá despertar de nuevo a los muertos y comenzará a vivir Pompeya ante él.

Hallándose Hanold entregado a esta evocación del pasado en su fantasía, ve de repente salir de una casa cercana y atravesar la calle a la propia Gradiva del bajorrelieve, tal y como en su sueño se le había aparecido camino del templo de Apolo.

Este recuerdo de su sueño le hizo darse cuenta de algo de que hasta el momento no había tenido conciencia. Si, aun ignorando el impulso interior que le había decidido a emprender el viaje, había partido para Italia y, sin detenerse en Roma ni Nápoles, había llegado hasta Pompeya, era con el propósito de buscar en esta ciudad las huellas de su Gradiva. Y precisamente las huellas en el propio y estricto sentido de la palabra, pues el característico paso de la fantástica beldad debía de haber dejado una impronta inconfundible en la ceniza de las calles pompeyanas.

La tensión en que nos mantiene el poeta se eleva ahora por unos momentos hasta la categoría de una penosa confusión. Encontramos ya desconcertante no sólo el franco desequilibrio del protagonista, sino la aparición de Gradiva, que hasta ahora no había pasado de ser, primero, una figura escultórica y, luego, una creación de la fantasía de Hanold. ¿Se trata de una alucinación de éste, perturbado por el delirio, de un fantasma «real» o de una persona de carne y hueso? Claro es que esta interrogación no implica el que creamos en los aparecidos. El poeta, que califica su obra de «fantasía», no nos ha dicho aún si se propone dejarnos en nuestro mundo, regido por las leyes científicas o, por lo contrario, intenta conducirnos a otro mundo fantástico en el que se concede realidad a los espíritus y al que, recordando los ejemplos del *Hamlet* y del *Macbeth* shakespearianos, nos hallamos, en calidad de lectores, dispuestos a seguirle, aunque el delirio del imaginativo arqueólogo sea de muy distinto género. Considerando la inverosimilitud de la real existencia de una persona cuyo aspecto exterior copie fielmente el de una escultura antigua habremos de pensar que la aparición de Gradiva entre las ruinas de Pompeya no puede ser sino una alucinación de Hanold o un fantasma meridiano. Mas un detalle del relato excluye la primera de estas dos interpretaciones. Una gran lagartija yace inmóvil tomando el sol sobre una piedra, y al acercarse Gradiva, huye asustada a su madriguera. No se trata, pues, de una alucinación de Norberto, sino de algo por completo exterior a él. Mas, por otra parte, no creemos que un fantasma pueda con su ingrávido paso turbar la tranquilidad de una lagartija.

Llegada ante la casa de Meleagro, desaparece la figura de Gradiva. No nos maravilla que Norberto Hanold prosiga ahora su delirio suponiendo que la antigua Pompeya revive en la hora del mediodía, consagrada a los espíritus, y que, de este modo, es la propia Gradiva, resucitada, la que, pasando ante él, ha entrado en la casa que habitó hasta el fatal día de agosto del año 79 en que el Vesubio sepultó a la ciudad entre lava y cenizas. Por la imaginación de Norberto Hanold cruzan rápidamente las más sutiles hipótesis sobre la personalidad del dueño de aquella casa y el parentesco que Gradiva pudiera tener con él, probándonos que su ciencia arqueológica se ha colocado ya por completo al servicio de su fantasía. Al penetrar, a su vez, en la casa, halla de nuevo ante sí a la singular aparición, sentada en una pequeña gradería entre dos columnas.

Sobre sus rodillas mantenía extendido algo muy blanco, cuya naturaleza no pudo Hanold determinar a primera vista, pero que le pareció ser una hoja de papiro.

Habiendo atribuido a Gradiva en una de sus imaginaciones un origen griego, la interpela en esta lengua, lleno de ansiedad por averiguar si la aparición posee en su ficticia vida el don de la palabra. Luego, al no obtener respuesta, comienza a interrogarla en latín. Y he aquí que el bello fantasma sonríe dulcemente y exclama:

Si quiere que le comprenda, hábleme en alemán.

¡Qué vergüenza para nosotros los lectores! Resulta que el poeta se ha burlado de nosotros, y para obligarnos a juzgar con una mayor benevolencia a su héroe, nos ha hecho caer en un pequeño delirio, como si sobre nuestras facultades intelectuales hubiese actuado un reflejo de aquel ardiente sol del mediodía pompeyano, que cae a plomo sobre la frente del infeliz Norberto. Mas curados ya de nuestro momentáneo desvarío, vemos ahora que la Gradiva, que creíamos fantasmal aparición, no es sino una muchacha alemana de carne y hueso, hipótesis que antes rechazamos como la más inverosímil. Podemos ya, por tanto, esperar con toda calma y serenidad que el poeta nos muestre, en primer lugar, la relación existente entre esta muchacha y su imagen de piedra, y, en segundo, cómo el joven arqueólogo ha podido llegar a las fantasías que atribuían, no sin cierta razón por lo que vemos, una existencia real a dicha imagen.

En cambio, el delirio de Hanold no queda tan rápidamente disipado como el nuestro, pues la dicha que el encontrar realizada su fantasía le produce, le hace admitir las más inverosímiles circunstancias, y, además, su delirio posee seguramente raíces íntimas, de las que nada sabemos y que al nuestro faltan por completo. Para hacerle volver a la realidad ha de ser necesario un penetrante y duradero tratamiento, y de este modo, lo único que por el momento podrá hacer es adaptar a su delirio su nueva y maravillosa aventura. Gradiva, muerta entre la ceniza que sepultó a Pompeya, no puede ser para él más que un fantasma que sale de su tumba a la hora meridiana, consagrada a los espíritus. Mas, entonces, ¿por qué al oír las palabras que la muchacha pronuncia en alemán exclama, sin un instante de vacilación: «Ya sabía yo que tu voz resonaba así»? Es ésta una interrogación que, como nosotros, hubo de presentar la muchacha, y Hanold se ve obligado a conceder que no oyó nunca antes su voz, pero que esperó oírla cuando en su sueño le habló, mientras ella, silenciosa, se reclinaba para dormir y morir sobre las gradas de la escalinata del templo. Norberto le pide ahora que repita aquella escena; mas, al oírle, se levanta la muchacha y, mirándole con extrañeza, se aleja, desapareciendo a poco entre las columnas del patio, sin contestar a la pregunta que él le hace de si volverá allí a la misma hora del siguiente día. Poco antes había revoloteado en torno de ella una bella mariposa, en la que Hanold ve después un emisario de Hades, el dios infernal, comisionado para advertir a Gradiva el próximo final del breve plazo concedido a los espíritus para vagar fuera de sus tumbas. Pero nosotros podemos ya permitirnos interpretaciones menos fantásticas y nos quiere parecer como si la muchacha, desconociendo el sueño del joven arqueólogo, hubiese hallado algo incorrecto en la proposición del mismo y se retirara ofendida. Quizá su sensibilidad percibiera la naturaleza erótica del deseo de Hanold, que para éste resultara únicamente motivado por una relación con su sueño.

Tras de la desaparición de Gradiva pasa Norberto revista a los huéspedes del Hotel Diomède y del Hotel Suisse, las dos únicas hospederías que le son conocidas en Pompeya, y en ninguna de las dos encuentra muchacha alguna que presente una semejanza, siquiera lejana, con su bello fantasma, resultado que se conforma en todo a sus esperanzas, pues desde el primer momento había rechazado como inverosímil e insensata la hipótesis contraria. El vino fermentado en los cálidos lagares del suelo vesubiano hace luego más intenso el desvarío en que Hanold pasa aquella tarde.

Al día siguiente, dando tiempo a que llegase la hora meridiana, en la que de nuevo debe hallarse en la casa de Meleagro, entra Hanold en las minas, a despecho de todos los reglamentos, por una brecha del viejo murallón de la ciudad. A su paso halla una florida rama de asfódelo, y recordando que los antiguos decían ser esta la flor que crecía en el Averno, la corta y lleva consigo como la más apropiada a las circunstancias. Mientras, impaciente, recorre las ruinas, piensa en que la Arqueología es ya para él lo más inútil e indiferente del mundo, pues otro distinto interés se ha apoderado por completo de sus facultades intelectuales. Trátase de hallar de qué sustancia puede ser la aparición corpórea de un ser como Gradiva, que simultáneamente está muerto y, aunque tan sólo durante la hora meridiana, vivo.

Al mismo tiempo que da vueltas a estos pensamientos, teme no hallar a la esperada aparición, suponiendo que quizá sólo con largos intervalos le es permitido retornar al mundo, y cuando vuelve a encontrarla en el mismo lugar e idéntica actitud que la víspera, la cree primero una alucinación de su acalorada fantasía y exclama dolorosamente: «¡Oh, si fuese verdad y vivieras!». Pero esta vez ha dudado con exceso del testimonio de sus sentidos, pues la aparición deja de nuevo oír su voz, preguntándole si aquellas flores que en la mano trae las ha cogido para ella, y entabla luego con él, nuevamente desconcertado, un largo coloquio. Para nosotros, los lectores, a los que nos interesa ya Gradiva como una viva personalidad, observa el poeta que el disgusto y la repulsa que se leían el día anterior en sus ojos se han trocado en una expresión de curioso interés. Efectivamente, la bella desconocida somete a Hanold a un minucioso interrogatorio, encaminado a lograr una explicación de su extraña demanda del día anterior. Norberto le revela su sueño y toda la historia de la atracción que su elástico paso ejerció sobre él desde el primer instante. A ruegos del joven, consiente luego ella en andar unos pasos ante él, y camina, realmente, del mismo gracioso modo que mostraba la escultura. Sólo una diferencia halla el arqueólogo: a las sandalias que la figura del bajorrelieve calzaba se sustituían ahora unas finas botas de cuero amarillento, sustitución que ella explica por la necesidad de adaptarse a los nuevos usos. En todo este diálogo observamos que la muchacha sigue dócilmente el delirio de Hanold, y sin contradecirle nunca logra que el joven vaya descubriéndole su fantasía en toda amplitud. Una sola vez parece que un sentimiento propio va a apartarla de su papel, cuando él, pensando en la figura del bajorrelieve, dice que en cuanto la vio entre las ruinas de Pompeya la reconoció sin vacilar un solo instante. Como en este lugar del diálogo no ha hablado aún Hanold para nada de la escultura del museo romano, tiene ella un movimiento de sorpresa, pero se repone enseguida, y desde este momento nos quiere parecer que algunas de sus frases presentan un doble sentido; esto es, que además de su conexión con el delirio de Norberto, se refieren ocultamente a algo real y presente; por ejemplo, cuando, lamentando el fracaso del arqueólogo al querer comprobar la existencia real de los andares de la escultura, exclama:

–¡Qué lástima; quizá hubieras podido ahorrarte el largo viaje hasta Pompeya!

Hanold le revela después el nombre de «Gradiva» que dio a su imagen escultórica, y ella le dice que el suyo verdadero es el de Zoe.

–Es un bello nombre –objeta Hanold–; mas a mis oídos suena como una amarga burla, pues significa «vida».
–Hay que aceptar lo irremediable y ya hace largo tiempo que me he acostumbrado a estar muerta.

Replica ella, y con la promesa de retornar a igual hora del día siguiente, se despide, después de pedirle la rama de asfódelo que todavía conserva él en su mano.

–A las mujeres que aún alientan sobre la tierra es costumbre ofrecer rosas en primavera; para mí es más apropiado recibir de tus manos la flor del olvido.

Comenzamos ahora a comprender y una esperanza surge, aún vacilante, en nosotros. Si la muchacha en cuya figura ha encarnado Hanold a su Gradiva se adapta tan de buen grado al delirio del joven arqueólogo es, probablemente, para librarle de él. No existe otro camino para ello, y la contradicción alejaría esta única posibilidad de cura. El mismo tratamiento médico de tal dolencia psíquica no tendría tampoco más remedio que situarse, al principio, en el plano de la fantástica construcción mental del sujeto para poder investigarla lo más completamente posible. Si Zoe se halla capacitada para tal empresa, la continuación de la novela nos mostrará en qué forma se lleva a cabo la curación de un delirio como el de nuestro héroe. Mas también quisiéramos saber en qué condiciones se verifica la génesis de tal perturbación. Sería singular –aunque no sin precedentes– que el tratamiento y la investigación de un delirio de este género coincidieran y que la explicación de la génesis del mismo surgiera de su propio análisis. Sospechamos, ciertamente, que nuestro caso patológico podrá entonces resolverse en una «vulgar» historia amorosa; pero, de todos modos, no debe despreciarse el amor como poder curativo de los delirios y debemos tener en cuenta que la atracción ejercida sobre nuestro héroe por la figura escultórica de Gradiva no es, en definitiva, sino un enamoramiento, aunque sea de algo pretérito e inanimado.

Al desaparecer Gradiva tras de esta última entrevista se oye en la lejanía algo como una aguda risa, el grito quizá de un pájaro que vuela sobre las ruinas. Norberto ve en el suelo un objeto blanco que Gradiva ha dejado olvidado, el mismo que ayer creyó un papiro y que, en realidad, no es sino un libro de apuntes con algunos dibujos a lápiz, de diversos rincones de Pompeya. Nosotros, psicoanalistas, diríamos que este olvido de Gradiva constituye una prenda de su retorno, pues sabemos que nada se olvida sin una secreta razón o un oculto motivo.

El resto del día proporciona a Hanold multitud de revelaciones y conclusiones, que, sin embargo, desdeña reunir formando una totalidad. En el muro del pórtico por el que Gradiva ha desaparecido descubre hoy Norberto una hendidura que, aunque estrecha, puede dar paso perfectamente a una persona de extraordinaria delgadez. De este modo reconoce nuestro héroe que Zoe-Gradiva no necesitó, para desaparecer, sumirse en las entrañas de la tierra, cosa que ahora le parece tan irracional que se avergüenza de haberlo antes creído, sino que podría utilizar aquel camino para volver a su tumba, situada quizá al final de una larga calle, frente a la llamada «Villa de Diomedes», lugar por el que cree luego Norberto ver alejarse una fugacísima sombra.

Entregado por completo a su delirio, recorrió aquella tarde el arqueólogo los alrededores de Pompeya, dando vueltas en su imaginación al mismo problema que el día anterior; esto es, cuál pudiera ser la constitución física de Zoe-Gradiva y si se experimentaría o no alguna sensación táctil al tocar su mano. Un singular impulso le inducía a intentar este experimento; mas, al mismo tiempo, la sola idea de realizarlo le producía espanto. En la soleada vertiente de una colina encontró a un señor ya maduro, que por los trebejos de que iba armado tenía que ser un zoólogo o botanista, y se hallaba, al parecer, ocupado en la busca de algún ejemplar interesante. Al sentir los pasos de Hanold volvió la cabeza y, como reconociéndole, le dijo:

¿Se interesa usted también por los *faraglionensis?* No creí yo que pudieran encontrarse fuera de la isla de Capri, pero ahora me parece muy probable que también existan en el continente. El medio que mi colega Eimer ha inventado para cazarlos es excelente. Yo lo he experimentado ya varias veces con éxito satisfactorio. Estese usted quieto un momento.

Interrumpiose aquí el zoólogo y mantuvo sobre una grieta del suelo, por la que asomaba la verdosa cabeza de una lagartija, un lazo formado por un largo tallo de hierba. Hanold aprovechó esta ocasión de alejarse y prosiguió su paseo pensando con burlona crítica en la increíble necedad de las gentes que por tan absurdos motivos como el de cazar un lagarto emprenden el largo y fatigoso viaje hasta Pompeya. Mas en esta crítica no se incluye a sí mismo, olvidando que lo que hasta la muerta ciudad le ha traído a él es algo aún más singular: el propósito de buscar en las cenizas de Pompeya las huellas de Gradiva. Al mismo tiempo, la fisonomía del cazador de lagartos que se había dirigido a él como a persona de su trato, le parecía conocida, quizá por haberle visto de pasada en uno de los dos hoteles que había visitado. Continuando su paseo, llega luego Norberto, por un camino lateral, a una hospedería cuya existencia no sospechaba: el «Albergo del Sole». El posadero, ocioso a aquella hora, aprovecha la ocasión para recomendarle su casa y los tesoros que, a su decir, contiene. Entre otras cosas, afirma haberse hallado presente cuando en las proximidades del Foro fueron descuartizados los cuerpos de unos jóvenes amantes que, al sentir cercana su última hora en la catástrofe que aniquiló la ciudad, se abrazaron estrechamente y esperaron así la muerte. Hanold conocía ya esta historia y la había considerado siempre como una mentirosa fábula; pero hoy hallaron en él las palabras del hostelero una total credulidad, que se hizo aún mayor cuando el avispado comerciante le enseñó una fíbula de bronce recubierta de verdosa pátina, pretendiendo haber presenciado su descubrimiento entre las cenizas que cubrían los cuerpos de los amantes. Hanold compró la fíbula sin la menor vacilación crítica, y cuando al abandonar el «albergo» vio en el pretil de una abierta ventana una florida rama de asfódelo, le pareció que la presencia de la funeraria flor en aquellos lugares constituía una confirmación de la legitimidad de la joya adquirida.

Pero con esta adquisición se apoderó de él un nuevo delirio, o más bien realizó el antiguo un progreso, síntoma nada favorable al éxito de la terapia iniciada. La amante pareja había sido descubierta cerca del Foro, y en estos mismos lugares se hallaba el templo de Apolo en cuya escalinata había él visto reclinarse a Gradiva en su sueño. ¿No sería posible que, en realidad, hubiese ella seguido andando hasta reunirse a alguien con el que luego hubiese muerto? Un atormentador sentimiento, que quizá podemos hacer equivalente a los celos, surgió de esta sospecha para Hanold; pero, pensando en lo improbable de su hipótesis, logró dominar su agitación y entró a cenar en el Hotel Diomède. Dos nuevos huéspedes, que le parecieron hermanos por cierta semejanza que entre ellos creyó hallar, a pesar del diferente color de sus cabellos —rubio él y morena ella—, atrajeron en primer lugar su atención. Era ésta, de todas las parejas que en su viaje había hallado, la primera que le producía una impresión simpática. Una rosa de Sorrento que la joven llevaba en el pecho despertó en él un indefinible recuerdo; pero por más que meditó, le fue imposible precisarlo. Por último, se acostó rendido, y tuvo un sueño singularmente desatinado, aunque constituido por la reunión de sus aventuras de aquel día.

Gradiva se hallaba sentada al sol, y mientras fabricaba con un largo tallo de hierba un lazo para cazar una lagartija, decía: «Estate quieto un momento. Mi colega tiene razón. Este medio es realmente eficaz, y ella lo ha empleado con éxito».

Aun dormido, criticó Hanold la insensatez de este sueño y luchó por despertarse, consiguiéndolo al fin al oír el grito, semejante a una risotada, de un pájaro que, lanzándose sobre el lagarto, se lo llevó en el pico.

A pesar de todos estos fantasmas oníricos, despertó con una sensación de claridad intelectual y fortaleza física. Un rosal, de rosas iguales a la que la tarde anterior adornaba el pecho de su nueva compañera de hospedaje, le recordó haber oído en la noche una voz que le decía: «En la primavera se ofrecen rosas». Sin reflexionar, cogió unas cuantas, y, al hacerlo, sintió calmarse su agitación como por una oculta virtud de las aromáticas flores. Despojado de su misantropía, emprendió esta vez el camino general hacia Pompeya, llevando consigo las rosas, la fíbula y el libro de apuntes, y dando vueltas en su imaginación a diferentes problemas que todos giraban en torno a Gradiva. El antiguo delirio había llegado a tomar proporciones gigantescas, haciéndole ya pensar si también a otras horas, y no únicamente a la del mediodía, le sería posible hallar a Gradiva entre las ruinas. El acento psicológico se había desplazado, yendo ahora a caer sobre la parte más reciente de su delirio, y los celos que la misma había traído consigo le atormentaban, tomando las más diversas formas. Casi deseaba que la aparición sólo para él resultase visible y escapase a la percepción de los demás, pues de este modo podría él considerarla como de su exclusiva propiedad. Durante sus paseos en espera de la hora meridiana tuvo un sorprendente encuentro. En la casa del Fauno topó con dos figuras que en un rincón, y creyéndose sin duda al abrigo de toda mirada indiscreta, estaban abrazadas, besándose largamente en los labios. Lleno de sorpresa reconoció Norberto a la simpática pareja llegada la tarde anterior. Mas, para ser fraternales, le resultaban aquel abrazo y aquellos besos demasiado sostenidos. Tratábase, pues, de una nueva pareja amorosa; seguramente, un joven matrimonio como los que antes le habían causado tan grave irritación. Sin embargo, esta nueva pareja no despertó en él sino agradables sentimientos, y, temeroso de perturbar su ternura, se retiró en silencio, como si no quisiera interrumpir un devoto culto. Un respeto del que antes carecía volvía ahora a surgir en él.

Llegado ante la casa de Meleagro, se apoderó de él nuevamente, y con tal violencia, el temor de hallar a Gradiva acompañada, que cuando la misma apareció ante sus ojos, su primera frase fue para preguntarle si se hallaba sola. Con gran dificultad consigue luego la muchacha hacer percatarse a Norberto de que ha cogido las rosas para ella, y logra que le confiese la última imaginación de su delirio, en la que supone que fue ella la joven que las excavaciones del Foro descubrieron abrazada a su amante y a la que perteneció la fíbula por él adquirida. No sin burla, le pregunta ella entonces si ha encontrado la joya al sol, cuya fuerza produce en los países mediterráneos graves trastornos cerebrales. A continuación, y para curarle de un mareo que Hanold dice experimentar, le propone Gradiva compartir con ella su colación y le ofrece la mitad de un tierno panecillo que lleva envuelto en un papel de seda, comiendo ella la otra mitad con visible apetito. Entre sus rojos, carnales labios, puede entonces Hanold observar una hilera de blancos y pequeños dientes, que al hincarse en la corteza del panecillo producen un ligero crujido. Gradiva reanuda luego el diálogo, diciendo:

> –Me parece como si ya otra vez, hace dos mil años, hubiéramos compartido de este modo el alimento. ¿No te acuerdas?

Pero Norberto no supo qué contestar, pues todos aquellos signos que de una realidad presente le iba ella demostrando actuaban con fuerza sobre él. La razón comenzaba a imponerse en su pensamiento, haciéndole ya dudar de que, como su delirio afirmaba, no fuera Gradiva sino un incorpóreo fantasma. Pero entonces, ¿cómo explicarse las palabras que la muchacha acababa de pronunciar, pretendiendo haber compartido ya otra vez su comida con él dos mil años antes? En este conflicto se le ofreció un medio para salir de dudas, y, sin vacilar ya, lo puso en práctica, hábil y decididamente. Gradiva tenía apoyada en la rodilla su mano izquierda, y una mosca, de aquellas cuyo descaro e inutilidad tanto habían antes irritado a Norberto, vino a posarse sobre uno de los largos y afilados dedos. Con rápido ademán golpeó Hanold, como para alejar al pegajoso insecto, aquella mano, y para su regocijada sorpresa halló bajo la suya algo vivo, cálido y totalmente real: una tierna manita femenina. Mas aún había de ser mayor su asombro, pues Gradiva, sorprendida por su inexplicable acción, se alzó de la gradería en que se hallaba sentada y exclamó con tono ofendido: «¿Estás loco, Norberto Hanold?». Es sabido que el mejor medio para despertar a un sonámbulo, o simplemente a una persona dormida, es llamarle por su nombre. Pero, desgraciadamente, no llegamos a observar qué consecuencia inmediata tuvo para Hanold el oír a Gradiva pronunciar su nombre, que a nadie había él aún comunicado en Pompeya, pues en este crítico momento aparece en escena la simpática pareja amorosa que antes halló en la casa del Fauno, y la joven señora exclamó con gozosa sorpresa:

—¡Zoe! ¿También tú por aquí, y también en viaje de novios? ¿Cómo no me lo has escrito?

Hanold, ante esta nueva prueba de la realidad viviente de su Gradiva, huye lleno de confusión.

Tampoco Zoe-Gradiva se muestra muy agradablemente sorprendida por la inesperada visita, que al parecer la interrumpe en una importante labor. Mas, recobrándose pronto, responde con amabilidad a su amiga, poniéndole al corriente de la situación –y también a nosotros, los lectores– y hallando en seguida un medio cortés de zafarse de la inoportuna compañía. Ante todo, deshace el error de suponerla también en viaje de novios.

> El joven que se alejó al aparecer vosotros tiene un poco trastornada la cabeza, como si dentro de ella le anduviera zumbando una mosca. Bien es verdad que muy pocos son los que pueden alabarse de no tener algún insectillo perturbador que embrolle sus ideas. Afortunadamente, yo entiendo algo de entomología y puedo ser de alguna utilidad en estos casos. Mi padre y yo vivimos en el «Albergo del Sole», pero venimos a Pompeya todos los días. Él se dedica a sus investigaciones, y yo le he prometido no distraerle de ellas y entretenerme por mi cuenta, pues suponía que siempre lograría desenterrar algo interesante de entre estas cenizas. Pero nunca supuse que encontraría lo que he encontrado...; esto es, a mi buena amiga Gisela.

Dicho esto, se excusa, pretextando tener que llegar a tiempo para acompañar a su padre en el almuerzo, y se aleja después de habérsenos presentado como la hija del zoólogo cazador de lagartijas que Hanold halló el día anterior, y haber revelado, por el doble sentido de algunas de sus frases, a más de su intención terapéutica, otros distintos propósitos que aparecen con una menor transparencia. Mas, al alejarse, no lo hace en dirección del «albergo», en el que pretextó la esperaba su padre, sino que creyendo a su vez ver una sombra que en los alrededores de la Villa de Diomedes busca su túmulo y desaparece entre los monumentos *sepulcrales,* encamina sus pasos hacia aquellos lugares. En ellos había también buscado Hanold refugio y paseaba sin cesar de un lado a otro, concentrando todo su pensamiento en la solución de lo que aún permanece para él oscuro en el problema suscitado por la aparición de Gradiva. Veía ya, por lo menos, claramente su insensatez anterior al creer tener ante sí a una joven pompeyana rediviva y encarnada en una forma más o menos corpórea, reconocimiento de su pasada locura que constituye un considerable progreso en su camino de retorno hacia la sana razón. Mas, por otra parte, aquella desconocida con la que otras personas trataban como con una criatura viva a ellas semejante, confesaba ser Gradiva, y, sin que él pudiera explicárselo, conocía su nombre. Eran éstos dos misteriosos problemas que su razón, aún vacilante, no acertaba a desembrollar. Cierto es que tampoco sus agitados sentimientos le permitían hacer un gran esfuerzo de atención y que su más ardiente deseo era, por el momento, hallarse sepultado entre las cenizas de la Villa de Diomedes para estar seguro de no volverse a encontrar frente a frente con Zoe-Gradiva. Sin embargo, un violento anhelo de volverla a ver combatía en su interior con la tendencia a huir de ella.

Al doblar uno de los ángulos de la galería de columnas, retrocedió asustado. Sobre una piedra del derruido paredón se hallaba sentada una muchacha, quizá una de las que habían hallado la muerte en aquellos lugares. Pero fue éste un último intento, en el acto dominado, de refugiarse de nuevo en el reino de la locura. Pronto vio Hanold que aquella figura no era otra que Gradiva, la cual acudía, sin duda, a poner en práctica la última parte de su tratamiento curativo. Interpretando con todo acierto el ademán que Hanold hizo al verla, frustró su intento de alejarse, indicándole que fuera había comenzado a diluviar. Luego, sin piedad ante la confusión del joven, comenzó de nuevo su examen, preguntándole qué se proponía antes al golpear su mano con el pretexto de ahuyentar a una mosca. Hanold no se atrevió ya en su respuesta a tutearla ni tampoco a tratarla de usted; pero, en cambio, sí halló valor suficiente para algo más importante; esto es, para plantear la interrogación decisiva:

–Me hallaba –confiesa– un poco trastornado, como vulgarmente se dice, y ruego me perdone el haber golpeado su mano...; no sé cómo pude aturdirme hasta tal punto... Pero lo que no llego a comprender es cómo la graciosa propietaria de aquella manita pudo luego, al reconvenirme, llamarme por mi nombre.
–Veo –replica Zoe-Gradiva– que sigue habiendo algo en que tu entendimiento no logra penetrar. Pero no me maravilla, pues me tienes acostumbrada a esa ceguedad. Para comprobarla una vez más hubiera podido ahorrarme el venir hasta Pompeya, y tú hubieras podido confirmármela mil leguas más cerca.
–Sí; mil leguas más cerca —añade después, dando, por fin una explicación al atónito Hanold—. En la casa que, casi frontera a la tuya, hace esquina se abre una ventana de mi cuarto, y en ella hay colgada una jaula con un canario.

Estas últimas palabras despertaron en Norberto un lejano recuerdo. Era aquel pájaro enjaulado el que con su cántico había hecho surgir en él la decisión de partir para Italia.

—En esa casa —prosigue ella— habita mi padre, el profesor de Zoología Ricardo Bertgang.

Así, pues, Zoe conocía la persona y el nombre de Hanold por habitar en una casa vecina a la suya. De ser ésta la total solución, prevemos que su vulgaridad ha de decepcionarnos, pareciéndonos indigna del interés que la historia había en nosotros despertado.

Norberto Hanold muestra en su respuesta que su pensamiento no ha conquistado todavía una total independencia, pues repite los últimos conceptos de la joven.

—Entonces..., entonces, ¿es usted la señorita Zoe Bertgang? Pero aquélla tenía un aspecto muy distinto...

La réplica de Zoe Bertgang nos revela luego que entre ambos han existido en tiempos relaciones distintas de las de vecindad. Con graciosas frases, y alegando pasados derechos, sale a la defensa de aquel «tú» que Hanold consideró natural al dirigirse a un fantasma, pero que luego sustituyó por el «usted» en cuanto la aparición se transformó en una persona de carne y hueso:

—Si crees que entre nosotros es hoy más apropiado el «usted», también yo habré de emplearlo. Pero el «tú» surgía más espontáneamente en mis labios. No sé si mi aspecto es ahora muy distinto del que tenía antes, cuando en nuestros juegos cotidianos andábamos a golpes o rodábamos por el suelo. Lo que sí puedo decirle es que si en estos últimos años se hubiera usted dignado dirigirme una sola mirada, hubiera visto que hace ya mucho tiempo que soy tal y como ahora me ve.

Así, pues, había existido entre ambos una amistad infantil y hasta quizá un infantil amor, que justificaba ahora el tuteo. Mas, ¿acaso no es esta solución tan trivial como la que primero sospechábamos? A nuestro juicio, no; pues nos sugiere la idea de que tales relaciones infantiles esclarecen de un modo inesperado algunos de los detalles de lo que entre ellos ha sucedido ahora. Aquel golpe que Hanold dio en la mano de Zoe-Gradiva, motivándolo tan excelentemente por el deseo de solucionar de un modo experimental el problema de la corporeidad de Gradiva, se nos muestra ahora como un renacer del impulso infantil a los juegos violentos de que testimonian las palabras de Zoe. Y cuando Gradiva pregunta al arqueólogo si no recuerda que ya dos mil años antes partieron otras veces su comida, ¿no se nos revela ahora esta pregunta, que antes hubo de parecernos incomprensible, como una alusión no a un remoto pasado histórico, sino a un pretérito estrictamente personal, a los tiempos infantiles de ambos, cuyo recuerdo se mantiene vivo en la muchacha, mientras que en Hanold parece haberse perdido en absoluto? Por último, ¿no surge en nosotros de repente la idea de que las fantasías del joven sobre su Gradiva pudieran muy bien ser un eco de estos perdidos recuerdos infantiles? Siendo así, no serían arbitrarias producciones de su fantasía, sino que se hallarían determinadas, sin que Norberto tuviera conciencia de ello, por el acervo de impresiones infantiles, olvidadas, pero eficientes. Podríamos, pues, aunque sólo hipotéticamente, demostrar este origen para cada una de dichas fantasías. Así, cuando, por ejemplo se obstina Hanold en que Gradiva tiene que ser de origen *griego* e hija de un elevado personaje, quizá un sacerdote de Ceres, no parece muy aventurado suponer que estas ideas deben su origen a un efecto del latente conocimiento de Hanold del nombre (Zoe) de la muchacha y de la pertenencia de ésta a la familia de un profesor de Zoología. Mas si estas fantasías de Hanold no son sino recuerdos modificados, hemos de esperar que las palabras de Zoe Bertgang nos muestren las fuentes de que las mismas provienen. Escuchándolas veremos que tras de habernos revelado su íntima amistad infantil con Hanold, nos descubrirán el subsiguiente desarrollo de esta relación en años posteriores:

–En aquellos tiempos a que antes me he referido era en mí habitual un singular apego a su persona, y creía que no habría de hallar en todo el mundo un mejor amigo. No tenía madre, hermanos ni hermanas, y para mi padre, una lagartija conservada en alcohol resultaba mucho más interesante que mi pequeña persona. Aun para una niña es necesario algo que ocupe su pensamiento y pueda atraer su interés. Y esto es lo que entonces fue usted para mí. Mas cuando la Arqueología se apoderó de usted por entero descubrí que te habías –perdone usted, pero el tratamiento que ahora se le ha ocurrido introducir en nuestro trato suena mal en mis oídos y no se adapta bien a lo que voy a decir–, descubrí que te habías transformado en un hombre insoportable, que, por lo menos para mí, parecía ciego y mudo y se había olvidado de la amistad de toda nuestra infancia. Por esta razón me encuentras ahora muy distinta a la imagen que de mí recuerdas, pues, cuando nos encontrábamos en sociedad –el invierno pasado, sin ir más lejos– no me mirabas ni me veías; ni siquiera me dejabas oír tu voz. Claro es que con esto no hacías en mi honor nada extraordinario, pues lo mismo te comportabas con todas las mujeres. Yo no era para ti sino una sombra, y tú, con tus rubios cabellos, de los que tantas veces yo te había tirado jugando, te mostrabas tan aburrido, seco y silencioso como una cacatúa disecada, y tan solemne e importante como..., como el Archeopterix, que así creo se llama el monstruoso pájaro antediluviano recién descubierto. Lo que nunca me hubiese imaginado es que tu cabeza albergase tan ardiente fantasía, que al hallarme aquí, en Pompeya, me tomases por un fantasma del pasado. Tanto es así, que cuando inesperadamente surgiste ante mi vista me costó mucho trabajo conseguir explicarme la telaraña que tu imaginación había tejido en tu cerebro. Pero después llegó a interesarme y divertirme, a pesar de su locura, pues repito que no esperaba de ti cosa semejante.

Como puede verse, Zoe nos comunica con toda claridad la suerte que su amistad infantil con Hanold corrió en el transcurso de los años. En ella se intensificó, hasta constituir un tierno enamoramiento, siendo Hanold aquel «algo» en que desde muchacha puso su corazón y su pensamiento. Zoe Bertgang, la bella mujer, en la que vemos ahora la encarnación de la prudencia y la claridad espiritual, nos revela también transparentemente toda su vida anímica. Si es regla general que toda muchacha normalmente constituida dirija, antes que hacia otra persona, su inclinación hacia su propio padre, Zoe se hallaba en circunstancias especialmente favorables para ello por constituir él mismo toda su familia. Pero el padre no podía hacerle gran caso, abstraído en sus investigaciones científicas, y entonces buscó ella en torno suyo alguien a quien dedicar su afecto, hallándolo en la persona de su joven compañero de juegos. Más tarde, cuando Hanold no tuvo ya ojos para ella, su amor, en lugar de desaparecer, creció, pues con ello se igualaba Norberto a su padre, quedando, como éste, absorbido por la Ciencia y alejado por ella de la vida y de Zoe; circunstancias que permitían a la muchacha permanecer fiel aun dentro de la infidelidad, pues encontraba de nuevo a su padre en la persona amada y le era posible comprender a los dos en el mismo sentimiento, o, como pudiéramos decir, identificar a ambos en su sentir.

La justificación del pequeño análisis psicológico que antecede, y que pudiera parecer arbitrario, nos la ofrece el mismo poeta en un único, pero altamente característico, detalle de su obra. Cuando Zoe describe la transformación –tan dolorosa para ella– que en su antiguo compañero de juegos hubo de realizarse, le insulta burlonamente comparándole a un Archeopterix, alado monstruo antediluviano, perteneciente a lo que pudiéramos llamar Arqueología biológica. Ha hallado, pues, para la identificación de ambas personas una única expresión concreta, y su enfado hiere al amado y al padre simultáneamente con la misma palabra. El Archeopterix es, por decirlo así, la representación transaccional o media, en la que coincide la idea de la necedad del amado con la del análogo defecto del padre.

Muy distinto es el proceso que se verificó en el joven. La Arqueología se apoderó de todas sus facultades y apartó su interés de toda mujer distinta de las de piedra o bronce. De este modo, la amistad infantil naufragó en lugar de intensificarse hasta constituir una pasión, y sus recuerdos de aquel tiempo cayeron en tan profundo olvido, que no reconocía ya ni prestaba, por tanto, la menor atención a su compañera de juegos cuando la encontraba en sociedad. Sin embargo, teniendo en cuenta todo lo después ocurrido, podemos poner en duda que sea «olvido» la justa calificación psicológica de la suerte que tales recuerdos corrieron en la memoria de nuestro arqueólogo. Existe un género de olvido que se caracteriza por lo difícil que resulta, aun a los más enérgicos estímulos exteriores, despertar el recuerdo, como si una resistencia interna se opusiera a su resurgimiento. Este olvido ha recibido en la Psicopatología el nombre de «represión», y el caso que el poeta nos presenta en su obra parece ser un ejemplo de este género. Ahora bien: no sabemos si el olvido de una impresión se halla ligado siempre a la desaparición de la correspondiente huella mnémica *(Erinnerungspur)* en la vida anímica; mas, en cambio, de la represión sí podemos asegurar con toda certeza que no coincide con la pérdida o extinción del recuerdo. Lo reprimido no puede, es cierto, surgir desde luego en calidad de recuerdo, pero conserva su capacidad funcional y eficiente, y provoca un día, bajo la influencia de un estímulo exterior, consecuencias que pueden considerarse como productos de la modificación de los recuerdos olvidados, y que de no interpretarlas en esta forma resultan incomprensibles. En las fantasías de Norberto Hanold sobre Gradiva creímos ver ya anteriormente ramificaciones de los recuerdos reprimidos de su amistad infantil con Zoe Bertgang. Tal retorno de lo reprimido debe esperarse con especial regularidad cuando a las impresiones reprimidas se halla adherido el sentir erótico del individuo; esto es, cuando lo que ha caído bajo el yugo de la represión es su vida amorosa. Estos casos dan la razón al viejo proverbio latino *naturam furca expellas, semper redibit,* que quizá en su origen se refería tan sólo a la expulsión por influencias exteriores y no a conflictos internos. Pero este proverbio no lo expresa todo, pues se limita a exponer el hecho del retorno de la parte de naturaleza expulsada, mas no describe la forma, harto singular, en que dicho retorno se verifica, como sirviéndose de una astuta traición. Precisamente aquello que es elegido como medio de la represión –como la *furca* del proverbio– se constituye luego en aportador de lo que retorna. En las fuerzas represivas y hasta en su misma íntima esencia es donde se impone, al fin, victorioso lo reprimido. Un conocido aguafuerte de Félicien Rops ilustra este hecho, poco tenido en cuenta, y al que se debía conceder toda su verdadera importancia, más impresionantemente que pudiera hacerlo una minuciosa explicación. El artista ha escogido para su obra el caso típico de represión en la vida de los santos y penitentes. Un ascético monje se ha refugiado –huyendo seguramente de las tentaciones del mundo– a los pies del Redentor, crucificado; pero la cruz va hundiéndose en sombras, y en su lugar aparece, radiante, la imagen de una bella mujer desnuda, también en actitud de crucificada. Otros pintores de menor agudeza psicológica han representado, en tales alegorías de la tentación, el pecado, irguiéndose, con la expresión de triunfo, junto a la imagen del Crucificado. Únicamente

Rops le ha hecho ocupar en la cruz el puesto mismo del Redentor, pareciendo saber que lo reprimido surge, en su retorno, del elemento represor mismo.

Resulta harto interesante observar en los casos patológicos la exquisita sensibilidad que en el estado de represión muestra la vida anímica del hombre para la percepción de la proximidad de lo reprimido, y ver cuán ligeras y sutiles analogías bastan para que detrás del factor represivo, y a través del mismo, adquieran efectividad tales elementos. Personalmente tuve una vez ocasión de observar en el ejercicio de mi actividad médica a un hombre joven, casi un adolescente, que tras una primera experiencia sexual indeseada huía de todos los deseos eróticos que en él surgían, y se servía para ello de diversos medios de la represión intensificando su amor al estudio, exagerando su infantil apego a su madre y adoptando, en general, una conducta pueril. No quiero exponer aquí con todo detalle cómo precisamente en su relación con su madre se abrió paso de nuevo la sexualidad reprimida; pero describiré, en cambio, un caso más extraño y original de otro individuo que vio destruidas sus obras de defensa contra el resurgimiento de lo reprimido por factores a los que jamás hubiera podido sospecharse capaces de tal efecto. Las matemáticas gozan de extendido renombre como disciplina apropiadísima para desviar la atención de lo sexual. Ya J. J. Rousseau recibió un día de una dama, a la que había disgustado, un consejo de este género, expresado con las palabras *Lascia le donne e studia la matemàtica*. En igual forma, el individuo a que nos referimos se entregó con redoblado celo, huyendo de sus ideas sexuales, al estudio de estas ciencias, hasta que un día el dominio que sobre su pensamiento había logrado desapareció por completo ante los enunciados de algunos problemas, de apariencia en absoluto inocente. Dos de estos enunciados pudieron reconstruirse más tarde. Era uno: «Dos cuerpos chocan uno contra otro con una velocidad, etc.», y el otro: «En un cilindro de un diámetro dado, inscribir un cono, etc.». Las alusiones sexuales contenidas en estos enunciados no hubieran seguramente sido descubiertas por ningún otro individuo; pero nuestro paciente al hallarlas se vio traicionado también por las matemáticas, y abandonó su estudio.

Si Norberto Hanold fuese una persona extraída de la realidad, que hubiese de este modo alejado por medio del estudio de la Arqueología el amor y los recuerdos de su amistad infantil, estaría de conformidad con las leyes de la represión el que precisamente fuese un bajorrelieve antiguo lo que despertase en él el olvidado recuerdo de aquella a la que antes amó con infantil sentimiento, y sería su bien merecido destino el enamorarse luego de la estatua de Gradiva, tras la cual, y merced a una semejanza aún no explicada, actúa la viviente Zoe, por él desdeñada.

La misma Zoe parece compartir nuestra interpretación del delirio del arqueólogo, pues la satisfacción que expresa al final de la larga reprimenda, «franca, extensa e instructiva», que a Norberto dirige, no estaría justificada sino por su comprensión del papel que sin que el mismo interesado tuviese la menor conciencia de ello ha desempeñado ella en el fantástico enamoramiento de Hanold. Esto es precisamente aquello de que no le creía capaz, y lo que reconoció en él, a pesar de todos los disfraces del delirio. Mas al llegar a este punto, el tratamiento psíquico a que Zoe había sometido a Hanold había ejercido ya su total efecto curativo, y el joven arqueólogo se sentía libertado por completo de su delirio, puesto que el mismo había sido sustituido por aquello, de lo cual no podía ser sino una disfrazada e insuficiente copia. Dándose perfecta cuenta de ello, no vacila ya el joven en evocar sus recuerdos y reconocer a Zoe como su buena, alegre y juiciosa compañera, que en el fondo en nada había cambiado. Pero había aún algo que le parecía altamente extraño...

–¿Que alguien tenga que morir para llegar a estar viva? –opinó la muchacha–. Pero eso es cosa exigida por tu actividad arqueológica.

Como se ve, no le había perdonado aún el rodeo que Hanold había efectuado, intercalando la Arqueología entre su amistad infantil y sus nuevas recientes relaciones.

–No, no es eso –replica Norberto–; me refiero a tu nombre. Bertgang significa exactamente lo mismo que Gradiva; esto es; «la que esplende al avanzar».

A esto sí que no nos hallábamos preparados. Nuestro héroe comienza ahora a abandonar su humilde postura y a desempeñar un papel activo. Se halla, desde luego, por completo curado de su delirio; lo ha superado y nos lo demuestra rompiendo los últimos hilos del fantástico tejido. Exactamente del mismo modo se conducen aquellos enfermos a los que se ha libertado de la obsesión de sus pensamientos delirantes por medio del descubrimiento de lo reprimido que tras los mismos se ocultaba. En el instante en que comprenden esta relación aportan, espontáneamente y por medio de ocurrencias que surgen con gran rapidez en ellos, las soluciones de los últimos y más importantes secretos de su singular estado. Ya hubimos de sospechar anteriormente que el origen griego de la fantástica Gradiva era un oscuro efecto del nombre griego Zoe; pero no nos habíamos atrevido a tocar el nombre de Gradiva, dejándolo pasar como una libre creación de la fantasía de Norberto Hanold. Y he aquí que precisamente este nombre se nos muestra como una consecuencia y hasta, en realidad, como una traducción del reprimido apellido de la amada infantil, aparentemente olvidada.

La derivación y la solución del delirio quedan ya logradas por completo. Lo que a seguidas nos cuenta el poeta se encamina tan sólo a la armónica conclusión de la obra. Con relación a lo por venir ha de hacernos un agradable efecto el que la rehabilitación del hombre que tan lamentable papel de enfermo necesitado de curación desempeñó ante nosotros, continúe avanzando hasta hacer posible que surjan en él aquellos afectos de los que hasta entonces no ha sido sino pasivo objeto. Y así sucede, en efecto. Hanold, continuando el diálogo que surge al terminar Zoe su reprimenda, despierta los celos de la muchacha hablándole con elogio de la joven señora que antes, en la casa de Meleagro, perturbó su coloquio, y confesándole que ha sido aquélla la primera mujer que en todo su viaje ha hallado bella y simpática. Zoe, celosa, quiere entonces despedirse fríamente de Hanold, exclamando:

—Ahora que ya todo ha vuelto a ser razonable, incluso yo misma, puede ir en busca de Gisela Hartleben, o como ahora, de casada, se llame, y auxiliarla con sus conocimientos científicos durante su estancia en Pompeya. Yo tengo que ir al «Albergo del Sole», donde papá me espera. Adiós, y hasta que nos veamos en alguna reunión en Alemania o en la luna.

Pero Hanold, tomando de nuevo como pretexto una mosca que dice haberse posado en el rostro de Zoe, la besa en la mejilla y luego en los labios, poniendo en práctica la agresión sexual, obligado deber del hombre en los juegos de amor. Una sola vez parece caer aún una sombra sobre su felicidad: cuando Zoe le dice que tiene realmente que ir a reunirse con su padre que estará esperándola, muerto de hambre, en el hotel.

—Y tu padre, ¿qué va a decir?

Mas la inteligente muchacha sabe desvanecer en seguida la preocupación de Hanold.

—Mi padre no hará ni dirá, probablemente, nada. No soy ningún ejemplar indispensable en su colección zoológica; si lo fuese, quizá mi corazón no se hubiese unido al tuyo tan imprudentemente.

Mas si el padre fuera de la opinión contraria, habría aún un medio seguro de arrancarle el consentimiento. No necesitaba Hanold más que ir a la isla de Capri, cazar allá un *lacerta faraglionensis* por el medio que ella le enseñaría, soltar al pequeño animal en los alrededores de

Pompeya, cazarlo luego de nuevo ante los ojos del zoólogo y darle a elegir entre él y Zoe. Esta proposición de la muchacha, en la que se transparenta una burlona ironía mezclada con cierta amargura, contiene una advertencia para Hanold: la de no copiar con excesiva fidelidad al modelo por el que Zoe le ha elegido. Pero Norberto tranquiliza las dudas que aún pudiéramos abrigar respecto a este punto, pues manifiesta claramente la gran transformación que en él se ha realizado, llegando incluso a expresar el deseo de hacer con su Zoe el viaje de novios por Italia y Pompeya, como si jamás se hubiese indignado ante las parejas de recién casados que emprendían la misma excursión. De su memoria ha desaparecido por completo todo lo que contra tales felices parejas pensaba días antes y lo necio que le parecía el venir a pasear su ternura a más de cien leguas de sus patrias de origen. El presentarnos esta debilitación de la memoria como el más valioso signo de una transformación anímica constituye un nuevo acierto del poeta. Al proyecto de Hanold, «su amigo de la niñez, desenterrado como la misma Pompeya de entre las cenizas que lo sepultan», responde Zoe que para tales decisiones geográficas no se siente aún lo suficientemente viva.

La bella realidad ha vencido, pues, por completo al delirio; mas antes de abandonar Pompeya quieren los amantes honrar por última vez a la pasada fantasía. Llegados a la puerta de Hércules, donde al comienzo de la *Strada consolare* atraviesa la calle una hilera de gruesas piedras, se queda Hanold atrás y ruega a la muchacha que pase precediéndole. Comprende ella su pensamiento, y alzando un poco su vestido con la mano izquierda, la Gradiva rediviva –Zoe Bertgang–, seguida por la mirada ensoñadora de su enamorado, cruzó la calle con aquel su dulce paso sereno, bajo la vibrante luz del claro sol meridional.

Con el triunfo del erotismo reconocemos y damos su justo valor a lo que en el delirio era bello y digno de estimación. En la última metáfora citada:

> el amigo de la infancia desenterrado de entre las cenizas que lo sepultaban,

nos ha dado el poeta la clave del simbolismo que el delirio del protagonista utilizó para disfrazar el recuerdo reprimido. No existe, en realidad, analogía mejor para la represión que el sepultamiento, pues hace inaccesible algo anímico, pero al mismo tiempo lo conserva, lo mismo que a Pompeya las cenizas que la sepultaron y de entre las cuales resurgió en las excavaciones. Por esta razón era obligado que el joven arqueólogo situase imaginativamente en esta ciudad el modelo del bajorrelieve que le recordaba, aunque inconscientemente, a su olvidada amada infantil. Mas el poeta obra muy justificadamente no penetrando en esta profunda casualidad interna y limitándose a permanecer en la valiosa semejanza que su sutil sensibilidad le hacía percibir entre un trozo de vida psíquica individual y un aislado suceso de la historia de la Humanidad.

2

Al emprender el presente estudio dijimos que nuestro propósito se limitaba a investigar, con ayuda de ciertos métodos analíticos, los dos o tres sueños incluidos en la obra de Jensen. Parece, pues, que al llevar a cabo, como lo venimos haciendo, el análisis de la totalidad del novelesco relato y el de los procesos psíquicos de sus dos protagonistas, rebasamos los límites a que pensábamos concretar nuestra labor. Pero es necesario tener en cuenta que tales análisis constituyen una ineludible investigación preliminar y que también cuando queremos llegar a comprender los sueños efectivos de una persona real tenemos que conceder gran atención al carácter y a los destinos de dicha persona, penetrando no sólo en aquellos sucesos de su vida próximos a la fecha del sueño, sino, asimismo, en su más lejano pasado. Por tanto, antes de entrar en lo que constituye el nódulo de nuestro presente estudio, deberemos todavía dar fin al análisis de conjunto iniciado en el capítulo precedente y llevar a cabo otros trabajos preliminares.

Sin duda, habrá sorprendido a nuestros lectores ver que, hasta ahora, hemos considerado las manifestaciones y actividades psíquicas de Norberto Hanold y de Zoe Bertgang como si éstos fuesen individuos reales y no ficciones poéticas o como si el entendimiento del poeta fuera un medio totalmente neutro, incapaz de ejercer acción ninguna deformadora. Este nuestro proceder ha de resultar tanto más extraño cuanto que Jensen renuncia desde un principio a toda pretensión de verosimilitud al dar a su obra el título de «fantasía». Pero a pesar de esto, nos parece constituir el poético relato tan fidelísima copia de la realidad, que no presentaríamos la menor objeción si, en lugar de titularlo de dicho modo, lo hubiese calificado de estudio psiquiátrico.

Únicamente en dos ocasiones ha hecho uso el poeta de su indiscutible derecho a apartarse de las normas reales. Es la primera cuando hace hallar al joven arqueólogo un bajorrelieve que, a pesar de ser auténticamente antiguo, reproduce no sólo la singular posición del pie en la marcha, sino también los rasgos fisonómicos y las formas corporales de una persona que vive muchos siglos después, llegando esta semejanza hasta el punto de que al hallarse Hanold ante tal persona la puede tomar por la escultura misma a la que se hubiera infundido vida. La segunda de tales libertades es la de hacerle encontrar a Zoe precisamente en Pompeya, lugar en el que su fantasía había situado a la muerta Gradiva, siendo así que al trasladarse a Italia lo que hacía era alejarse de la Gradiva viva, a la que había visto pasar por las calles de la ciudad en la que tenía establecida su residencia. Mas esta segunda libertad del autor no parece, de todos modos, alejarse excesivamente de las posibilidades reales, pues puede muy bien justificarse por la intervención de la casualidad, que innegablemente desempeña un importantísimo papel en los destinos de muchos hombres. Además, en este caso, adquiere el azar un bello sentido poético no muy apartado de lo efectivo, pues refleja aquella fatalidad singular, pero frecuente en la vida humana, que convierte nuestra huida en el medio más seguro de tropezar con aquello que deseábamos eludir. Así, pues, lo único que en la obra de Jensen nos parece constituir algo por completo fantástico y arbitrario es el dato que le sirve de punto de partida; o sea, la amplia semejanza de la escultura con la muchacha viva; semejanza que quizá encontrásemos más verosímil si el autor la hubiese limitado exclusivamente a la posición del pie en la marcha. Siendo así, lograríamos quizá, poniendo en juego nuestra propia fantasía, constituir un enlace de tal coincidencia con la realidad. Primeramente, el apellido Bertgang podía deber su origen al hecho de haberse singularizado en los tiempos antiguos las ascendientes femeninas de Zoe por su bello modo de andar, y en segundo lugar, la raza germánica de los Bertgang podía descender de una estirpe romana a la que perteneciera la mujer que había inspirado al artista la idea de fijar en mármol aquel gracioso paso. Dado que las variaciones de la forma humana no son independientes unas de otras y que el resurgimiento, en épocas modernas, de los tipos antiguos tal y como los hallamos en los museos constituye un hecho efectivo y probado, no sería totalmente imposible que una Bertgang moderna mostrase un minucioso parecido con una antigua ascendiente suya. Claro es que más prudente que abandonarse a estas especulaciones sería interrogar al autor mismo sobre las fuentes de que surgió esta parte de su creación, pues de este modo lograríamos hacer más profunda nuestra inteligencia de la misma y fijar nuevamente como determinadas y regulares muchas de las cosas que aún nos parecen en ella por completo arbitrarias. Mas no siéndonos permitido el acceso a las fuentes de la vida anímica del poeta, dejaremos intacto su derecho a fundar un desarrollo totalmente verosímil en una hipótesis inverosímil, derecho del que, por ejemplo, hizo también uso Shakespeare en su *Rey Lear*.

Excepción hecha de estos detalles, insistimos en que la obra de Jensen constituye un estudio psiquiátrico en el que se nos muestra hasta qué punto puede llegar nuestra comprensión de la vida psíquica, y, al mismo tiempo, una especie de historial clínico que parece destinado a la demostración de determinadas teorías fundamentales de la psicología médica. Pero no dejaría de ser muy extraño que hubiese sido ésta la intención del poeta; lo más probable es que, interrogado él mismo sobre esta cuestión, negara haber concebido siquiera tal propósito y en este caso resultaría que siendo, a veces, fácil establecer analogías inexistentes y colocar sin fundamento alguno una obra bajo una determinada etiqueta, seríamos nosotros los que, erróneamente, habríamos atribuido a la bella fábula poética un sentido en el que jamás pensó el autor. No deja esto de ser posible, pero ya volveremos sobre ello más adelante. Por ahora, nos limitaremos a hacer constar que para guardarnos de caer en tal interpretación tendenciosa hemos cuidado de reproducir en nuestra síntesis, siempre que podíamos hacerlo, el texto mismo del original, y cuando esto no era factible, nos hemos ceñido en todo momento y con toda fidelidad al relato del poeta. Aquellos que quieran comparar nuestro resumen con el original de Jensen no tendrán más remedio que ratificar estas afirmaciones.

Seguramente estarán en mayoría los que opinen que calificando de estudio psiquiátrico la obra de que aquí nos ocupamos hacemos a su autor un flaco servicio. El poeta –oímos decir– debe evitar todo contacto con la Psiquiatría y dejar al médico el cuidado de describir los estados patológicos. Mas, en realidad, todos los poetas dignos de tal nombre han transgredido este precepto y han considerado como su misión verdadera la descripción de la vida psíquica de los hombres, llegando a ser, no pocas veces, precursores de la ciencia psicológica.

Por otro lado, el límite entre los estados anímicos normales y los considerados como patológicos es tan convencional y variable, que seguramente todos y cada uno de nosotros lo traspasamos varias veces en el curso de cada día.

Volviendo ahora nuestros ojos al campo de la Psiquiatría observamos que constituiría un error de la misma el concretarse con exclusividad al estudio de las graves enfermedades originadas por considerables trastornos del delicado aparato anímico. Así, pues, aquellas otras anormalidades más ligeras y susceptibles de compensación, a las que por ahora tenemos que considerar como debidas a una perturbación del funcionamiento de las energías psíquicas, constituyen también objeto de estudio para dicha ciencia y forman precisamente el punto de referencia que facilita la comprensión, tanto de lo normal como de los síntomas de perturbaciones graves. Todo esto nos demuestra que el poeta no puede por menos de ser algo psiquiatra, así como el psiquiatra algo poeta, y, además, que puede muy bien tratarse poéticamente un tema de Psiquiatría y poseer la obra resultante un pleno valor estético y literario.

Esto es, en efecto, lo que sucede en la obra que nos ocupa, y que no es sino la exposición poética de la historia de una enfermedad y de su acertado tratamiento.

Una vez terminada la síntesis que del relato de Jensen hemos efectuado y satisfecho el interés que su trama despierta en el lector, podemos examinarlo con mayor atención y analizarlo cuidadosamente, empleando el tecnicismo de nuestra disciplina, labor en la que necesariamente hemos de incurrir en repeticiones.

El estado de Norberto Hanold es calificado repetidas veces de «delirio» por el propio autor del relato poético, y nosotros no tenemos motivo ninguno para rechazar esta calificación. Dos caracteres principales, aunque no únicos, distinguen al «delirio» de otras perturbaciones. En primer lugar, pertenece a aquel grupo de estados patológicos que no ejercen una inmediata influencia sobre el soma, sino que se manifiestan tan sólo por síntomas anímicos; en segundo lugar, se caracteriza por el hecho de que en él adquieren las «fantasías» el supremo dominio; esto es, encuentran fe en el sujeto e influyen sobre sus actos. Así, el viaje de Norberto a Pompeya en busca de las peculiares huellas de Gradiva constituye un excelente ejemplo de un acto ejecutado bajo el dominio del delirio. El psiquiatra incluiría quizá la perturbación de Hanold en el amplio grupo de las paranoias y la calificaría de «erotomanía fetichista», por hallar su rasgo más saliente en el enamoramiento inspirado por la figura escultórica al arqueólogo y parecerle sospechoso de «fetichismo» el interés que muestra por los pies y el pisar de las personas femeninas. Mas no hay que olvidar que todas esas calificaciones y divisiones del delirio, basadas en el contenido del mismo, son harto inseguras e inútiles[1].

El severo psiquiatra marcaría después a nuestro héroe con el estigma de «degenerado», fundándose en la facilidad con la que su singular enamoramiento se convierte en avasallador delirio, y se dedicaría en seguida a investigar las taras hereditarias que habían llevado a Hanold a tal estado patológico. Pero aquí –y con razón– no le sigue el poeta. Lo que éste desea es aproximar a nosotros al protagonista de su relato, facilitando así nuestra «proyección simpática» *(Einfühlung)*, y con el diagnóstico de «degeneración», justificado o no científicamente, habría de producirse un efecto contrario, quedando el joven arqueólogo separado por completo del núcleo de los hombres normales, y, por tanto, de los lectores. Tampoco las condiciones preliminares, hereditarias y constitucionales del estado de Hanold preocupan mucho al poeta, que, en cambio, ahonda en el estado de ánimo personal que puede dar origen a tal delirio.

En una cuestión muy importante es la conducta de Hanold en absoluto diferente de la de los hombres normales. Las mujeres de carne y hueso no presentan para él interés ninguno, pues la ciencia, a cuyo servicio se ha colocado por entero, se ha apoderado de tal interés y lo ha desplazado sobre las mujeres de piedra o de bronce, circunstancia que no debemos considerar como una singularidad indiferente, dado que constituye el dato fundamental que sirve de punto de partida a todo el relato. En efecto, sucede que una de aquellas muertas figuras femeninas atrae a sí todo aquel interés erótico al que sólo una mujer viva hubiera tenido derecho, y de este modo aparece el delirio. Ante nuestros ojos se desarrolla luego el proceso por el que merced a una feliz coincidencia queda curada esta perturbación, desplazándose de nuevo, pero inversamente, el interés; o sea, desde la piedra hasta la mujer viva. Lo que no nos deja ver el poeta es por qué influencias ha llegado nuestro héroe al estado de apartamiento de la mujer en que desde el primer instante nos lo muestra, y sólo nos indica que tal conducta no queda explicada por su idiosincrasia, que, por el contrario, entraña una gran parte de necesidad fantástica y –nos atreveríamos nosotros a añadir– erótica. También vemos, más tarde, que en su niñez no huía de otros niños y mantenía una estrecha amistad infantil con una muchachita, mostrándose inseparable de ella, partiendo con ella sus meriendas, forcejeando con ella en sus juegos y dejando que le golpeara y tirara de los pelos. En este apego y esta reunión de la ternura con la tendencia agresiva se exterioriza el inmaduro erotismo de la vida infantil, que durante esta época sólo el médico o el poeta suelen reconocer como tal y cuyos efectos se manifiestan muy posteriormente, pero entonces con fuerza irreducible. Nuestro autor nos da claramente a entender que ésta y no otra es su propia interpretación de la infantil amistad de Hanold y Zoe, pues hace luego surgir en su héroe, en ocasión apropiada, un repentino interés vivísimo por el andar y la posición de los pies femeninos, interés que tanto la ciencia como las mujeres de la ciudad en que Norberto vive tienen que interpretar como una manifestación de «fetichismo», pero que para nosotros se deriva necesariamente del recuerdo de la infantil compañera. Zoe mostraba ya, seguramente, de niña, aquel paso peculiar en que el pie que quedaba atrás aparecía perpendicular al suelo y apoyado tan sólo en las puntas de los dedos, y precisamente por la representación plástica de este andar es por lo que un antiguo bajorrelieve adquiere para Norberto Hanold la inmensa importancia que conocemos. En toda esta derivación del singular fetichismo de Hanold se nos muestra el poeta de completo acuerdo con las opiniones científicas, pues desde A. Binet todos los investigadores de estas materias atribuimos la génesis del fetichismo a impresiones eróticas de la infancia.

El apartamiento duradero de la mujer produce en el sujeto la aptitud personal para la formación de un delirio, o, como diríamos técnicamente, la disposición al mismo. Dada esta disposición, el desarrollo de la perturbación anímica comenzará en el mismo momento en que una impresión casual despierte aquellos sucesos infantiles olvidados, que, aunque mínima, posean una huella de erotismo. Mas, al usar el término «despertar», cometemos una impropiedad, pues el proceso que se verifica realmente en estos casos posee un carácter muy distinto, como hemos de ver al traducir el relato del poeta a la terminología científica de nuestra disciplina psicológica. Norberto Hanold no recuerda, al contemplar la figura del bajorrelieve, haber visto ya en su infantil amiga aquel gracioso andar; no recuerda nada de esto, y, sin embargo, todo el efecto que el bajorrelieve ejerce sobre él reposa en su enlace con aquella impresión infantil. Así, pues, esta impresión deviene activa y comienza, incluso, a motivar efectos, pero no llega a la conciencia; esto es, permanece «inconsciente», como acostumbramos a decir usando un término ya imprescindible en la Psicopatología. Este término y el concepto a que corresponde quisiéramos verlos libres de las acostumbradas discusiones que todo neologismo y su significado suscitan, tanto entre los filósofos como entre los naturalistas, y que no suelen tener con frecuencia otra significación que la puramente etimológica. Haremos, pues, constar que con este calificativo de «inconsciente» nos referimos con exclusividad a aquellos procesos psíquicos que, comportándose activamente, no llegan, sin embargo, a la conciencia del sujeto. Si algunos pensadores quisieran negar como paradójica la existencia de tal inconsciente, tendríamos que suponer que no habiéndose ocupado jamás de los fenómenos anímicos de este género, seguían aferrados a la errónea creencia de que todo lo anímico que deviene activo e intenso se hace al mismo tiempo consciente. Tendrían, pues, que aprender lo que nuestro poeta sabe ya a maravilla; esto es, que existen procesos anímicos que, a pesar de ser muy intensos y provocar enérgicos efectos, permanecen alejados de la conciencia.

Indicamos antes que los recuerdos de su infantil camaradería con Zoe se hallan en Hanold en estado de «represión», y ahora los calificamos de recuerdos «inconscientes». Habremos, pues, de aclarar esta relación entre tales dos tecnicismos que, al parecer, hemos empleado como sinónimos. La explicación es harto sencilla. «Inconsciente» es el concepto amplio o general, y «reprimido», el especial o restringido. Todo lo que se halla reprimido es inconsciente, pero no de todo lo inconsciente podemos afirmar que se halla en estado de represión. Si al ver el bajorrelieve hubiera recordado Hanold el andar de su amiga Zoe, hubiera devenido en él, simultáneamente, activo y consciente, un recuerdo antes inconsciente, que, de este modo, hubiese demostrado que no se hallaba reprimido. «Inconsciente» es, por tanto, un término puramente descriptivo y en diversos aspectos indeterminado; pudiéramos decir que es un término «estático». En cambio, «reprimido» es una expresión «dinámica» que tiene en cuenta el juego de las fuerzas psíquicas y afirma la existencia de un impulso a exteriorizar todos los efectos psíquicos, entre ellos también los del devenir consciente; pero asimismo la de una fuerza contraria, una resistencia capaz de impedir una parte de estos efectos psíquicos, incluyendo nuevamente los de la percatación por la conciencia. La característica de lo reprimido es, precisamente, que, a pesar de su intensidad, no logra abrirse camino hasta la conciencia. En el caso de Hanold se trata, por tanto, desde el momento en que ve el bajorrelieve, de un inconsciente reprimido, o sea, simplemente, de algo reprimido.

En este estado de represión se hallan en Norberto Hanold los recuerdos de su trato infantil con la muchachita del bello andar, pero no es ésta aún la justa interpretación de la situación psicológica. Mientras no tratemos sino de recuerdos y representaciones, no habremos pasado de la superficie de la cuestión. Lo único que en la vida anímica tiene un valor son los sentimientos, y toda la importancia de las fuerzas psíquicas reside en su capacidad de hacerlos surgir. Si las ideas sucumben también a la represión, ello es tan sólo por su enlace con la producción de sentimientos, que deben ser evitados, o, más precisamente dicho, la represión recae sobre los sentimientos; pero éstos no nos son perceptibles sino en su enlace con las representaciones. Así, pues, al quedar reprimidos en Norberto Hanold los sentimientos eróticos, y dado que su erotismo no conoce o ha conocido otro objeto que en su niñez, Zoe Bertgang, quedan simultáneamente olvidados todos los recuerdos a la misma referentes. El antiguo bajorrelieve despierta luego este dormido erotismo y hace devenir activos a los recuerdos infantiles; mas a causa de una resistencia existente en Hanold contra el erotismo, no pueden los mismos adquirir eficiencia sino en calidad de inconscientes. Lo que a continuación se desarrolla en su intimidad psíquica no es sino una lucha entre el poder del erotismo y las fuerzas represoras, y aquello que de esta lucha surge al exterior es un delirio.

Nuestro poeta ha omitido fijar las causas que motivan la represión de la vida amorosa en su héroe, pues la continua abstracción del mismo en su disciplina científica es tan sólo el medio del que la represión se sirve para lograr sus fines. El médico tendría que profundizar más en este punto, aunque quizá no consiguiese mayores resultados. Lo que, en cambio, no ha dejado Jensen de exponer con todo acierto –y ya hemos acentuado antes la importancia de este hecho y la admiración que nos producía– es cómo el erotismo reprimido surge de nuevo precisamente de entre los mismos medios puestos al servicio de la represión. Como era debido, es una obra del arte antiguo, una figura escultórica femenina, lo que arranca a nuestro arqueólogo de su apartamiento del amor y le advierte la obligación de satisfacer a la vida la deuda que desde nuestro nacimiento pesa sobre nosotros.

Las primeras manifestaciones del proceso estimulado en Hanold por la contemplación del bajorrelieve son fantasías que giran en derredor de la persona en él representada, la cual se le muestra como algo «actual» en el sentido de haber reproducido el artista, «del natural», la viva figura de una mujer a la que hubiera visto a su paso por la calle. Continuando luego sus imaginaciones, da a la muchacha de la escultura el nombre de «Gradiva», formándolo a semejanza del apelativo que designaba al dios de la guerra dirigiéndose al combate –*Mars Gradivus*–, y poco a poco va dotándola de una detallada personalidad. Tiene que ser hija de un hombre considerable, quizá de un *patricio* que desempeñase un cargo religioso ligado al *culto* de una divinidad; su rostro posee rasgos que revelan su origen *griego,* y, por último, su apacible serenidad la hace incompatible con el bullicio de la populosa metrópoli romana. De este modo llega el arqueólogo a completar la imagen de la muchacha que sirvió de modelo al bajorrelieve y la sitúa en la tranquila Pompeya, en donde ve la figura cruzando las calles con su paso singular por encima de las grandes hiladas de piedras destinadas a facilitar el tránsito de los peatones. Estos rendimientos de la fantasía de Hanold se nos muestran harto arbitrarios; pero, al mismo tiempo, inocentes y nada equívocos. Todavía, más adelante, cuando de estas imaginaciones surge por vez primera un impulso a la acción; esto es, cuando el arqueólogo, obsesionado por el problema de si aquel gracioso andar puede o no hallarse en la realidad, comienza a observar a las mujeres que en su camino encuentra, mirando con toda atención el movimiento de los pies femeninos; todavía –repetimos– queda encubierta esta actividad por motivos científicos en él conscientes, como si todo su interés por la figura estatuaria de Gradiva se fundara en sus estudios profesionales de Arqueología. Claro es que las mujeres que con él se cruzan y a las que toma como objetos de su investigación tienen que interpretar de un modo muy distinto, groseramente erótico, su singular conducta, y nosotros no podemos por menos de concederles la razón. Mas para nosotros no cabe duda de que Hanold ignora tan en absoluto los motivos de su investigación como el origen de sus fantasías sobre la *Gradiva.* Estas últimas son, como después descubrimos, reminiscencias de sus recuerdos y transformaciones y deformaciones adoptadas por los mismos, después de haber intentado sin éxito abrirse paso, en forma no modificada, hasta la conciencia. El supuesto juicio crítico concebido por Norberto de que la estatua representaba algo «actual» no es sino una sustitución de su conocimiento de que aquel paso tan lleno de graciosa elegancia era la característica de una contemporánea suya a la que conocía ha largos años y que en la época «presente» andaba así por las calles. Tras de la impresión de que la figura estaba copiada «del natural» y la fantasía del origen heleno de Gradiva se esconde el recuerdo del nombre Zoe, que en griego significa «vida». Gradiva es –como el mismo Hanold nos lo dice al alcanzar su total curación– una buena traducción latina del germánico apellido Bertgang, que significa tanto como «la que esplende al avanzar». Los detalles fantásticos sobre la personalidad del padre de Gradiva proceden del conocimiento de que Zoe Bertgang es hija de un reputado profesor de la Universidad, empleo que puede sin gran violencia traducirse a lo antiguo por el desempeño de un elevado cargo religioso. Por último, si la fantasía de Hanold sitúa a Gradiva en Pompeya, no es porque, como él cree, «lo exige así su apacible y sereno continente», sino porque no halla dentro de algo que tenga una relación con su ciencia arqueológica ninguna mejor analogía con aquel su singular estado en el que por un oscuro atisbo percibe vagamente los recuerdos de su amistad infantil. Habiéndose servido del pasado clásico para encubrir algo tan próximo a él como su propia infancia, el sepultamiento de Pompeya en el que las cenizas del Vesubio hacen desaparecer todo un pasado, pero al mismo tiempo lo conservan, constituye una excelente analogía con la «represión», de la que Hanold tiene conocimiento por una percepción que pudiéramos calificar de «endopsíquica».

> Me decía a mí misma que no dejaría de desenterrar aquí, por mi cuenta, algo interesante. Pero lo cierto es que el descubrimiento que en realidad he hecho... ni siquiera había cruzado por mi pensamiento.

Y más adelante habla Zoe de

> su amigo de la infancia, al que podía decirse que había desenterrado de entre las cenizas de Pompeya.

De este modo hallamos ya en los primeros rendimientos de las fantasías y de los actos que el delirio inspira a Hanold una doble determinación, pues podemos derivarlos de dos distintas fuentes. Una de estas determinaciones es la que Hanold supone y de la que tiene perfecta conciencia. La otra, inconsciente en él, es la que se nos revela al examinar sus procesos psíquicos. Derívase la primera, en su totalidad, del círculo de representaciones de la ciencia arqueológica, y, en cambio, la segunda procede de los recuerdos infantiles reprimidos, puestos en actividad en Hanold y de los impulsos sentimentales con ellos enlazados. Por último, la determinación consciente es como superficial y encubre por completo a la otra, que se esconde tras de ella. Pudiera decirse que la motivación científica sirve de pretexto a la erótica inconsciente y que la ciencia se ha puesto por entero al servicio del delirio. Pero no debe olvidarse que la determinación inconsciente no puede llevar a cabo más que lo que simultáneamente consienta la científica. Los síntomas del delirio –fantasías y actos– no son otra cosa que transacciones entre las dos corrientes anímicas opuestas, y en una transacción se satisface siempre una parte de las exigencias de cada uno de los contendientes, pero también cada uno de ellos tiene que renunciar a parte de lo que quería conseguir. Allí donde llega a constituirse una transacción es que ha habido una lucha, que en este caso es el conflicto que ya descubrimos entre el erotismo reprimido y los poderes que en tal estado lo mantienen. Una vez surgido el delirio, este conflicto puede muy bien no terminar jamás. Ataque y resistencia se renovarán tras de cada formación transaccional, y ninguna de éstas llegará a ser considerada suficiente. Esto lo sabe también nuestro poeta y por ello deja que en su héroe domine siempre durante este estadio de la perturbación un sentimiento de insatisfacción y un singular desasosiego, que son garantías y anticipaciones de nuevos síntomas del delirio.

Estas importantes singularidades, o sea, la doble determinación de fantasías y decisiones y la formación de pretextos conscientes para la ejecución de actos cuya motivación depende, en su mayor parte, de lo reprimido, nos saldrán al paso en páginas más avanzadas de este estudio, con mayor frecuencia y quizá mayor claridad que hasta ahora, pues el poeta se sirve de ellas con todo acierto para exponer el carácter principal y constante de los procesos anímicos patológicos.

El delirio de Norberto Hanold recibe un nuevo impulso con un sueño que, no hallándose motivado por ningún nuevo suceso, parece proceder en su totalidad de su vida anímica, en pleno conflicto. Mas antes de examinar si el poeta muestra, como esperamos, una profunda comprensión de los sueños en la construcción de aquellos que atribuye al protagonista de su obra, debemos preguntarnos qué es lo que la ciencia opina de sus hipótesis sobre la génesis de un delirio y cuál es la posición que la misma adopta frente al papel desempeñado por la represión y por lo inconsciente, y frente al conflicto psíquico y la formación de transacciones. Queremos, pues, averiguar en concreto si la exposición poética de la génesis de un delirio puede ser aprobada por la crítica científica.

La respuesta, quizá inesperada, a estas interrogaciones es la de que, desgraciadamente, sucede todo lo contrario: la ciencia es la que queda vencida por la creación del poeta. Entre las condiciones preliminares, hereditarias y constitucionales, y las creaciones del delirio, que aparecen ya como algo totalmente acabado, deja la ciencia una considerable solución de continuidad, que en la concepción poética no existe. La ciencia no sospecha siquiera la importancia de la represión, no reconoce que para el esclarecimiento de los fenómenos psicopatológicos se precisa en absoluto de lo inconsciente y no busca el fundamento del delirio en un conflicto psíquico ni tampoco considera los síntomas del mismo como una formación de transacciones. Así, pues, el poeta ¿se hallará aislado frente a toda la ciencia? No, por cierto; las cosas no llegan hasta tal punto, siempre que se permita al autor de estas líneas contar sus propios trabajos entre los de orden científico, pues desde hace largos años –y hasta la última época casi solitariamente[2]– defiende todas aquellas teorías que aquí ha extraído de la obra de

Jensen y ha expuesto en términos de su tecnicismo profesional. Con particular minuciosidad hemos señalado, como condición individual de la perturbación psíquica en aquellos estados conocidos con los nombres de histeria y obsesión, la represión de una parte de la vida instintiva y de las representaciones correspondientes al instinto reprimido, teoría que luego hemos aplicado, asimismo, a algunas formas del delirio[3]. El problema de si los instintos que deben ser tenidos en cuenta en esta causación son siempre componentes del instinto sexual o pueden también ser de diferente género no atañe para nada al análisis de la *Gradiva,* pues en el caso elegido por el poeta es seguro que no se trata sino de la represión del sentimiento erótico. Los puntos de vista del conflicto psíquico y de la formación de síntomas por transacciones entre las dos corrientes anímicas en lucha han sido deducidos por nosotros de la observación directa y el tratamiento médico de casos patológicos, observación a la que lo mismo hubiéramos podido someter al personaje creado por Jensen[4]. La atribución de los rendimientos patológicos de las enfermedades nerviosas, y especialmente de las histéricas, al poder de pensamientos inconscientes, fue efectuada, antes que por nosotros, por P. Janet, discípulo del gran Charcot, y luego, con nuestra colaboración, por el doctor J. Breuer, de Viena[5].

Cuando, en los años siguientes al de 1893, nos entregamos a tales investigaciones sobre la génesis de las perturbaciones anímicas, no se nos había ocurrido, ciertamente, buscar en la obra de los poetas una confirmación de los resultados que obteníamos, y, por tanto, fue muy grande nuestra sorpresa cuando al leer la *Gradiva* publicada en 1903, vimos que el autor basaba su creación en aquellos mismos datos que nosotros suponíamos alumbrar por vez primera de las fuentes de la experiencia médica. ¿Cómo pudo entonces el poeta llegar a idéntico conocimiento que el médico o, por lo menos, a conducirse como si dicha identidad existiera?

Dijimos antes que el delirio de Norberto Hanold recibía un nuevo impulso merced a un sueño que tiene una noche en la época en que se halla dedicado a buscar por las calles de su ciudad una mujer cuyo paso semeje el de su Gradiva. El contenido de este sueño puede exponerse en pocas palabras. El durmiente se encuentra en Pompeya el día preciso en que la ciudad es sepultada por las cenizas y lavas del Vesubio. Comparte las angustias de los aterrorizados habitantes, pero no corre por sí mismo peligro alguno. De repente ve pasar a Gradiva y se da cuenta, hallándolo por completo natural, de que siendo Gradiva pompeyana, vive en su ciudad natal y «sin que él lo hubiese sospechado, en la misma época que él». Sintiendo el peligro que la amenaza, le grita como para prevenirla y ella vuelve por un instante su rostro. Pero sin parar mientes en Hanold, sigue adelante, reclinándose sobre la escalinata del templo de Apolo y siendo enterrada allí por la lluvia de cenizas, después que su rostro ha palidecido como si se convirtiera en mármol, hasta parecer por completo el de una estatua. Al despertar Norberto de su sueño supone que el ruido de la populosa calle a la que da su alcoba es lo que él ha creído en su alucinación onírica los gritos de auxilio de los habitantes de Pompeya y el rugir del mar embravecido. Largo tiempo después de despertar le obsesiona aún el sentimiento de haber vivido realmente aquello que ha soñado, y la convicción de que Gradiva vivió en Pompeya y murió en el día funesto de la catástrofe permanece como un resto de aquel sueño, en calidad de nuevo agregado de su delirio.

Menos fácil es averiguar lo que el poeta se proponía con este sueño y lo que le ha llevado a ligar precisamente con un fenómeno onírico el desarrollo del delirio. Laboriosos investigadores han reunido ejemplos bastantes de cómo la perturbación mental se enlaza a los sueños y surge de ellos[6], y también en las vidas de hombres sobresalientes se nos relata que sueños que tuvieron crearon en ellos impulsos a hechos importantes y motivaron enérgicas decisiones. Pero nuestra comprensión no avanza grandemente por tales analogías. Permanezcamos, pues, en nuestro caso, limitándonos al sueño atribuido por el poeta al arqueólogo Norberto Hanold y busquemos los puntos de contacto que el mismo habrá de tener con la totalidad del relato, si es que no lo hemos de considerar como un innecesario adorno de la trama novelesca.

Quizá al llegar a este punto afirmen nuestros lectores que tal sueño es fácilmente explicable, pues se trata simplemente de una pesadilla motivada por el ruido que hasta la alcoba llega y que el arqueólogo, obsesionado por su Gradiva pompeyana, transforma nada menos que en el clamor de la catástrofe que sepultó a la antigua ciudad. Dado el general desprecio en que se tienen los rendimientos del sueño, se suele limitar el intento de explicarlos a buscar un estímulo exterior que pueda haber provocado una parte de su contenido. Así, pues, en nuestro caso el estímulo externo provocador del sueño sería aquel mismo ruido que luego despierta al durmiente. Con esto quedaría resuelto lo referente al sueño de Hanold y satisfecha la curiosidad que en nosotros hubiese hecho surgir. Únicamente nos falta una razón para suponer que la ciudad se mostraba más ruidosa aquella mañana que de costumbre. Pero no tenemos dato alguno para sospecharlo, ni tampoco el poeta nos facilita el camino, comunicándonos, por ejemplo, que Hanold había dormido aquella noche, contra su costumbre, con la ventana abierta; no existiendo ninguno de estos datos y no siendo una pesadilla cosa tan fácilmente explicable, no podemos dar por satisfecha nuestra curiosidad con la solución que precede.

La relación con un estímulo sensorial exterior no es nada esencial para la formación de un sueño. El durmiente puede no tener en cuenta para nada tal estímulo, puede ser despertado por él sin antes haber formado con él ningún sueño y puede también entretejerlo en un sueño, como sucede en el caso que ahora examinamos cuando, por otros motivos cualesquiera, lo cree conveniente. Además, existen numerosos sueños en los que no es posible hallar tal determinación por un estímulo exterior que llega hasta los sentidos del durmiente. Vemos, pues, que debemos buscar el esclarecimiento del sueño por otros caminos.

Quizá hallemos esta explicación en la huella que el sueño deja en la vida despierta de Hanold. Hasta aquel momento, su idea de que Gradiva era natural de Pompeya no había pasado de ser una fantasía suya. Pero después de su sueño se convierte tal hipótesis en una convicción, a la que se añade la certeza de que la bella muchacha fue víctima de la catástrofe que en el año 79 sepultó la ciudad. Este progreso del delirio aparece acompañado de melancólicos sentimientos, que constituyen algo como un eco de la angustia de la pesadilla. Tal nuevo dolor por Gradiva no acaba de parecernos comprensible, pues aunque se hubiera salvado de la catástrofe de Pompeya, no por eso dejaría de haber pagado, hace muchos siglos, su tributo a la muerte. Así, pues, tampoco aquí hallamos camino alguno que nos pueda llevar a un esclarecimiento. De todos modos, haremos constar el hecho de que con el impulso que el delirio extrae de este sueño se enlaza una acentuación sentimental intensamente dolorosa.

Mas nuestras dudas no se aclaran con esto en modo alguno. Este sueño no se explica, pues, por sí mismo, y tendremos que decidirnos a recurrir a nuestra *Interpretación de los sueños** y aplicar al que ahora nos ocupa las reglas que en esta obra se prescriben para hallar el sentido de los fenómenos oníricos.

Una de tales reglas es la de que todo sueño se halla enlazado a las actividades que el sujeto desarrolló durante el día inmediatamente anterior. El poeta parece indicar que ha seguido esta norma al enlazar directamente el sueño con las investigaciones de Hanold sobre el andar femenino. Mas tales investigaciones no significan en el fondo otra cosa que la busca de Gradiva, a la que habrá de reconocer en su característico paso. De este modo, el sueño contendría una indicación del lugar en el que podrá Norberto hallar a su Gradiva. Y en realidad contiene tal indicación, pues se la muestra en Pompeya; pero esto no es ninguna novedad para nosotros.

Otra regla de la interpretación de los sueños nos dice que, cuando después de alguno de ellos se mantiene viva

---

* Alianza Editorial, Madrid, 2011 (1966).

por un tiempo desacostumbrado nuestra creencia en las imágenes oníricas, de modo que no podemos llegar a arrancarnos por completo del sueño, no debemos considerar este fenómeno como un error de juicio provocado por la intensidad de tales imágenes, sino como un acto psíquico independiente, equivalente a la afirmación de que una parte del contenido de nuestro sueño constituye un fiel reflejo de la realidad, y que, por tanto, obraremos con cordura prestándole completa fe. Si estas dos reglas son ciertas, el sueño de Hanold hablará de contener una indicación real y verdadera sobre la residencia de la buscada Gradiva. Veamos ahora si, aplicando a dichos sueños tales reglas interpretativas, obtenemos un resultado que presente un sentido admisible.

Así es, en efecto. Lo que sucede es que este sentido se halla de tal manera disfrazado, que a primera vista resulta difícil de reconocer. Hanold averigua en su sueño que Gradiva habita en una ciudad y vive en la misma época que él, cosas ambas que resultan verdaderas aplicadas a Zoe Bertgang, salvo que en el sueño no es tal ciudad aquella en que ella y Hanold viven, sino Pompeya, y que la época no es el presente, sino el año 79 de nuestra era. Los datos reales han sufrido, pues, una desfiguración por desplazamiento. En lugar de situar a la Gradiva en el «presente», traslada el sueño a Hanold a un lejano pretérito. Mas lo que de esencial y nuevo indica el fenómeno onírico es que «Hanold vive en el mismo lugar y en la misma época que la mujer a la que busca». ¿Para qué, entonces, la desfiguración y el disfraz que han de engañar sobre el sentido real del sueño y sobre su verdadero contenido tanto al sujeto del sueño como a nosotros mismos?

Afortunadamente poseemos ya los medios de dar a esta interrogación una satisfactoria respuesta.

Recordemos todo aquello que sobre la naturaleza y el origen de las fantasías, en su calidad de precursoras del delirio, hemos dicho hasta aquí, o sea que son sustituciones y ramificaciones de recuerdos reprimidos, a los que una resistencia impide llegar intactos a la conciencia, pero que consiguen abrirse paso hasta ella eludiendo la censura por medio de modificaciones y deformaciones que los hacen irreconocibles. Una vez llevada a cabo esta transacción, quedan convertidos dichos recuerdos en fantasías, cuyo sentido interpretará erróneamente el sujeto, dejándose llevar por la influencia de la corriente psíquica dominante. Representémonos ahora a las imágenes oníricas como creaciones delirantes fisiológicas del hombre, o sea, como los resultados transaccionales de aquella lucha entre lo reprimido y lo dominante que existe con seguridad en todo individuo, aun en los de mayor salud anímica. Siendo así deberemos considerar a dichas imágenes como algo desfigurado, tras de lo cual ha de buscarse algo no desfigurado, pero repulsivo, en cierto sentido, del mismo modo que detrás de las fantasías de Hanold buscamos y hallamos sus recuerdos reprimidos. La dualidad que de este modo descubrimos quedará expresada diferenciando aquello que del sueño recuerda el sujeto al despertar de lo que constituía el fundamento del mismo antes de la desfiguración por la censura, y dando a lo primero el nombre de *contenido manifiesto* y a lo segundo el de *ideas latentes* del fenómeno onírico. Interpretar un sueño equivaldrá, por tanto, a sustituir el contenido manifiesto por las ideas latentes, deshaciendo la desfiguración a que dichas ideas han tenido que someterse ante la censura de la resistencia. Aplicando estas reglas al sueño que nos ocupa hallamos que la idea latente del mismo tiene que ser como sigue: «La muchacha que posee aquel bello andar que buscas vive realmente en la misma ciudad que tú». Pero en esta forma no podía esta idea hacerse consciente, pues tropezaba con el obstáculo de que una fantasía había establecido, como resultado de una anterior transacción, que Gradiva habitaba en Pompeya. Por tanto, si el hecho real de la simultaneidad de lugar y tiempo había de ser expresado, no quedaba otro camino que admitir la desfiguración siguiente: «Tú vives en Pompeya en la misma época que Gradiva», y ésta es entonces la idea que el contenido manifiesto del sueño dramatiza y muestra como una realidad vivida en presente.

Sólo en muy raros casos es un sueño la exposición o, como pudiéramos decir, la escenificación de una única idea. La mayor parte de ellos exponen toda una serie de las mismas en complicada trama. De este modo podemos extraer aún del sueño de Hanold otro de los componentes de su contenido, fácilmente reconocible a través de su desfiguración y que, por tanto, nos revela la idea latente a la que representa. Es éste un fragmento del sueño que refleja fielmente la realidad. Antes de quedar enterrada bajo la lluvia de cenizas va convirtiéndose Gradiva poco a poco en estatua ante los ojos de Hanold; metamorfosis que no es sino una significativa y poética exposición del proceso verdadero. Hanold había trasladado su interés desde la mujer viva a la estatua; esto es, la mujer amada se le había convertido en la pétrea figura de un bajorrelieve. Las ideas latentes de este fragmento del sueño, que tienen que permanecer inconscientes, desean llevar a cabo la transformación inversa de esta figura en la mujer viviente, y su sentido aproximado será como sigue: «Si te interesas por el relieve de Gradiva es tan sólo porque te recuerda a Zoe, presente y viva en tu misma ciudad». Pero si esta idea se hiciese consciente traería consigo el término del delirio.

Vistos los resultados que anteceden, ¿habremos de continuar sustituyendo en igual forma, para alcanzar la interpretación deseada, cada uno de los fragmentos del contenido manifiesto del sueño por ideas inconscientes? Creemos que sí, pues en la interpretación de un sueño verdaderamente soñado no deberíamos eludir esta labor si querríamos obtener un satisfactorio resultado. Además, en tal caso tendría el sujeto que coadyuvar a nuestro análisis comunicándonos todas sus asociaciones a cada uno de los elementos de su sueño. Claro está que tales requisitos no pueden ser cumplidos en un ente de ficción creado por el poeta; pero, de todos modos, no podemos contentarnos con la labor verificada hasta aquí, pues nos queda todavía por someter a interpretación el contenido principal del sueño de Hanold.

Este sueño es, desde luego, una pesadilla o sueño de angustia. De contenido temeroso, hace experimentar al sujeto sensaciones de angustia y deja tras de sí, como resto, dolorosos sentimientos. Esta circunstancia complica considerablemente nuestra labor aclaratoria y nos obliga a recurrir más de lo que esperábamos a nuestra teoría sobre la interpretación de los sueños, la cual nos advierte ante todo que no debemos caer en el error de derivar la angustia que en un sueño sentimos del contenido del mismo, dando a éste equivocadamente igual categoría que a un contenido de representaciones de la vida despierta. En segundo lugar, nuestro arte interpretativo nos llama la atención sobre las muchas veces que soñamos cosas espontáneas, sin experimentar por ello la menor sensación de angustia. Lo que sucede es que la verdadera esencia de estos sueños es muy distinta de lo que generalmente se supone. La angustia de la pesadilla corresponde a un efecto sexual, a una sensación libidinosa como, en general, toda angustia nerviosa, y surge de la libido por el proceso de la represión. En la interpretación del sueño habrá, pues, que sustituir la angustia por la excitación sexual. La angustia surgida de este modo ejerce –no siempre, mas sí con gran frecuencia– una acción seleccionadora sobre el contenido del sueño, y lleva a éste elementos que la interpretación consciente y equivocada del sueño considera apropiados para producir la sensación angustiosa. Mas, como ya antes hemos advertido, no es esto lo que siempre sucede, pues existen muchas pesadillas cuyo contenido no es nada temeroso, y en las que, por tanto, no puede explicarse la sensación de angustia por la percatación de algo horrorizante.

Sé que esta explicación de la angustia en el sueño parece harto extraña y no encuentra fácil aceptación; pero creo que es la única acertada, y, por tanto, he de aconsejar a mis lectores que traten de familiarizarse con ella. No dejaría de ser curioso que ya el sueño de Hanold aquí examinado pudiese esclarecerse aplicando a él esta hipótesis sobre la angustia onírica. Diríamos entonces que el anhelo erótico del joven arqueólogo entraba en actividad en él nocturnamente, realizando un enérgico esfuerzo para llevar a su conciencia el recuerdo de la amada y arrancarle así del delirio; pero al experimentar una nueva repulsa se transformaba en angustia, la cual a su vez llevaba al contenido del sueño las terribles imágenes que le suministraba la erudición histórica del durmiente. De este modo quedaba el real contenido inconsciente del sueño –la amorosa añoranza de la olvidada Zoe– transformado en el contenido manifiesto, que hace presenciar al durmiente la catástrofe de Pompeya y la muerte de Gradiva.

Creemos que hasta aquí resulta admisible nuestra interpretación. Pero pudiera pretenderse que si las ideas latentes de este sueño poseen el carácter de deseos eróticos, habrá de ser posible señalar también en el contenido manifiesto del mismo algún indicio de dicho carácter. Quizá un detalle posterior de la poética narración pueda suministrarnos claramente tal indicio. En el primer encuentro de Hanold con la supuesta Gradiva recuerda el arqueólogo su sueño y dirige a la aparición el ruego de que se recline en la escalinata como entonces la había visto hacer[7]. Mas al oír la extraña demanda se levanta indignada la joven y se aleja de su singular interlocutor, a través de cuyas palabras, inspiradas por el delirio, ha adivinado un incorrecto deseo erótico. A mi juicio, debemos hacer nuestra esta interpretación de Zoe-Gradiva y considerarnos satisfechos con la indicación que nos proporciona sobre el carácter erótico de uno de los componentes del sueño manifiesto de Hanold, pues creemos que tampoco en un sueño real podríamos exigir una exposición más precisa de los deseos eróticos latentes.

Por todo lo que antecede vemos que aplicando al primero de los sueños de Hanold nuestras reglas interpretativas hemos conseguido llegar a la perfecta comprensión de los principales rasgos del mismo y hallar su enlace lógico con el resto del novelesco relato. Habremos, pues, de suponer que el poeta ha creado el sueño de su protagonista ciñéndose a tales reglas, y sólo podremos ya preguntarnos por qué razón introduce en su obra tal sueño como motivación de un nuevo desarrollo del delirio del arqueólogo. A nuestro juicio, también esto constituye un ingenioso acierto de Jensen y un fiel reflejo de la realidad, pues sabemos que en los casos patológicos reales se enlaza frecuentemente la formación de un delirio con un sueño del sujeto. Además, después de nuestro esclarecimiento de la esencia de los sueños, no necesitamos ver un nuevo problema en esta circunstancia. El sueño y el delirio proceden de la misma fuente; esto es, de lo reprimido, y el sueño es, por decirlo así, el delirio fisiológico del hombre normal. Antes que lo reprimido haya devenido lo suficientemente fuerte para imponerse en la vida despierta en calidad de delirio, puede haber logrado su primera victoria aprovechando las más favorables condiciones, ofrecidas por el reposo nocturno, para surgir en forma de sueño de duradero efecto. Durante el reposo nocturno, la depresión de la actividad psíquica trae consigo la de la energía de la resistencia que los poderes psíquicos dominantes oponen a lo reprimido. Esta depresión es la que hace posible la formación de sueños, los cuales constituyen para nosotros el mejor acceso al conocimiento de lo anímico inconsciente. Al volver a constituirse las cargas psíquicas de la vida despierta y desaparecer, por tanto, el fenómeno onírico, lo inconsciente pierde de nuevo el terreno conquistado durante el reposo.

3

La obra de Jensen nos ofrece todavía otro sueño, cuya interpretación, encaminada a mostrar su incoherencia con el conjunto de procesos que constituyen la vida anímica del protagonista, presenta un interés aún mayor que la del anteriormente analizado. Pero adelantaríamos muy poco abandonando el hilo de la poética narración para entrar directamente en el examen de dicho sueño, pues todo aquel que quiera interpretar lo soñado por otra persona no puede por menos de ocuparse con el mayor detalle posible de los sucesos vividos por la misma, tanto en su vida interior como en la de relación social. Será, por tanto, mejor continuar como hasta ahora, ciñéndonos al desarrollo del relato y comentándolo con nuestras glosas.

La nueva creación del delirio, referente a la muerte de Gradiva en el sepultamiento de Pompeya, el año 79, no es la única consecuencia del primer sueño por nosotros analizado. Inmediatamente después del mismo decide Hanold emprender un viaje a Italia, y llevando a la práctica su decisión, se encuentra a los pocos días en Pompeya. Pero antes que esta resolución se le imponga tiene una singular aventura. Hallándose asomado a la ventana de su cuarto cree ver pasar por la calle una figura femenina semejante en un todo a Gradiva. Sin darse cuenta de que se halla a medio vestir, sale de su casa en pos de ella, pero el asombro y la burla de los transeúntes le obligan a retornar sin haber conseguido su propósito. De nuevo en su habitación, los trinos de un canario, cuya jaula cuelga en una ventana de la casa frontera, le sugieren la idea singular de que también él es un prisionero ansioso de libertad, y el viaje a Italia queda decidido y es emprendido inmediatamente.

El poeta ha cuidado de arrojar clara luz sobre este viaje de su héroe, llegando hasta hacer que el mismo Hanold se dé cuenta parcial de los íntimos procesos que lo motivan. Claro es que en un principio intenta justificar ante sí mismo su decisión con un pretexto científico, pero no logra engañarse por mucho tiempo. Sabe muy bien

> que el impulso a emprender aquel viaje había sido determinado en él por una sensación indefinible.

Un singular desasosiego hace que nada le satisfaga, y le lleva de Roma a Nápoles, y de aquí a Pompeya, sin que tampoco en este último lugar logre encontrarse a gusto. La necedad de los jóvenes matrimonios en viaje de novios le irrita sobremanera, y las moscas que pueblan los hoteles de Pompeya exacerban con su pegajosa obstinación su constante mal humor. Finalmente, acaba por comprender que

> su disgusto no depende tan sólo de circunstancias exteriores, sino que tiene en parte un origen íntimo.

Se da cuenta de su sobreexcitación y siente

> que se halla malhumorado porque le falta algo, sin que pueda precisar el qué. Y este mal humor lo va llevando él consigo a todas partes.

En tal estado de ánimo llega a rebelarse incluso contra la ciencia arqueológica, su dueña y señora. Durante su primer paseo, bajo el ardiente sol del mediodía por entre las ruinas de Pompeya, siente que

> no sólo ha huido de él toda su ciencia, sino que no tiene el menor deseo de volverla a hallar, pues su recuerdo de ella es lejanísimo, como pudiera ser el de una de esas viejas parientes, momificadas y tediosas, a las que se considera como los seres más inútiles y coriáceos de la Tierra.

Dando vueltas a estos desasosegados y confusos pensamientos halla de pronto, en el momento en que por vez primera ve andar a Gradiva entre las ruinas de la antigua ciudad, la solución de uno de los problemas referentes a su viaje. En este instante llega a darse cuenta «de algo que hasta el momento no había tenido conciencia». Si aun ignorando el impulso interior que le había decidido a emprender el viaje había partido para Italia, y sin detenerse en Roma ni en Nápoles había llegado hasta Pompeya, era con el propósito de buscar en esta ciudad las huellas de su Gradiva. Y precisamente las huellas en el propio estricto sentido de la palabra, pues el característico paso de la fantástica beldad debía de haber dejado una impronta inconfundible en la ceniza de las calles pompeyanas.

La minuciosidad con que el poeta expone todo lo referente a este viaje ha de invitarnos a esclarecer su relación con el delirio del protagonista y a precisar su significado e importancia dentro del conjunto de sucesos que la poética narración nos ofrece. Tal viaje obedece a motivos que el sujeto mismo desconoce al principio y sólo más tarde logra hallar, motivos que el poeta califica directamente de «inconscientes». Estas circunstancias constituyen un fiel reflejo de la realidad, pues ni siquiera es necesario hallarse presa de un delirio para obrar de tal modo. Constituye, en efecto, un hecho muy corriente, aun en personas de salud normal, el engañarse sobre los motivos de los propios actos y no percatarse de los mismos sino *a posteriori* en aquellos casos en que un conflicto entre varias corrientes sentimentales facilita tal confusión. Así, pues, el viaje de Hanold no obedece desde el primer momento sino a una tendencia favorecedora de su delirio, que le lleva a Pompeya para continuar allí su apasionada busca de Gradiva. Ya hemos visto y recordamos ahora que antes, e inmediatamente después del sueño, se hallaba el arqueólogo entregado por completo a tal actividad inquisitiva, y que el sueño mismo no era sino una respuesta, ahogada por su conciencia, a la interrogación de cuál pudiera ser el paradero de Gradiva. Mas un indeterminado poder, cuya naturaleza ignoramos por el momento, impide al principio el acceso a la conciencia del propósito inspirado por el delirio; de manera que la motivación consciente del viaje se ve forzada a basarse en insuficientes pretextos que de tiempo en tiempo tienen que ser renovados. El poeta nos plantea aquí un nuevo problema haciendo sucederse como casualidades, faltas de toda íntima conexión, el sueño, el paso de la supuesta Gradiva ante la casa de Hanold y la decisión al viaje bajo la influencia ejercida sobre el ánimo del arqueólogo por el canto del canario.

Con ayuda de las aclaraciones que hallamos después en las palabras de Zoe Bertgang llegamos a la comprensión de esta oscura parte del relato. La mujer que Hanold vio pasar desde su ventana, y a la que hubiera podido alcanzar en seguida, era verdaderamente el vivo original de la Gradiva escultórica, la propia Zoe, su vecina. El dato contenido en el sueño –«ella vive actualmente, y en la misma ciudad que tú»– hubiera, pues, podido recibir una evidente confirmación, que habría acabado con la interior resistencia del joven. Por otra parte, el canario, cuyo canto inspira a Hanold la idea de partir, pertenecía a Zoe, y su jaula se hallaba colgada en su ventana, frente a la casa de nuestro héroe. Éste, que, según la dolida acusación de la muchacha poseía el don de la «alucinación negativa», o sea, el arte de no ver ni reconocer a las personas que ante él se hallaban, tiene desde un principio que poseer el conocimiento inconsciente de todas estas circunstancias, que a nosotros nos son reveladas mucho después. Los signos de la proximidad de Zoe, o sea, su paso por la calle, y el canto de su canario tan cerca de la ventana del arqueólogo, refuerzan el efecto del sueño de Hanold, el cual, ante esta situación, tan peligrosa para su resistencia contra el erotismo, emprende la fuga. El viaje corresponde, pues, a una enérgica movilización de tal resistencia contra el ataque que el anhelo erótico lleva a cabo en el sueño y a un intento de fuga ante la amada, corpórea y presente. Prácticamente significa una victoria de la represión, que esta vez predomina en el delirio, como antes predominaba el erotismo en la actividad investigadora de Hanold sobre el andar femenino, inspirada también por la delirante perturbación. Pero a través de todas estas oscilaciones de la lucha se conserva siempre la naturaleza transaccional de los resultados. La huida a Pompeya, que ha de apartar a Hanold de Zoe, la Gradiva viviente, le conduce por lo menos a su sustitución: la Gradiva muerta. El viaje es emprendido ciertamente en contra de las ideas latentes, pero en cambio sigue el itinerario marcado por el contenido manifiesto del sueño. De este modo triunfa siempre el delirio en cada nueva lucha entre el erotismo y la resistencia.

Esta interpretación del viaje de Hanold como una fuga ante el amoroso anhelo que hacia la amada –tan cercana– va despertando en él, es la única que armoniza con sus estados de alma durante su estancia en Italia. La repulsa del erotismo, dominándole por completo, se manifiesta en su horror a los jóvenes matrimonios en viaje de novios. Un corto sueño que tiene durante su estancia en un «albergo» de Roma, y que es motivado por el tierno diálogo nocturno de una de estas parejas, oído a través del delgado tabique de su habitación, arroja *a posteriori* una viva luz sobre las tendencias eróticas de su primer sueño. En este otro se ve trasladado de nuevo a Pompeya, y también en el día de la erupción vesubiana, circunstancias que nos revelan su enlace con aquel primero, que ha continuado ejerciendo sobre el sujeto sus efectos durante todo el viaje. Mas entre las personas cuya vida amenaza la catástrofe no se encuentra ya Gradiva, ni tampoco él mismo, sino tan sólo el Apolo del Belvedere y la Venus capitolina, seguramente una irónica alusión a la amorosa pareja del cuarto vecino. El Apolo coge en sus brazos a la Venus y se aleja con ella, depositándola sobre un objeto situado en la oscuridad y que debe de ser un coche o un carro, pues a poco suena un «sordo chirrido» que va perdiéndose en la lejanía.

Este sueño no necesita arte ninguno para ser interpretado.

Nuestro poeta, del que ya hace tiempo sabemos que no incluye en su narración ningún rasgo ocioso o inútil, nos da aún otro testimonio de la corriente sexual que domina a Hanold en todo su viaje. Durante su largo vagar entre las ruinas pompeyanas no recuerda ni una sola vez

> haber soñado pocos días antes presenciar la erupción del Vesubio que sepultó a la ciudad el año 79.

Sólo cuando ve por vez primera a Gradiva recuerda de repente su sueño, y, al mismo tiempo, se percata del misterioso motivo de su viaje, inspirado por el delirio. Este olvido del sueño y la muralla alzada por las fuerzas represoras entre el mismo y los estados de alma de Hanold durante el viaje han de interpretarse como una clara indicación de que este último no ha sido emprendido obedeciendo a un estímulo directo del sueño, sino que, por lo contrario, constituye una rebelión contra el mismo; esto es, una manifestación de un poder anímico que no quiere saber nada del secreto sentido del sueño.

Mas, por otro lado, Hanold no halla alegría ninguna en esta victoria sobre su erotismo. El sentimiento reprimido conserva energía suficiente para vengarse de las fuerzas represoras, provocando sensaciones de displacer y estableciendo nuevas coerciones en el sujeto. De este modo, el deseo amoroso de Norberto es convertido en un atormentador desasosiego que le hace reputar insensato su viaje, y la verdadera motivación del mismo queda vedada a su percatación consciente, al mismo tiempo que su personalidad científica parece anularse en circunstancias en las que todo lo que le rodea debiera imponer un efecto contrario. Así, pues, el poeta nos muestra a su héroe, tras de su huida del amor, en un estado de confusión y desconcierto semejante al que suele aparecer en el período culminante de los estados patológicos, cuando ninguno de los poderes combatientes es lo suficientemente superior al otro para que la diferencia de sus energías pueda establecer un riguroso régimen anímico. Mas una vez que ha llevado la situación hasta este punto culminante, interviene para mitigar su tensión y resolverla, haciendo entrar en escena a Gradiva, la cual emprende la curación del delirio. Con su poder de dirigir a un feliz desenlace los destinos de las criaturas por él creadas, traslada el autor a Zoe a la misma ciudad en la que –precisamente huyendo de ella– se ha refugiado Hanold y corrige así la simpleza que el delirio inspiró a éste, haciéndole dejar la residencia de su amada viva por el sepulcro de la que en su fantasía la ha sustituido.

Con la aparición de Zoe Bertgang, que señala el punto culminante del relato, toma nuestro interés un distinto curso. Hasta este momento, hemos asistido al desarrollo de un delirio; ahora vamos a ser testigos de su curación. Lo primero que se nos ocurre preguntarnos ante esta nueva fase del relato es si el autor procederá con absoluta libertad al exponernos la historia de la curación de Hanold, o, por el contrario, se ajustará a las posibilidades reales. Las palabras de Zoe en su diálogo con su amiga no dejan lugar a duda sobre sus propósitos curativos. Pero, ¿cómo logrará llevarlos a cabo? Después de dominar la indignación que hubo de producirle el deseo expresado por Hanold de verla reclinarse para dormir «como entonces» sobre la escalinata del templo, retorna a la hora meridiana del siguiente día al mismo sitio y arranca al arqueólogo todos aquellos secretos de su delirante fantasía, cuyo desconocimiento le impidió explicarse su conducta del día anterior. Norberto le habla de su sueño, del bajorrelieve con la figura de Gradiva y del singularísimo modo de andar en que con ella coincide. Zoe acepta el papel de fantasma meridiano, que comprende ser el que el delirio de Hanold le atribuye, y, usando frases de doble sentido, señala discretamente al joven una nueva situación con respecto a ella, aceptando de sus manos la funeraria flor que él ha cortado sin propósito consciente y expresando su melancólico sentimiento por no ser rosas lo que Hanold le ofrece, como lo haría a una mujer viva.

Nuestro interés por la conducta de la prudente y juiciosa muchacha, que después de descubrir tras el delirio de Hanold, y como fuerza impulsora del mismo, el amor que ella le inspira decide curarle de su trastorno mental y hacer su esposo al hombre en que desde pequeña puso su corazón, queda, en esta parte del relato un tanto debilitado por la extrañeza que nos produce el grado a que el delirio del arqueólogo llega. La última creación de este delirio, o sea, la creencia de que Gradiva, muerta el año 79 de nuestra era, surge cotidianamente de su tumba para dialogar con él durante una hora, transcurrida la cual vuelve a la tierra; esta fantástica imaginación, que no se detiene ante la vista del calzado moderno de Zoe-Gradiva, ni ante su ignorancia del latín y del griego, y, en cambio, su conocimiento del alemán, idioma que no existía aún en la época del sepultamiento de Pompeya, parece justificar la denominación de «fantasía pompeyana» que Jensen da a su obra y excluir por completo toda posible verdad clínica. Mas a nuestro juicio, esta aparente inverosimilitud del delirio desaparece en cuanto reflexionamos un poco sobre las causas a que es debida nuestra impresión. Una gran parte de la culpa la ha tomado sobre sí el poeta, al presentar como punto de partida de su relato la total semejanza de Zoe Bertgang con la figura del bajorrelieve. Debemos, pues, cuidarnos de no desplazar la inverosimilitud de este antecedente sobre su consecuencia, o sea, el hecho de que Norberto tome a la muchacha por la propia Gradiva resucitada, error singular que necesariamente hemos de atribuir a la influencia perturbadora del delirio que a Hanold domina, pues el poeta no nos proporciona para él explicación racional alguna. Únicamente, y en calidad de circunstancias atenuantes de las extravagancias de su héroe, hace contribuir a ellas la influencia del ardiente sol de la Campania y la del fuerte vino del Vesubio. Pero el más importante de los factores que disculpan el estado de Hanold sigue siendo la facilidad con la que nuestro pensamiento se decide a aceptar un absurdo cuando tal aceptación satisface a sentimientos saturados de afecto. Es sorprendente, aunque en general no se le dé toda la importancia que posee, la facilidad con la que incluso personas de gran inteligencia muestran, bajo tales constelaciones psicológicas, reacciones propias de una parcial debilidad mental. Todo aquel que no posea una idea excesivamente alta de sí mismo podrá observar esto en su propia persona, sobre todo cuando una parte de los procesos mentales que someta a tal observación dependan de motivos inconscientes o reprimidos. Citaré aquí lo que sobre esta cuestión me escribió un filósofo:

> También yo he comenzado a anotar los errores en que personalmente incurro, actos irreflexivos que motiva uno *a posteriori* y por cierto harto irracionalmente. Es asombrosa, pero típica, la cantidad de tonterías que de este modo descubrimos en nosotros mismos.

Añádase ahora a todo esto que la creencia en los espíritus, apariciones y fantasmas, que tanto apoyo encuentra en todas las religiones, a alguna de las cuales hemos pertenecido todos, por lo menos de niños, no ha desaparecido por completo, ni aun entre las clases cultivadas, muchos de cuyos miembros encuentran todavía posible conciliar el espiritismo con la razón. Por otro lado, hasta los más incrédulos en estas materias vuelven con gran facilidad a aceptar las más groseras supersticiones cuando en circunstancias emocionantes se hallan ante algo que les parece inexplicable. Sé de un médico que había perdido a una de sus pacientes, atacada de la enfermedad de Basedow, y no podía alejar de su ánimo la sospecha de que quizá por una imprudente medicación había él contribuido al funesto desenlace. Un día, varios años después, entró en su gabinete de consulta una muchacha en la que, a pesar de toda su resistencia a tales supersticiones, tuvo que reconocer a la enferma fallecida. Durante unos instantes se le impuso la idea de que era cierto que los muertos retornaban a la Tierra, pero las primeras frases de la supuesta aparición desvanecieron su terror, dejándole avergonzado y confuso ante su pueril falta de reflexión. La visitante no era sino una hermana de la muerta y padecía igual dolencia. Sabido es que los atacados de la enfermedad de Basedow presentan todos cierto parecido en sus rasgos fisonómicos, y en el caso presente, este parecido típico se agregaba al familiar. Diré ahora que el médico de esta historia soy yo mismo, y que, por tanto, no me es posible rechazar la posibilidad clínica del delirio en que Norberto Hanold cree ver en Zoe a Gradiva resucitada. Por último, todo psiquiatra sabe perfectamente que en los casos graves de delirio crónico (paranoia) construyen los enfermos con sorprendente ingeniosidad y sutileza los mayores absurdos.

Después de su primer encuentro con Gradiva visitó Hanold los dos hoteles que en Pompeya le eran conocidos y bebió vino en ellos mientras los demás huéspedes almorzaban.

> Naturalmente, no le pasó por la imaginación ni un solo momento la insensata sospecha

de que obraba así para averiguar en qué hotel vivía Gradiva; pero claro es que, aunque él se lo oculte a sí mismo, es éste el sentido de su conducta. El día en que por segunda vez pasa la hora del mediodía dialogando con Gradiva en la casa de Meleagro, le suceden infinidad de cosas aparentemente sin conexión alguna entre sí: halla una estrecha hendidura en el muro del pórtico por donde desapareció Gradiva, tropieza con el extravagante cazador de lagartijas, que le dirige la palabra como a persona conocida; descubre una tercera hospedería, el «Albergo del Sole», cuyo huésped le hace comprar como legítima una fíbula que dice haber hallado en las excavaciones, junto a los restos de una muchacha pompeyana, y, por último, encuentra en su hotel a una joven pareja, que supone hermano y hermana, y que despierta su simpatía. Todas estas impresiones se entretejen para formar el siguiente sueño, «singularmente desatinado»:

> Gradiva se hallaba sentada al sol, y mientras fabricaba, con un largo tallo de hierba, un lazo para cazar una lagartija, decía: «Estate quieto un momento. Mi colega tiene razón. Este medio es realmente eficaz, y *ella* lo ha empleado con éxito».

Contra este sueño se rebela Hanold aun antes de despertar, pensando que constituye un completo desatino y esforzándose en libertarse de él, cosa que al fin consigue con el auxilio de un invisible pájaro que, lanzando un grito semejante a una risotada, se apodera de la lagartija y se la lleva en el pico.

Intentaremos también llevar a cabo la interpretación de este sueño, o sea, sustituirlo por las ideas latentes de cuya deformación tiene que haber surgido. Ante todo, observamos que constituye un completo absurdo, carácter casi general en los sueños y en el que se apoya la teoría que les niega la cualidad de actos psíquicos independientes y los hace surgir de una arbitraria excitación de los elementos psíquicos.

Podemos aplicar a este sueño la técnica regular de la interpretación onírica, consistente en no ocuparse de la aparente conexión de los elementos del sueño manifiesto, sino investigar por separado cada uno de ellos y buscar su origen latente por medio de los datos que nos proporcionen las impresiones, recuerdos y ocurrencias libres del sujeto. Mas como no podemos someter a Hanold a tal examen, tendremos que contentarnos con inquirir la relación de los elementos del sueño manifiesto con sus impresiones y sustituir tímidamente nuestras propias ocurrencias a las suyas.

Gradiva se halla sentada al sol, cazando lagartijas, y dice... ¿A qué impresión de las recibidas por Hanold aquella tarde alude esta parte de su sueño? Indudablemente, a su encuentro con el cazador de lacértidos, el cual se hallará, pues, en el sueño, sustituido por Gradiva. Hanold lo halló sentado o tumbado en la «soleada» vertiente de una colina, y fue también interpelado por él. Las frases que el sueño pone en boca de Gradiva son, asimismo, copia de las que dicho individuo dirigió a Norberto:

 —El medio que mi colega Eimer ha inventado para cazarlos es excelente. Yo lo he experimentado ya varias veces con éxito satisfactorio. Estese usted quieto un momento.

Estas mismas palabras son las que luego pronuncia Gradiva en el sueño, sustituyendo al colega Eimer por una «colega» suya, a la que no nombra, omitiendo el «varias veces» de la segunda frase y alterando ligeramente el orden del discurso. Parece, pues, que esta aventura de la tarde anterior ha sido transformada en sueño por medio de algunas modificaciones y deformaciones. Mas, ¿por qué precisamente ésta? ¿Y qué significan las deformaciones, la sustitución del viejo señor de las lagartijas por Gradiva y la introducción de un nuevo personaje: la misteriosa «colega»?

Es regla general de la interpretación onírica que las palabras incluidas en el sueño proceden siempre de frases oídas o pronunciadas por el sujeto en la vida despierta. Esta regla parece haber sido observada en el caso que nos ocupa, pues las palabras de Gradiva no son sino una modificación de las que Hanold oyó por la tarde al zoólogo. Otra regla de dicha interpretación expresa que la sustitución de una persona por otra o la mezcla de dos distintas, colocando a una de ellas en una situación de la que la otra ha sido sujeto, significa una equiparación de ambas y equivale a la expresión de una coincidencia existente entre ellas. Aplicando este nuevo precepto a nuestro caso, tendríamos la siguiente interpretación: «Gradiva caza lagartijas como aquel viejo zoólogo y, como él, sabe el medio de aprisionarlas». Pero esto no nos resulta todavía comprensible. Volvámonos, pues, hacia otro de los problemas que el sueño plantea. ¿A qué impresión de Hanold durante el día anterior debemos referir aquella «colega» de Gradiva que sustituye al «colega Eimer», del que habló el zoólogo? El campo en que escoger se halla aquí harto limitado, afortunadamente. Gradiva no puede referirse, al hablar de una «colega» suya –esto es, de otra muchacha–, más que a aquella simpática recién casada que Norberto creyó hermana del joven que con ella viajaba.

> Llevaba en el pecho una roja rosa de Sorrento que despertó en él un indefinible recuerdo, pero por más que meditó, le fue imposible precisarlo.

Esta observación del poeta nos da derecho a suponer que la «colega» a que Gradiva alude en el sueño es, en efecto, la joven recién casada, pues aquello que Hanold no lograba recordar no era seguramente otra cosa que las palabras de la supuesta Gradiva, cuando al pedirle la blanca rama de asfódelo, añadió que a otras mujeres más dichosas que ella se les ofrecían rosas. Pero en estas palabras se transparenta claramente una amorosa solicitación. ¿Qué «caza» será, pues, la que con tanto éxito ha llevado a cabo aquella más feliz colega?

Al día siguiente sorprende Hanold a los supuestos hermanos fundidos en tierno abrazo y se ve obligado a rectificar su error. Como más adelante vemos confirmado, cuando la pareja interrumpe con su aparición la tercera entrevista de Hanold y Zoe, se trata, nuevamente, de unos recién casados en viaje de novios. Admitiendo que Hanold, creyéndolos conscientemente hermanos, descubriera desde un principio, en su inconsciente, la verdadera relación que entre ellos existía y que al siguiente día se le revela de un modo inequívoco, encontramos un excelente sentido para las palabras de Gradiva en el sueño. La roja rosa se convierte entonces en un símbolo de la relación erótica, y Hanold comprende que aquel hombre y aquella mujer son uno para el otro, lo que él y Gradiva han de llegar a ser; la caza de lagartijas adquiere la significación de la caza del hombre por la mujer, y las palabras de Gradiva querrán decir, aproximadamente: «Tú déjame hacer, y verás cómo yo sé tan bien como esa otra muchacha, encontrar un marido».

Mas, ¿por qué esta adivinación de los propósitos de Zoe tuvo que manifestarse en el sueño bajo la forma de las palabras del anciano zoólogo? ¿Y por qué la habilidad de la muchacha en la caza matrimonial hubo de ser representada por la del mismo en la caza de lagartijas? La respuesta a ambas interrogaciones es harto sencilla. Hace ya largo tiempo hemos adivinado que el cazador de lacértidos no es otro que el profesor de Zoología Ricardo Bertgang, padre de Zoe, al que Hanold tiene que conocer de antiguo, por lo cual nos explicamos que fuera interpelado por él, al encontrarlo, de una manera familiar. Habremos de admitir, asimismo, que Hanold, en su inconsciente, hubo de reconocer en seguida al zoólogo.

> Le parecía recordar oscuramente haber visto alguna vez la fisonomía del cazador de lacértidos, probablemente en alguno de los dos hoteles.

De este modo queda explicado el singular disfraz del propósito que el sueño atribuye a Zoe. Es la hija del cazador de lagartijas y ha heredado de él su habilidad.

La sustitución del zoólogo por Gradiva en el contenido del sueño es, por tanto, la exposición del parentesco de ambos reconocida por Hanold en su inconsciente; y la introducción de la «colega», en lugar del «colega Eimer», permite al sueño expresar la amorosa solicitación de la muchacha. El sueño ha fundido –o, como decimos técnicamente, condensado– en una sola situación dos diferentes sucesos del día inmediatamente anterior, con objeto de procurar una expresión –aunque harto irreconocible– a dos representaciones que no deben hacerse conscientes. Pero aún podemos proseguir nuestra labor interpretadora, aminorando la singularidad del sueño y descubriendo la influencia de los restantes sucesos del día sobre la formación del contenido manifiesto.

Podríamos declarar que no llegaba a satisfacernos la explicación dada hasta ahora al hecho de que la escena de la caza de lagartijas pase precisamente a constituir el nódulo del sueño, y sospechar que otros elementos más de las ideas latentes habían influido en la importancia que la «lagartija» adquiere en el contenido manifiesto. Y realmente pudiera muy bien suceder así. Recordemos que Hanold había descubierto en el muro del pórtico por donde Gradiva desapareció una hendidura que, aunque estrecha, «podía dejar paso a una persona de extraordinaria delgadez». Este descubrimiento provoca una modificación en el delirio de Hanold. Gradiva no se hunde ya en la tierra al desaparecer de su vista, sino que busca por aquella hendidura el camino hasta su tumba. En su pensamiento inconsciente tiene ahora Hanold que decirse que ha hallado la natural explicación de la sorprendente desaparición de la muchacha. Mas este introducirse y desaparecer por una estrecha hendidura, ¿no tiene, acaso, que recordar necesariamente las costumbres de los lacértidos? En efecto, Gradiva se comporta aquí como la más ágil y flexible lagartija. Opinamos, por tanto, que el descubrimiento de aquella hendidura coadyuvó a determinar la elección del elemento «lagartija» para su inclusión en el contenido manifiesto del sueño. La escena de la caza representaría, pues, tanto a esta impresión del día como al encuentro con el zoólogo, padre de Zoe.

Los resultados anteriores nos animan a buscar todavía en el contenido del sueño la representación de otra de las impresiones del día anterior que aún no hemos incluido en nuestra labor interpretadora: el descubrimiento del «Albergo del Sole». El poeta ha expuesto tan minuciosamente este episodio y ha hecho depender de él tantas cosas, que nos admiraría que fuese el único que no hubiese contribuido a la formación del sueño. Hanold entra en este «albergo», ignorado antes por su apartado emplazamiento y la distancia a que de la estación se halla, para tomar una botella de gaseosa que mitigue su estado congestivo. El dueño del «albergo» aprovecha la ocasión para ponderarle las antigüedades que tiene en venta, y le muestra una fíbula perteneciente –según dice– a aquella muchacha cuyo cuerpo fue hallado en las inmediaciones del Foro, unido en estrecho abrazo al de su amado. Hanold, que conocía esta historia y nunca le había prestado fe, se ve ahora impelido por una inexplicable fuerza a aceptar su verdad y la autenticidad de la fíbula; adquiere esta última y abandona el «albergo». Al salir, ve en una ventana un florero con una blanca y florida rama de asfódelo e interpreta la presencia en aquel lugar de la funeraria flor como una prueba de la autenticidad de su adquisición. Al mismo tiempo se le impone la convicción de que la fíbula perteneció a Gradiva y que ésta es la muchacha cuyo cuerpo fue descubierto junto al de su amado. Este pensamiento hace surgir en su ánimo atormentadores celos, que logra, por último, dominar, proponiéndose mostrar a Gradiva su fíbula al día siguiente y confirmar o desvanecer así sus sospechas. Todo esto constituye un singular nuevo desarrollo del delirio, del que necesariamente hemos de hallar alguna huella en el sueño de Hanold.

Ha de sernos muy útil para nuestra labor interpretativa llegar a la clara comprensión de este progreso del delirio, investigando las ideas inconscientes a las que el nuevo agregado delirante sustituye. Este agregado surge bajo la influencia del dueño del «albergo», cuyas palabras encuentran en Hanold una credulidad sólo comparable a la que se obtiene por sugestión. El avispado comerciante le muestra como auténtica y perteneciente a la muchacha, cuyos restos fueron hallados, confundidos con los de su amante, en las excavaciones practicadas cerca del Foro, una fíbula de metal, y Hanold, cuya erudición en estas materias le permitía, más que a cualquier otra persona, poner en cuarentena la autenticidad, tanto de la fíbula como de la amorosa historia, cree ambas cosas a pies juntillas y adquiere sin la menor vacilación la más que dudosa antigüedad. Esta conducta del arqueólogo resulta un tanto incomprensible y nada nos puede llevar a suponer que la personalidad del dueño del «albergo» pueda darnos la clave de este misterio. Pero en este episodio se nos muestra aún otro problema, y es sabido que, a veces, dos misterios suelen aclararse recíprocamente. Al salir del «albergo» ve Hanold una rama de asfódelo colocada en un florero sobre el pretil de una ventana e interpreta el encuentro de la blanca flor como una confirmación de la autenticidad de la fíbula. ¿Por qué? Afortunadamente, este último detalle resulta fácil de explicar. La florida rama es, sin duda alguna, la misma que al mediodía ofreció él a Gradiva, y es perfectamente natural que su presencia en la ventana del «albergo» constituya una confirmación de algo. Pero este algo no es, ciertamente, la autenticidad de la fíbula, sino otra cosa muy distinta que ya Hanold ha descubierto al hallar el «albergo», cuya existencia desconocía hasta el momento. El día anterior había visitado los dos hoteles que en Pompeya conocía, buscando, aunque sin confesárselo, en cuál de ellos viviría la mujer a la que había tomado por la resucitada Gradiva. Ahora, al tropezar tan inesperadamente con un tercer hotel, cuya existencia ignoraba, tiene que decirse, en su inconsciente, que allí es donde vive la mujer que él busca, y luego, al ver la florida rama, tiene que sentir confirmada aquella idea y ver en aquella ventana la del cuarto en que la misma habita. Éste sería, pues, el descubrimiento que, no debiendo hacerse consciente, es sustituido por el nuevo agregado delirante, pues implica que Gradiva es una persona real a la que conoció en época nada lejana, idea que no debe hallar paso hasta su conciencia.

Mas, ¿en qué forma se ha realizado la sustitución del nuevo conocimiento por el delirio? A mi juicio, afirmándose y conservándose el sentimiento de convicción inherente al nuevo dato, mientras que en lugar de éste –incapaz de conciencia– aparecía otro contenido de representaciones, ligado, sin embargo, a él por asociación mental. De esta manera entró en contacto el sentimiento de convicción con un contenido extraño a él, y este último logró, en calidad de delirio, una aceptación que no le correspondía. Hanold traslada su convencimiento de que Gradiva vive en aquella casa a otras impresiones que, hallándose en la misma, recibe, mostrándose de este modo crédulo a las palabras del huésped sobre la autenticidad de la fíbula y de la anécdota de los amantes pompeyanos, pero tal credulidad no se debe más que a la conexión que establece entre aquello que en el «albergo» oye y su amada Gradiva. Los celos, dispuestos a surgir en él ante el menor estímulo, se apoderan de este material y provocan, aun en contradicción con su primer sueño, el delirio de que Gradiva era aquella muchacha muerta en brazos de su amante y a la que la fíbula perteneció en vida.

Advertimos ahora que el último diálogo con Gradiva y la discreta solicitación amorosa de ésta por medio de su alusión a las flores que a otras mujeres se ofrecen, han provocado importantes modificaciones en Hanold. En él han despertado ya elementos de deseo viril, componentes de la libido, pero que no pueden aún prescindir de ocultarse tras de pretextos conscientes. Mas el problema de la constitución física de Gradiva, que le persigue durante todo este día, no puede negar su procedencia de la curiosidad erótica del adolescente por el cuerpo femenino, aunque en este caso la acentuación consciente de la singular oscilación de Gradiva entre la muerte y la vida dé a tal curiosidad un carácter científico. Los celos de Hanold son también un signo del despertar de su actividad amorosa y los exterioriza con su primera frase de la siguiente entrevista con Gradiva, en la cual, y con ayuda de un nuevo pretexto, se atreve ya a tocar el cuerpo de la muchacha y, como en épocas pasadas, a golpearla.

Es ya tiempo de que nos preguntemos si el camino seguido por el delirio en su génesis y desarrollo, tal y como lo hemos deducido de la exposición del poeta, es el que suele seguir esta clase de perturbaciones o, por el contrario, es totalmente imposible y caprichoso. Nuestra respuesta, fundada en el conocimiento médico de estas cuestiones, es la de que, en efecto, el camino indicado en la narración es acertado y hasta el único por el que el delirio puede llegar a aquella su firme aceptación por el sujeto, que constituye uno de sus caracteres clínicos. Esta fe que el enfermo presta a su delirio no depende de un trastorno de su capacidad de juicio ni procede tampoco de aquello que en el delirio es erróneo. Lo que sucede es que en todo delirio existe un grano de verdad, digno de completa fe, el cual constituye la fuente de la convicción del enfermo. Mas este elemento verdadero se halla ha largo tiempo reprimido, y si logra llegar a la conciencia es después de haber sufrido una deformación que le hace irreconocible. En cambio, como para compensar esta deformación, queda intensificado el sentimiento de convicción que le era inherente y que ahora viene a recaer sobre el sustitutivo deformado de lo verdadero reprimido, protegiendo a esto último contra todo ataque de la crítica. Así, pues, la convicción se desplaza desde lo verdadero inconsciente a lo erróneo consciente a ello ligado, y queda fija en tal lugar a consecuencia de este desplazamiento. El caso de deformación de delirio resultante del primer sueño de Hanold es un ejemplo de tal desplazamiento. Puede asimismo afirmarse que el proceso de génesis de la convicción, en el delirio que acabamos de describir, no es siquiera fundamentalmente distinto del que se realiza en los casos normales, cuando no entra en juego la represión. Todos adherimos nuestra convicción a contenidos mentales en los que se halla reunido lo verdadero con lo falso, y dejamos que la misma se extienda de lo primero a lo segundo, difundiéndose de lo verdadero a lo falso con ello asociado y defendiendo a esto último –aunque no tan invariablemente como en el delirio– contra la merecida crítica.

Volviendo ahora al sueño cuyo análisis nos ocupa, haremos resaltar un rasgo interesante que establece un enlace entre dos de los elementos del mismo. Gradiva había opuesto en cierto modo la blanca flor de asfódelo a la roja rosa. El reencuentro del asfódelo en la ventana del «Albergo del Sole» constituye una prueba importante del conocimiento inconsciente de Hanold, que se manifiesta en el nuevo delirio, y a todo esto se agrega el que la roja rosa que adorna el vestido de la simpática amiga de Zoe auxilia a Hanold para reconocer la verdadera relación de la misma con su acompañante, permitiendo esto que luego, en el sueño, surja como «colega».

Lo que aún no hemos hallado es dónde se encuentra, en el contenido manifiesto del sueño, la huella y la representación del descubrimiento realizado por Hanold de que Gradiva y su padre vivían en un tercer hotel que hasta entonces le era desconocido, descubrimiento que hemos visto sustituido por el nuevo delirio. Esta circunstancia aparece, sin embargo, en dicho contenido y ni siquiera excesivamente deformada. Ahora que no me he atrevido hasta este momento a indicarla, pues sé que incluso aquellos lectores que hayan tenido paciencia para seguirme hasta aquí han de resistirse enérgicamente a aceptar estas mis tentativas de interpretación. Sin embargo, repetimos, el descubrimiento de Hanold nos es comunicado por el sueño en su totalidad, pero se halla tan hábilmente ocultado, que necesariamente pasa inadvertido, pues se esconde tras de un juego de palabras o un equívoco. El dato del contenido manifiesto que hemos expresado en la frase «Gradiva se hallaba sentada al sol» lo hemos referido, justificadamente, lugar en que Hanold encontró al zoólogo, padre de Zoe. Pero, ¿no podrá significar que «en el Sol», esto es, en el «Albergo del Sole», vive Gradiva? Y la vaguedad de que se deja el lugar, del cual no se dice sino que está «al sol», siendo así que el sitio en que Hanold encontró al zoólogo podía haber aparecido perfectamente detallado en el sueño, ¿no será una fingida imprecisión encaminada a ocultar la verdadera naturaleza de este elemento, o sea, la precisa fijación de la residencia de Gradiva? Mi larga experiencia en la interpretación de sueños reales me hace considerar innegable esta significación de equívoco, pero no hubiera expuesto a mis lectores esta parte de mi labor interpretadora si el poeta no viniera aquí en mi auxilio, ofreciéndome su poderosa ayuda. En efecto, al día siguiente a este sueño, pone Jensen en boca de Zoe el mismo juego de palabras, dándole idéntico sentido al que nosotros le prestamos para la interpretación del elemento correspondiente del contenido manifiesto del sueño. Al enseñarle Hanold la fíbula, le pregunta Zoe si la ha encontrado «al sol» (o «en el Sol»: *im Sonne),* y añade que éste produce en aquellas tierras los más curiosos efectos cerebrales. Luego, al ver que Hanold no comprende sus palabras, le explica que se refiere al «Albergo del Sole», cuyo dueño hubo de mostrarle también a ella la fíbula que luego adquirió el arqueólogo.

Quisiéramos ahora intentar la empresa de sustituir el sueño de Hanold, «singularmente desatinado», por las ideas inconscientes tras él ocultas y que al pasar al contenido manifiesto han sufrido una deformación que las hace irreconocibles. Tales ideas latentes serían, aproximadamente, las que siguen: «Ella vive en el "Sol" con su padre. ¿Por qué juega conmigo de esta manera? ¿Querrá tan sólo burlarse de mí? ¿O será posible que me ame y quiera hacerme su esposo?». Esta última posibilidad es rechazada dentro del mismo sueño por el juicio en que el durmiente declara insensato todo aquello, juicio que en apariencia se extiende sobre el total contenido manifiesto de la alucinación onírica.

Nuestros lectores tendrán derecho a ejercitar su crítica preguntándonos ahora por la procedencia de la sospecha que aparece entre las ideas latentes de que Gradiva quiere quizá burlarse del durmiente, sospecha que hasta ahora no hemos fundamentado. A esto nos responde *La interpretación de los sueños* expresando que cuando en las ideas del sueño existe burla, desprecio o ironía, quedan exteriorizadas estas circunstancias por la desatinada constitución del contenido manifiesto, o sea, por el absurdo de éste. Esta insensatez del sueño no significa, pues, una paralización de la actividad psíquica, sino que es uno de los medios expositivos de que se sirve la elaboración onírica. Como ya en otras dificultades, acude aquí el poeta en nuestra ayuda. El desatinado sueño tiene un estrambote en el que un pájaro, lanzando un grito semejante a una aguda risa, se apodera de la lagartija y se la lleva en el pico. Pero este grito riente ya lo había oído Hanold en una ocasión al desaparecer Gradiva entre las ruinas. En realidad, fue Zoe la que rió al verse lejos de la presencia de Hanold y poder desprenderse de su grave y melancólico papel de aparición del otro mundo. Así, pues, Gradiva se había reído, efectivamente, de nuestro héroe. La escena del sueño en la que el pájaro se lleva al lagarto en el pico recuerda la de un sueño anterior en la que el Apolo del Belvedere se alejaba llevando en sus brazos a la Venus capitolina.

Quizá perdure en alguno de nuestros lectores la opinión de que la traducción de la caza de lacértidos por la idea de la solicitación amorosa no resulta suficientemente justificada. Mas en nuestro apoyo podemos citar aquí el hecho de que Zoe reconoce en su diálogo con su colega aquello mismo que de ella sospechan las ideas de Hanold, pues comunica a su amiga que estaba segura de «desenterrar» en Pompeya algo interesante. Con esta idea, próxima a la de «excavaciones arqueológicas», entra Zoe en el círculo de representaciones de la ciencia de Norberto, así como él entra en el campo de la Zoología con su metáfora de la caza de lacértidos. De este modo parece como si ambos tendieran uno hacia otro queriendo adoptar cada uno las ideas peculiares del ser amado.

Así, pues, habríamos conseguido llegar también a la interpretación de este segundo sueño. Ambos se han hecho accesibles a nuestra comprensión partiendo de la hipótesis de que el sujeto sabe en su pensamiento inconsciente todo aquello que el consciente ignora y juzga con acierto en el primero lo que en el segundo equivoca delirantemente. En esta labor hemos tenido que sentar algunas afirmaciones que, siendo completamente nuevas para el lector, han tenido que parecerle harto extrañas y han despertado en él, sin duda alguna, la sospecha de que atribuimos a la obra del poeta un sentido que sólo en nuestra imaginación existe. Mas nos hallamos dispuestos a emplear todos los medios posibles para desvanecer esta sospecha, y con este propósito insistiremos con mayor minuciosidad en uno de los puntos más oscuros y delicados; esto es, en el empleo de palabras y frases de doble sentido, como en el ejemplo: «Gradiva se hallaba sentada al sol» (o «en el Sol»: *im Sonne*).

Todo lector de la obra de Jensen tiene que observar con cuánta frecuencia coloca el autor en boca de los dos protagonistas frases de doble sentido. Hanold no tiene en cuenta al pronunciarlas más que uno solo de los sentidos en que las mismas pueden interpretarse, pero su interlocutora descubre el otro. Así, cuando la primera vez que la oye hablar, exclama: «¡Ya sabía yo que tu voz resonaba así!», y Zoe –ignorante aún del sueño anterior de Hanold– tiene que preguntarle cómo es eso posible, ya que nunca antes le había oído hablar. En la segunda entrevista interpreta Zoe equivocadamente por un momento el delirio de Hanold al oírle asegurar que la ha reconocido en el acto. Zoe tiene que dar a estas palabras el sentido que realmente tienen en lo inconsciente de Hanold; esto es, el de un reconocimiento de su pasada amistad infantil, mientras que el arqueólogo ignora en absoluto este alcance de sus palabras y las funda exclusivamente en su relación con el delirio que le domina. En cambio, las palabras de Zoe, en la que encarna el poeta la perfecta claridad espiritual contrapuesta al delirio del arqueólogo, poseen un doble sentido voluntario. Uno de los dos sentidos se ciñe al delirio de Hanold para facilitar la comprensión consciente del mismo, y el otro se eleva por encima de él y nos da realmente su traducción a la verdad consciente que representa. Constituye un triunfo del equívoco el poder expresar la verdad y el delirio por el medio de una sola forma expresiva.

Llenas de tales equívocos se hallan las frases en las que Zoe explica la situación a su amiga, al mismo tiempo que procura desembarazarse de su inoportuna presencia, frases que en realidad van dirigidas más a los lectores que a la feliz «colega» de la amorosa muchacha. En los diálogos con Hanold, el doble sentido se basa la mayor parte de las veces en que Zoe se sirve del simbolismo que ya encontramos en el primero de los sueños analizados, o sea, de la equivalencia de la represión con el sepultamiento y de Pompeya con la infantil amistad olvidada. De este modo puede Zoe conservar en sus palabras el papel que el delirio de Hanold le ha señalado, y al mismo tiempo referirse a las circunstancias reales y despertar en lo inconsciente de Hanold la comprensión de las mismas.

«Hace largo tiempo que me he acostumbrado a estar muerta» y «para mí es más apropiado recibir de tus manos la flor del olvido», son frases en las que se transparenta discretamente el reproche que luego surge con toda claridad en la catilinaria que le dedica en su última entrevista y en la que le compara con el Archeopterix. En otra:

–¿Que alguien tenga que morir para llegar a estar viva? Pero eso es cosa exigida por tu actividad arqueológica,

nos da Zoe, después de conseguir la curación de Hanold, la clave de sus anteriores equívocos. Pero cuando con más fortuna emplea este simbolismo es cuando pregunta:

–Me parece como si ya otra vez, hace dos mil años, hubiéramos partido de este modo el alimento. ¿No te acuerdas?,

interrogación en la que se nos muestran patentes la sustitución de la infancia por el pasado histórico y el esfuerzo por despertar en Hanold el recuerdo de la primera.

No deja de extrañar a primera vista esta singular preferencia por las frases de doble sentido en la obra de Jensen, y quisiéramos preguntarnos a qué razón obedece. Lejos de mostrársenos como una circunstancia casual aparece esta preferencia como consecuencia necesaria del desarrollo de la narración, y no es otra cosa que la forma correspondiente a la doble determinación de los síntomas, en tanto en cuanto las palabras lo son también y nacen, como ellos, de transacciones entre lo consciente y lo inconsciente. La única diferencia se halla en que este doble origen se muestra más claramente en las palabras que en los actos, y cuando se consigue –cosa que la maleabilidad del material verbal hace posible con frecuencia– procurar en la misma reunión de palabras una buena expresión para cada uno de los dos pensamientos que se desea exteriorizar, queda creado lo que llamamos un equívoco.

Durante el tratamiento psicoterápico de un delirio o de una perturbación análoga, produce el enfermo con gran frecuencia tales frases de doble sentido como nuevos síntomas fugitivos y puede a veces servirse el médico de ellas estimulando con el sentido consciente en el que el enfermo las pronuncia la comprensión de su verdadero sentido inconsciente. Sé por experiencia que este papel del equívoco suele ser rechazado con la mayor energía por los profanos en estas cuestiones y acostumbra a provocar los más groseros errores, pero el poeta ha obrado acertadamente exponiendo en su obra este rasgo característico de la formación de los sueños y los delirios.

4

Dijimos antes que la entrada en escena de Zoe y la realización de sus propósitos terapéuticos imprimían a nuestro interés un nuevo rumbo, despertando nuestra curiosidad por ver si el desarrollo de su tratamiento curativo se adaptaba o no a las posibilidades reales; esto es, si el poeta poseía de las condiciones de la curación del delirio un conocimiento tan justo y minucioso como el que había demostrado poseer de las correspondientes a la génesis del mismo.

Sin duda alguna se opondrá en este punto a nuestras opiniones una diferente teoría, que niega tal interés al caso expuesto por el poeta y se resiste a ver en él problema ninguno necesitado de aclaración, alegando que Hanold tenía obligadamente que renunciar a su delirio después de ver desvanecidas todas las creaciones del mismo por lo que constituía precisamente su objeto –la supuesta Gradiva– y explicados de un modo naturalísimo todos los misterios; por ejemplo, el de que la aparición conociera su nombre. Con esto quedaría desembrollada la novelesca trama; pero como uno de los elementos de la misma es el amor de Zoe al arqueólogo, el poeta, para satisfacción de sus lectoras, haría acabar en boda su relato. Mas si aceptamos las premisas que esta teoría intenta establecer, nos parecería más lógico igualmente posible un desenlace opuesto; esto es, que el joven erudito se despidiera cortésmente de Zoe, una vez curado de su delirio, y rechazara su amor, fundándose en que las antiguas esculturas femeninas de bronce o piedra, o las mujeres que para ellas sirvieron de modelo, despertaban en él un vivísimo interés cuando un maravilloso azar le permitía entrar en relaciones con ellas o siquiera imaginárselo; pero que, en cambio, sus propias contemporáneas de carne y hueso le dejaban por completo indiferente. Interpretando de este modo la obra de Jensen, e independientemente de que su desenlace fuera o no la boda de los protagonistas, siempre resultaría que el poeta había entretejido sin necesidad alguna, y con absoluta arbitrariedad, una historia de amor en una fantasía arqueológica.

Al rechazar, como imposible, tal interpretación, observamos que la transformación que se verifica en Hanold no depende exclusivamente del desvanecimiento de su delirio. Simultáneo y aun anterior a su vuelta a la normalidad es el resurgimiento de su instinto amoroso, que, como es natural, le encamina desde un principio a cortejar a la muchacha que le ha curado de su perturbación. Ya hicimos resaltar bajo qué pretextos y disfraces se manifiestan en él, todavía en medio de su delirio, la curiosidad sexual por el cuerpo femenino, los celos y el brutal instinto de aprehensión masculino, después que su reprimido deseo amoroso le ha sugerido el primero de los sueños analizados. Podemos aún agregar, como nuevo testimonio favorable a nuestras opiniones, el hecho de que en la noche siguiente a la segunda entrevista con Gradiva es la primera vez que durante todo el relato despierta simpatía en Hanold una mujer viva, aunque todavía tenga que hacer a su pasado horror a los recién casados la concesión de suponer a aquella mujer hermana del hombre que la acompaña. Mas a la mañana siguiente la casualidad le hace testigo de las caricias de la joven pareja, y viendo su error se retira respetuosamente como si hubiera estado a punto de interrumpir una ceremonia religiosa. La burla que antes le inspiraban los recién casados se ha trocado ya en respeto ante el amor.

De este modo ha establecido el poeta una íntima conexión entre el desvanecimiento del delirio y la resurrección del deseo erótico, preparando así el obligado desenlace amoroso. Más conocedor que sus críticos de la esencia del delirio, sabe que a la génesis del mismo han contribuido conjuntamente el deseo amoroso y la resistencia al mismo, y deja que la muchacha a la que encarga de la labor terapéutica se dé cuenta de aquellos componentes del delirio que han de serle gratos. Sólo el conocimiento de los mismos puede determinarla a consagrarse a dicha obra curativa, y únicamente la seguridad de que el arqueólogo puede moverla a confesar al mismo su recíproco amor. El tratamiento consistirá entonces en hacer llegar desde el exterior a la conciencia de Hanold aquellos recuerdos reprimidos que él no puede libertar en su interior. Mas este tratamiento fracasaría si la terapeuta no se apoyara en los sentimientos del enfermo y no pudiera encerrar la definitiva interpretación de su delirio en la siguiente frase:

–Mira, todo esto no significa sino que me amas.

El procedimiento que el poeta hace adoptar a Zoe para la curación del delirio de Hanold muestra, más que una amplia analogía, una total identidad con el método terapéutico que el doctor J. Breuer y el autor de estas líneas introdujeron en la Medicina el año 1895, y a cuyo perfeccionamiento he dedicado desde entonces todas mis actividades. Este tratamiento, denominado primero «catártico» por Breuer y calificado por mí preferentemente de «analítico», consiste en hacer llegar forzadamente, en cierto sentido, a la conciencia de los enfermos que padecen perturbaciones análogas a las de Hanold, lo inconsciente, a cuya represión se debe la enfermedad; técnica por completo igual a la que Gradiva aplica a los recuerdos, reprimidos en Hanold, de sus relaciones infantiles con ella. Cierto es que para Gradiva resulta este tratamiento harto más fácil que para el médico, pues su posición con respecto al enfermo es la más favorable al éxito terapéutico. El médico, que carece de todo anterior conocimiento del sujeto y no lleva en sí, como recuerdos conscientes, aquellos mismos elementos que inconscientemente se agitan en la intimidad psíquica del mismo, tiene que servirse de una complicada técnica para colocarse en igualdad de circunstancias. Deberá aprender, ante todo, a deducir con la mayor seguridad posible de las manifestaciones y confesiones conscientes del enfermo lo que en él se halle en estado de represión, y a adivinar lo inconsciente por las indicaciones contenidas en las palabras y actos del sujeto. Realizará, pues, algo análogo a lo que Hanold efectúa en las últimas escenas del relato, cuando lleva a cabo por sí mismo la interpretación del nombre de «Gradiva», y halla que no es sino una traducción del apellido mismo de Zoe. En este momento desaparecen ya los últimos restos del delirio, al ser descubiertas por completo las circunstancias que le dieron origen. Así, pues, el análisis trae consigo la curación.

La analogía entre el procedimiento de Gradiva y el método analítico de la Psicoterapia no se limita, sin embargo, a los dos puntos señalados, o sea, a la percatación de lo reprimido y a la coincidencia de esclarecimiento y curación. Se extiende también a aquello que demuestra ser lo esencial de toda la transformación del sujeto; esto es, al despertar de los sentimientos. Todas aquellas perturbaciones análogas al delirio de Hanold –a las cuales damos el nombre científico de psiconeurosis– tienen como antecedente la represión de un fragmento de la vida instintiva y, para decirlo ya, del instinto sexual, y toda tentativa de hacer llegar a la conciencia la causa inconsciente y reprimida de la enfermedad provoca necesariamente la renovación de la lucha entre dicho componente instintivo y los poderes que tienden a mantenerlo reprimido. El proceso de la curación se completa por un resurgimiento del amor, si es que podemos dar este nombre a la reunión de todos los heterogéneos componentes del instinto sexual, y esta recaída amorosa es indispensable, pues los síntomas a causa de los cuales se sometió al enfermo a tratamiento no son sino residuos de anteriores luchas de represión o de retorno a la conciencia, y sólo por una nueva crecida de las mismas pasiones que han provocado el combate pueden tales restos ser ahogados y removidos. Todo tratamiento psicoanalítico es, por tanto, una tentativa de libertar amor reprimido que había hallado en un síntoma un insuficiente exutorio transaccional. Mas cuando esta coincidencia de nuestro procedimiento con el descrito por el poeta en su *Gradiva* llega a su grado máximo es al añadir que también en la psicoterapia analítica la pasión nuevamente despertada –sea amor u odio– elige siempre como objeto a la persona del médico.

Claro es que, como ya indicamos antes, el caso de Gradiva es un caso ideal que la técnica médica no puede jamás alcanzar. Gradiva puede corresponder al amor que ha logrado llevar desde lo inconsciente a la conciencia, cosa que al médico le está vedada. Además, es ella misma el objeto del anterior amor reprimido y su persona ofrece en el acto a la tendencia amorosa libertada un fin apetecible. En cambio, el médico ha sido hasta el momento de la cura un extraño para el enfermo, y tiene que procurar volver a serlo una vez terminada su misión terapéutica, sin que muchas veces le sea posible aconsejar a su curado enfermo cómo puede emplear en la vida la recuperada capacidad de amar. Indicar siquiera los medios de que el médico tiene que auxiliarse para aproximarse con mayor o menor éxito al modelo de curación amorosa que el poeta nos ha expuesto, nos alejaría mucho del propósito con que emprendimos este trabajo.

Planteemos todavía una última interrogación, que ya hemos tenido que eludir varias veces. Nuestras teorías sobre la represión, la génesis de los delirios y de otras análogas perturbaciones, la formación e interpretación de los sueños, el papel desempeñado por la vida erótica y la naturaleza de la curación de tales dolencias no son teorías generalmente admitidas por la Ciencia y conocidas por la mayoría de los hombres cultos. Será, pues, de un gran interés para nosotros el averiguar si lo que ha permitido crear al poeta la «fantasía» que hemos podido analizar como si de una historia clínica se tratase, ha sido el conocimiento de tales teorías. Con este objeto, una de las personas que constituían el amistoso círculo del que, como al principio indicamos, surgió la idea de interpretar los sueños incluidos en la obra de Jensen, se dirigió a éste preguntándole si le eran conocidos los trabajos psicoanalíticos. El poeta respondió, como era de esperar, en sentido negativo, y hasta pareció un tanto molesto por aquella interrogación. «Su obra –dijo– no tenía otra fuente que la de su propia fantasía creadora, y aquellos que no hallasen en ella un goce estético no tenían más que abandonar su lectura.» No sospechaba Jensen el gran atractivo que aquellos mismos que sobre su creación le interrogaban habían hallado en la misma.

Es muy probable que si nos hubiera sido dado ampliar nuestra investigación cerca de la persona del poeta no se hubiese éste limitado a rechazar nuestras hipótesis con respecto a los puntos sobre los que fue interrogado, sino que hubiera negado igualmente conocer aquellas reglas a las que demostramos obedecía en su creación y haber abrigado alguna vez los propósitos que a la misma hemos atribuido. En este caso, harto verosímil, cabrían dos hipótesis sobre nuestra labor. La primera de ellas será la de que nuestra interpretación ha sido equivocada y hemos atribuido a una inocente obra de arte tendencias de las que su autor no tenía la menor idea, demostrando una vez más cuán fácil es encontrar en todas partes aquello que llevamos en nosotros mismos, facilidad que en la Historia de la Literatura ha sido causa de los más singulares errores. El lector juzgará si es ésta la crítica que merece nuestro estudio. Por nuestra parte, preferimos, como es natural, acogernos a la posibilidad restante, que exponemos seguidamente. A nuestro juicio, el poeta no necesita saber nada de tales reglas e intenciones, de manera que puede negarlas de buena fe, sin que por esto hayamos nosotros encontrado en su obra nada que en la misma no exista. Lo que sucede es que, tanto él como nosotros, hemos laborado con un mismo material, aunque empleando métodos diferentes, y la coincidencia de los resultados es prueba de que los dos hemos trabajado con acierto. Nuestro procedimiento consiste en la observación consciente de los procesos psíquicos anormales de los demás, con objeto de adivinar y exponer las reglas a que aquéllos obedecen. El poeta procede de manera muy distinta: dirige su atención a lo inconsciente de su propio psiquismo, espía las posibilidades de desarrollo de tales elementos y les permite llegar a la expresión estética en lugar de reprimirlos por medio de la crítica consciente. De este modo descubre en sí mismo lo que nosotros aprendemos en otros; esto es, las leyes a que la actividad de lo inconsciente tiene que obedecer; pero no necesita exponer estas leyes, ni siquiera darse perfecta cuenta de ellas, sino que por efecto de la tolerancia de su pensamiento pasan las mismas a formar parte de su creación estética. Nosotros desarrollamos luego estas leyes extrayéndolas de su obra por medio del análisis, como las extraemos también de los casos de enfermedad real, pero la conclusión es innegable: o ambos, el poeta y el médico, han interpretado con igual error lo inconsciente, o ambos lo han comprendido con igual acierto. Esta conclusión es en extremo valiosa para nosotros, y sólo por llegar a ella valía la pena de investigar con los métodos del psicoanálisis médico, tanto los sueños incluidos en la obra de Jensen como la exposición que en la misma se hace de la génesis y la curación de un delirio.

Con esto llegamos al término de nuestro estudio. Mas aquellos lectores que nos hayan seguido con atención en nuestra labor pudieran aún advertirnos que, habiendo indicado al comienzo de la misma que los sueños eran deseos presentados como realizados, nada habíamos hecho para justificar o demostrar tal afirmación. Claro es que, como ha podido verse en los análisis oníricos verificados en el curso de este trabajo, las aclaraciones que sobre la esencia de los sueños habríamos de dar deberían ir mucho más allá de la fórmula que los reduce a realizaciones de deseos. Pero no siendo éste el lugar apropiado para entrar en tan espinosa cuestión, nos limitaremos a señalar este carácter del fenómeno onírico en los sueños contenidos en la *Gradiva,* en los que, por cierto, resulta fácilmente demostrable. Las ideas latentes del sueño pueden ser de la más diversa naturaleza.

En la *Gradiva* son «restos diurnos», o sea, pensamientos que la actividad psíquica despierta ha dejado flotantes y sin una determinada solución en el día anterior al sueño. Mas para que de ellos surja un sueño es necesaria la cooperación de un deseo –inconsciente la mayor parte de las veces–. Este deseo representa entonces la fuerza impulsora de la elaboración del sueño, y los restos diurnos proporcionan el material que ha de ser elaborado. En el primer sueño de Norberto Hanold concurren dos deseos para formar el sueño: uno, capaz de conciencia, y otro, inconsciente y reprimido. El primero sería el deseo, comprensible en un arqueólogo, de haber sido testigo presencial de la catástrofe que sepultó a Pompeya. ¡Qué no daría cualquier arqueólogo porque este deseo pudiera convertirse en realidad por un camino distinto del sueño! El otro deseo de Norberto es de naturaleza erótica, y podríamos expresarlo grosera e incompletamente diciendo que era el de hallarse presente cuando la amada se acostase para dormir. Este deseo es precisamente aquel cuya repulsa convierte al sueño en sueño de angustia o pesadilla. Menos evidentes son quizá los deseos del segundo sueño; pero, recordando nuestra interpretación del mismo, no podemos vacilar en atribuirles también la calidad de eróticos. El deseo de ser aprisionado por la amada y someterse a ella –deseo que descubrimos tras de la escena de la caza de lagartijas– es de carácter pasivo y masoquista. En cambio, al día siguiente golpea el sujeto a la amada como si se hallara dominado por la corriente erótica contraria. Pero debemos detenernos aquí, pues nos hallamos ya a punto de olvidar que Hanold y Gradiva no son sino entes de ficción creados por el poeta.

Apéndice a la segunda edición

En los cinco años que han transcurrido desde la publicación de esta obra, los progresos de la investigación psicoanalítica la han capacitado para someter las creaciones de los poetas a un estudio diferentemente orientado. No busca ya en ellas una confirmación de los descubrimientos realizados en sujetos reales, enfermos de neurosis, sino que intenta también averiguar qué material de impresiones y recuerdos del poeta han contribuido a la formación de la obra y por medio de qué procesos ha sido trasladado a la misma dicho material. Estos problemas han hallado más fácil solución en las obras de aquellos poetas que, como Jensen (m. 1911), acostumbran a entregarse por completo a los impulsos de su fantasía creadora. Poco después de la aparición de mi estudio sobre la *Gradiva*, intenté asociar a su anciano autor por estos nuevos fines de la investigación psicoanalítica pero rehusó en absoluto su colaboración.

Posteriormente me ha llamado la atención uno de mis amigos sobre otras novelas del mismo escritor que parecen hallarse en relación con la aquí analizada, viniendo a ser como estudios preliminares de la misma o tentativas anteriores de resolver poéticamente, de una manera satisfactoria, el mismo problema de la vida erótica. La primera de estas novelas, titulada *La sombrilla roja*, recuerda a la *Gradiva* por el retorno de numerosos motivos, tales como la blanca flor funeraria, el objeto olvidado (el libro de apuntes de Gradiva) y la significación concedida a pequeños seres del mundo animal (la mariposa y la lagartija, en la *Gradiva*), pero, sobre todo por la repetición de la situación principal, o sea, la aparición de una muchacha muerta, o a la que se supone muerta, en la ardiente hora meridiana. El lugar de esta aparición es en *La sombrilla roja* las ruinas de un viejo castillo, como en la *Gradiva* las de Pompeya. La otra novela, *En la casa gótica,* no presenta tales coincidencias de contenido con la *Gradiva*, ni tampoco con *La sombrilla roja;* pero el hecho de hallarse unida a esta última por un título común *(Los poderes superiores.* Dos novelas de W. Jensen, Berlín. Emil Felber, 1892) nos revela que ambas poseen un común sentido latente. No es difícil observar que las tres narraciones citadas tienen un tema común: el desarrollo de una amorosa pasión por el efecto *a posteriori* de una primitiva intimidad infantil de naturaleza fraternal. En un trabajo de Eva Baudissin, publicado en el diario vienés *Die Zeit* (11 de febrero de 1912), he leído después que la última novela de Jensen *(Extranjeros entre los hombres)* contiene numerosos datos autobiográficos de la juventud del poeta y describe la vida de un hombre que «halla una hermana en la mujer a la que ama». En las dos novelas anteriores a la *Gradiva* no encontramos nada análogo al motivo principal de ésta, o sea, el singular andar de la protagonista. El relieve a que Jensen atribuye un origen romano y en el que se halla la figura a la que da el nombre de Gradiva pertenece, en realidad, a la época del florecimiento del arte griego y se halla en el Museo Chiaramonti, catalogado con el número 644. F. Hauser («Disiecta membra neuattischer Relief»), en *Jahresheft der Oestrs. Archeol. Institut.*, Bd. VI, Heft 1) lo ha interpretado y restaurado con gran acierto. Uniendo este relieve de la figura de Gradiva con otros fragmentos existentes en Florencia y en Múnich, resultan dos relieves completos con tres figuras cada uno, que representan a las diosas de la vegetación acompañadas de las divinidades del rocío fertilizador.

Un recuerdo infantil de Goethe en *Poesía y verdad**

> Cuando intentamos recordar lo que en nuestra primera infancia nos sucedió, nos exponemos muchas veces a confundir lo que otras personas nos han dicho con lo que debemos realmente a nuestra experiencia y a nuestras observaciones personales.

Goethe hace esta consideración en una de las primeras páginas de su biografía, cuya redacción comenzó a los sesenta años. A la frase copiada preceden tan sólo algunas noticias sobre su nacimiento, acaecido

> el 28 de agosto de 1749, a mediodía, en el momento mismo en que el reloj daba las doce.

La constelación de los astros le era favorable y fue quizá la causa de su conservación, pues vino al mundo «como muerto», y sólo con gran trabajo se consiguió

---
* Publicado en 1917.

que viera la luz. A estas observaciones sigue una breve descripción de la casa y de la habitación en que los niños –su hermana y él– gustaban más de estar. Pero luego sólo relata Goethe realmente un único suceso, que puede ser situado en su «primera infancia» (¿antes de los cuatro años?), del cual parece haber conservado un recuerdo personal.

He aquí un relato del mismo:

> También los niños hacían conocimiento con los vecinos mediante estas galerías, y los tres hermanos Ochsenstein, hijos del difunto alcalde, que vivían enfrente, me tomaron mucho cariño y se ocupaban de mí y me embromaban de diversos modos. Mis padres contaban toda clase de travesuras mías, que aquellos señores, por lo demás gente retraída y seria, me habían excitado a cometer. Contaré tan sólo una de ellas. Había habido mercado de cacharros, y no sólo se había provisto la cocina de estos utensilios para algún tiempo, sino que nos habían comprado a los niños, como juguetes, otros cacharros semejantes en miniatura. Una hermosa tarde en que la casa estaba silenciosa y tranquila jugaba yo en la galería con mis platos y mis pucheros, y no sabiendo ya qué hacer con ellos, tiré uno a la calle, divirtiéndome mucho verlo estrellarse ruidosamente contra el suelo. Los Ochsenstein, que observaron lo mucho que aquello me regocijaba, hasta el punto de hacerme palmotear alegremente, me gritaron: «¡Más!». Sin vacilar tiré en el acto un puchero, y como no dejaran de gritar: «¡Más!», todos los platitos, las cazuelitas y los pucheritos fueron a estrellarse contra el suelo. Mis vecinos continuaron testimoniándome su aprobación, y yo me sentía extremadamente gozoso de procurarles aquel placer. Pero mi provisión se agotó, y ellos siguieron gritando: «¡Más!». Entonces corrí a la cocina y traje unos platos de

loza, que ofrecieron, al romperse, un espectáculo más divertido aún; de este modo, yendo y viniendo traje los platos, uno tras otro, según podía alcanzarlos sucesivamente del vasar, y como aquellos señores no se daban nunca por satisfechos, precipité en igual ruina toda la vajilla que pude ir cogiendo. Por fin llegó alguien, pero demasiado tarde para detener y prohibirme aquel juego. El mal estaba hecho, y a costa de tantos cacharros rotos se tuvo, por lo menos, una historia, divertida, que fue, sobre todo para los maliciosos instigadores, y hasta el fin de su vida, un gozoso recuerdo.

Pasajes como éste podían leerse en los tiempos preanalíticos sin sentirse uno impulsado a reflexionar sobre ellos. Pero luego ha despertado la conciencia analítica, y nos hemos formado sobre los recuerdos procedentes de la primera infancia determinadas opiniones, a las que gustamos de atribuir una validez general. No es indiferente ni insignificante qué detalle de la vida infantil se haya sustraído al olvido general de la infancia. Más bien hemos de sospechar que lo que se ha conservado en la memoria es también lo más importante de aquel estadio de la vida, bien porque ya en su tiempo entrañara tal importancia, bien porque la haya adquirido después, bajo la influencia de sucesos posteriores.

De todos modos, el alto valor de tales recuerdos infantiles sólo en muy raros casos resultaba evidente. Por lo general, parecían indiferentes o incluso insignificantes, y en un principio se hacía incomprensible que precisamente ellos hubieran conseguido desafiar la acción de la amnesia. Al mismo sujeto que los había conservado como patrimonio mnémico, a través de largos años, le era tan imposible valorarlos acertadamente como al extraño a quien se los contaba. Para reconocer su importancia fue precisa una cierta labor de interpretación que demostró cómo su contenido debía ser sustituido por otro o descubrió su relación con otros sucesos, innegablemente importantes, en lugar de los cuales habían emergido en calidad de recuerdos encubridores.

En toda elaboración psicoanalítica de una biografía se consigue aclarar de este modo la significación de los primeros recuerdos infantiles. E incluso resulta, por lo regular, que precisamente aquel recuerdo que el analizado sitúa en primer término, el que primero relata, demuestra luego ser el más importante, aquel que encierra en sí la llave de los compartimientos secretos de su vida anímica. Pero en el caso del pequeño suceso infantil relatado en *Poesía y verdad* nuestras esperanzas hallan escaso apoyo. Los medios y los caminos que en el análisis de nuestros pacientes nos conducen a la interpretación nos son, en este otro, inaccesibles, y el suceso en sí no parece ser susceptible de una relación evidenciable con impresiones importantes de una época ulterior. Una travesura, con daño del menaje casero, realizada bajo la influencia de otros, no es, desde luego, una viñeta adecuada a todo lo que Goethe puede relatarnos de su vida tan rica en acontecimientos. No parece posible negar a este recuerdo infantil la mayor inocencia y la más absoluta falta de relación con sucesos posteriores y sería acaso aventurado extender a él las tesis psicoanalíticas.

Habíamos, pues, desviado nuestro pensamiento de este pequeño problema, cuando el azar trajo a nosotros un paciente en el que un recuerdo infantil análogo mostraba transparentes relaciones. Tratábase de un hombre de veintisiete años, muy culto y muy inteligente, cuyo presente estaba acaparado por un conflicto con su madre, el cual extendía su acción a casi todos los intereses de la vida, y bajo cuyos efectos había sufrido gravemente el desarrollo de su capacidad de amar y de conducirse independientemente. Este conflicto alcanzaba regresivamente hasta su infancia; puede decirse que hasta sus cuatro años. El sujeto había sido un niño muy débil, enfermizo siempre, y, sin embargo, sus recuerdos habían transfigurado aquella mala época en un paraíso, pues durante ella había poseído el cariño ilimitado e incompartido de su madre. No había cumplido aún los cuatro años cuando le nació un hermano, que aún vive. Por reacción a este suceso perturbador se transformó en un niño obstinado e indómito, que provocaba constantemente la severidad de la madre. Y desde entonces no volvió ya al buen camino.

Cuando acudió a mi consulta –impulsado principalmente por el hecho de que su madre, exageradamente religiosa, abominaba del psicoanálisis–, los celos que su hermano hubo de inspirarle y que le habían llevado hasta atentar contra él cuando todavía era un niño de pecho estaban ha largo tiempo olvidados. Ahora le trataba con grandes consideraciones; pero ciertos extraños actos casuales con los que había causado graves daños a animales que le eran queridos, tales como su perro de caza o pájaros a los que cuidaba con esmero, debían interpretarse como ecos de aquellos impulsos hostiles contra su hermano.

Este paciente nos relató que en la época misma de su atentado contra el niño que despertaba sus odios había arrojado por la ventana de una casa de campo todas las piezas de vajilla que había hallado a su alcance. Tratábase, pues, de una escena idéntica a la que Goethe narra en *Poesía y verdad*. Haremos constar que nuestro paciente no era de nacionalidad alemana ni había leído la biografía de Goethe.

Esta comunicación señalaba la posibilidad de interpretar el recuerdo infantil de Goethe en el sentido que la historia de mi paciente imponía. Pero, ¿se daban acaso en la infancia del poeta las condiciones necesarias para una tal interpretación? Desde luego, Goethe hace responsables de su travesura infantil a los señores de Ochsenstein. Pero su mismo relato indica que tales señores no hicieron más que animarle a continuar su manejo. La iniciación del mismo fue espontánea, y la motivación que alega –«y no sabiendo ya qué hacer con ellos» (con los cacharros de juguete)– puede considerarse como una confesión de que en la época en que redactaba sus memorias no le era conocido motivo alguno eficiente de aquel acto.

Sabido es que Juan Wolfgang Goethe y su hermana Cornelia fueron los únicos supervivientes de toda una serie de hermanos. El doctor Hans Sachs ha tenido la amabilidad de procurarme los datos relativos a estos hermanos de Goethe, muertos en edad temprana.

Hermanos de Goethe:

a) Hermann Jakob, bautizado el lunes 27 de noviembre de 1752; alcanzó una edad de seis años y seis semanas, y fue enterrado el 13 de enero de 1759.

b) Catharina Elisabeth, bautizada el lunes 9 de septiembre de 1754; enterrada el jueves 22 de diciembre de 1755 (un año y cuatro meses).

c) Johanna María, bautizada el martes 29 de enero de 1757, y enterrada el 11 de agosto de 1759 (dos años y cuatro meses). Ésta es la niña cuya belleza y agrado ensalza Goethe en sus Memorias.

d) Georg Adolph, bautizado el domingo 15 de junio de 1760; enterrado el miércoles 18 de febrero de 1761 (ocho meses).

La hermana inmediatamente menor de Goethe, Cornelia Friederica Christiana, había nacido el día 7 de diciembre de 1750, cuando Goethe tenía tan sólo quince meses. Tan pequeña diferencia de edad la excluye como objeto posible de celos. Sabido es que los niños, cuando en ellos despiertan ya las pasiones, no desarrollan nunca reacciones intensas contra los hermanos que ya encuentran a su lado, sino que orientan su hostilidad contra los que luego nacen. Además, la escena cuya interpretación nos ocupa es incompatible con la tierna edad de Goethe al tiempo del nacimiento de Cornelia o poco después.

Cuando nació su primer hermano, Hermann Jakob, Goethe tenía tres años y tres meses. Aproximadamente dos años después, cuando tenía ya unos cinco años, nació su segunda hermana. Ambas edades pueden ser tenidas en cuenta para datar la escena de los cacharros; quizá merezca la primera la preferencia, y también armonizaría mejor con el caso de mi paciente, que al nacer su hermano tenía unos tres años y nueve meses.

El hermano Hermann Jakob, hacia el cual queda orientada así nuestra tentativa de interpretación, no fue, además, en la *nursery* de los Goethe un huésped tan pasajero como los hermanos ulteriores. Y es de extrañar que su ilustre hermano no tenga para él en su biografía ni una sola palabra de recuerdo*. Pasó de los seis años, y cuando murió, Goethe tenía ya cerca de diez. El doctor Ed. Hitschmann, que ha tenido la bondad de poner a mi disposición sus notas sobre la materia, opina lo siguiente:

> También el pequeño Goethe vio sin gran pena la muerte de un hermanito suyo. Por lo menos, su madre, según nos transmite Bettina Brentano, contaba lo que sigue. «Pareció extraño que a la muerte de su hermanito menor, Hermann Jakob, que era su compañero de juegos, no derramara ni una lágrima; más bien parecía molesto por las lamentaciones de sus padres y de sus hermanos, y cuando se le preguntó si es que no había querido a su hermano corrió a su cuarto, sacó de debajo de la cama multitud de papeles en los que tenía escritos deberes escolares y pequeños cuentos y dijo que había hecho todo aquello para enseñar a su hermano.»

Así, pues, al hermano mayor le había gustado jugar a ser el padre del menor y mostrarle su superioridad.

Podríamos, pues, formarnos la opinión de que el hecho de arrojar los cacharros por la ventana es un acto simbólico o, mejor dicho, mágico mediante el cual el niño (Goethe, así como mi paciente) manifiesta vigorosamente su deseo de suprimir al intruso perturbador. No

---

* Aprovecho esta ocasión para rectificar una afirmación errónea en la que no debí incurrir. En páginas anteriores de *Poesía y verdad* aparece mencionado y descrito este hermano, en un pasaje referente a las molestas enfermedades infantiles que también «hicieron sufrir no poco» a Hermann Jakob. «Era de naturaleza cariñosa, taciturno y obstinado, y nunca tuvimos una verdadera relación íntima. Además, apenas sobrevivió a su primera infancia.» (Nota a la edición de 1924.)

tenemos por qué negar el placer del infantil sujeto ante la estrepitosa rotura de los cacharros; cuando un acto es ya de por sí placentero, el sujeto se siente impulsado a repetirlo al servicio de otras intenciones. Pero no creemos que fuera el placer producido por el ruidoso estropicio el que pudiera asegurar a tales travesuras infantiles un lugar duradero en la memoria del adulto. La motivación de tal acto es más complicada. El niño que rompe unos cacharros sabe muy bien que hace algo malo, por lo cual le regañarán los mayores, y si este conocimiento no basta para retenerle es que aspira a satisfacer un resentimiento contra sus padres: quiere mostrarse malo.

Para satisfacer el placer de romper sería suficiente que el niño arrojara al suelo los objetos frágiles. El hecho de precipitarlos fuera de casa, por la ventana, no tendría entonces explicación. Pero tal «fuera de casa» parece constituir parte importantísima del acto mágico y provenir del sentido oculto del mismo. El nuevo niño ha de ser arrojado fuera de casa y, a ser posible, por la ventana, que es por donde ha venido. Todo el acto sería entonces equivalente a aquella reacción verbal de un niño al serle comunicado que la cigüeña le había traído un hermanito: «Pues que se lo vuelva a llevar».

Sin embargo, no se nos oculta cuán aventurado es –aparte ya de todas las inseguridades internas– fundar la interpretación de un acto infantil en una única analogía. Por esta razón hemos retenido durante muchos años, sin publicarla, esta interpretación de la pequeña escena de *Poesía y verdad*. Pero un buen día acudió a mi consulta un paciente, que inició su análisis con las siguientes frases:

Soy el mayor de ocho o nueve hermanos[1]. Uno de mis primeros recuerdos es el de una noche en que mi padre, sentado en su cama, me contó, sonriendo, que me habían traído un hermanito. Yo tenía por entonces tres años y nueve meses: tan grande es la diferencia de edad que me separa de mi hermano inmediatamente menor. Luego sé que poco tiempo después (¿o quizá fuera un año antes?)[2] arrojé una vez a la calle, por la ventana, diversos objetos, cepillos (¿o fue sólo un cepillo?), botas y otras cosas. Tengo todavía un recuerdo más temprano. Cuando tenía dos años pernocté con mis padres en un hotel de Linz, en el curso de un viaje a Salzkammergut. Pase la noche tan inquieto y grité tanto, que mi padre tuvo que pegarme.

Esta declaración desvaneció todas mis dudas. Cuando el sujeto analizado comunica dos cosas en sucesión inmediata, como en un solo aliento, esta proximidad puede interpretarse como una conexión. Fue, pues, como si el paciente hubiera dicho: «Porque supe que me habían traído un hermanito arrojé poco tiempo después, a la calle, tales y cuales objetos». El hecho de arrojar los cepillos, las botas, etc., se da como reacción al nacimiento del hermano. No es tampoco adversa la circunstancia de que, en este caso, los objetos arrojados no fueran cacharros, sino otros distintos, probablemente los que el niño encontró más a mano. El hecho de «echar fuera» (por la ventana a la calle) demuestra así ser lo esencial del acto, y el placer de romper y la clase de los objetos en los que «la ejecución se lleva a cabo» aparecen como elementos inconstantes y secundarios.

Naturalmente, la interpretación de la proximidad como conexión se extiende también al tercer recuerdo infantil de nuestro paciente, el cual recuerdo, no obstante ser el más temprano, aparece evocado en el último lugar. Comprendemos que el niño de dos años se mostró tan inquieto porque no podía sufrir que su padre y su madre estuvieran acostados en la misma cama. En el curso de un viaje no había, quizá, medio hábil de evitar que el niño fuera testigo de tal comunidad. De los sentimientos que en aquella ocasión nacieron en el pequeño celoso le quedó cierta irritación contra la mujer, irritación que tuvo como consecuencia una duradera perturbación de su evolución erótica.

Cuando, después de estas dos experiencias, expresé a otros analistas mi esperanza de que los acontecimientos de este orden no fueran nada raros en la vida infantil, la doctora Hug-Hellmuth puso a mi disposición dos observaciones más, que reproduzco seguidamente:

1. Poco antes de los tres años y medio, el pequeño Erich adquirió «súbitamente» la costumbre de tirar por la ventana todo lo que no le agradaba. Pero lo hacía también con objetos que no tenía inmediatamente a mano ni debían importarle lo más mínimo. Precisamente el día del cumpleaños de su padre –cuando el pequeño tenía tres años y cuatro meses y medio– tiró a la calle, por una ventana de la vivienda, situada en el tercer piso, un pesado rodillo de madera que cogió en la cocina y se llevó a su cuarto. Días después siguieron igual camino la mano del mortero y un par de pesadas botas de campo de su padre, que tuvo que sacar de un cajón[3].

Por entonces, la madre, que se hallaba en el séptimo o el octavo mes de embarazo, tuvo un aborto, después del cual el niño pareció «cambiado, mostrándose de nuevo bueno y cariñoso». En el quinto o el sexto mes había dicho repetidamente a su madre: «Mamá, me voy a subir en tu barriga», o «Mamá, te voy a hundir la barriga». Y poco antes del aborto, en octubre: «Si tengo que tener un hermanito, que sea por lo menos después del Niño Jesús».

2. Una joven casada, de diecinueve años, relata espontáneamente como su más temprano recuerdo infantil el siguiente:

> Me veo sentada debajo de la mesa del comedor. Encima de la mesa está mi tazón de café –veo aún claramente los dibujos de la porcelana–, el cual me disponía yo a arrojar por la ventana en el momento en que mi abuela entró en la habitación.
> Aquella mañana no se había ocupado nadie de mí, y en la superficie de mi café con leche se había formado una capa de nata, cosa que me daba, y me da aún, mucho asco.
> Aquel mismo día nació mi hermano, dos años y medio menor que yo. Por eso nadie me hacía caso.
> Me han contado que aquel día estuve insoportable; en el almuerzo tiré de la mesa el vaso favorito de mi padre; luego ensucié repetidamente mis vestidos, y desde por la mañana hasta por la noche hice gala de un malísimo humor. También una muñeca que tenía fue objeto de mis iras, quedando destrozada.

Estos dos casos no precisan apenas de comentario alguno. Confirman, sin mayor esfuerzo analítico, que la irritación del niño ante la aparición, esperada o acaecida, de un competidor se manifiesta en el acto de arrojar objetos por la ventana, así como en otros actos de «maldad» o de manía destructora. En la primera observación, los «objetos pesados» simbolizan probablemente a la madre misma, contra la cual se dirige la cólera del niño, en tanto llega el nuevo hermanito. El niño de tres años y medio se da cuenta del embarazo de la madre y no duda de que hospeda en su seno al hermanito. Recordemos el caso de Juanito[4] y su miedo especial a los vehículos pesadamente cargados[5]. En la segunda observación es singular la temprana edad de la niña: dos años y medio.

Si ahora retornamos al recuerdo infantil de Goethe y situamos en el lugar correspondiente de *Poesía y verdad* aquello que hemos creído adivinar por medio de la observación de otros sujetos infantiles, obtendremos una interpretación irreprochable que de otro modo no habríamos descubierto. Hela aquí:

«He sido un hombre de suerte; el Destino me conservó la vida, aunque vine al mundo como muerto. En cambio, suprimió a mis hermanos para que no tuviera yo que compartir con ellos el cariño de mi madre.»

Y luego continúa el proceso mental pasando al recuerdo de otra persona muerta en aquella temprana época: la abuela, que vivía como un espíritu silencioso y benigno en otra habitación de la casa.

Ahora bien: ya hemos dicho en otro lugar que cuando alguien ha sido el favorito indiscutible de su madre conserva a través de toda la vida aquella seguridad conquistadora, aquella confianza en el éxito que muchas veces basta realmente para lograrlo. Y así, Goethe hubiera podido encabezar su biografía con una observación como ésta: «Toda mi fuerza tiene su raíz en mi relación con mi madre».

Dostoyevski y el parricidio*

En la rica personalidad de Dostoyevski podemos distinguir cuatro facetas: el poeta, el neurótico, el moralista y el pecador. ¿Cómo orientarnos en esta intrincada complicación?

Por lo que al poeta se refiere, no hay lugar a dudas. Tiene su puesto poco detrás de Shakespeare. *Los hermanos Karamazov* es la novela más acabada que jamás se haya escrito, y el episodio del gran inquisidor es una de las cimas de la literatura mundial. Por desgracia, el análisis tiene que rendir las armas ante el problema del poeta.

El aspecto más accesible de Dostoyevski es el de moralista. Cuando se le quiere ensalzar como hombre moral, alegando que sólo quien ha atravesado los estratos más profundos del pecado puede alcanzar el culmen de la moralidad, se olvida algo muy importante. Moral es

---

* Publicado en 1928.

quien reacciona ya contra la tentación percibida en su fuero interno y no cede a ella. Aquel que, alternativamente, peca y se plantea luego, movido por el remordimiento, elevadas exigencias morales se expone al reproche de facilitarse demasiado las cosas. He eludido el mandato esencial de la moralidad –la renuncia–, pues la observancia de una conducta moral es un interés práctico de la Humanidad. Nos recuerda a los bárbaros de la emigración de los pueblos, que mataban y hacían luego penitencia por ello, convirtiendo así la penitencia en una técnica destinada a hacer posible el homicidio. Iván el Terrible no obraba de otro modo, y esta forma de conciliar la conducta personal con la moralidad es, incluso, un rasgo característico del alma rusa.

Tampoco el resultado final de la lucha moral de Dostoyevski es nada loable. Después de luchar desesperadamente por conciliar las aspiraciones instintivas del individuo con las exigencias de la comunidad humana acaba sometiéndose a la autoridad seglar y a la eclesiástica, venerando al zar y al Dios de los cristianos y propugnando un estrecho nacionalismo ruso, actitud a la que otros espíritus más deleznables han llegado con mucho menos esfuerzo.

Éste es el punto débil de la magna personalidad de Dostoyevski: no quiso ser un maestro y un libertador de la Humanidad y se situó al lado de sus carceleros. El porvenir cultural de la Humanidad tendrá muy poco que agradecerle. No sería acaso difícil demostrar que su neurosis le condenaba a tal fracaso. La elevación de su inteligencia y la fuerza de su amor a la Humanidad abrían a su vida otro camino distinto: el camino del apostolado.

Pero también, contra la idea de considerar a Dostoyevski como un pecador o un criminal, se alza en nosotros una violenta resistencia, que no tiene por qué fundarse en la estimación vulgar del criminal. No tardamos en descubrir el verdadero motivo: el criminal integra dos rasgos esenciales: un egotismo ilimitado y una intensa tendencia destructora, siendo común a ambos y premisa de sus manifestaciones el desamor, la falta de valoración afectiva de los objetos humanos. Dostoyevski entraña, por el contrario, una gran necesidad de amor y una enorme capacidad de amor que se evidencia en manifestaciones de suprema bondad y le permite amar y auxiliar, incluso en ocasiones en las que era innegable su derecho al odio y a la venganza; por ejemplo, en sus relaciones con su primera mujer y con el amante de la misma. Nos preguntaremos entonces de dónde nos viene la tentación de incluir a Dostoyevski entre los criminales. Respuesta: es la elección de sus temas literarios, en la cual prefiere los caracteres egoístas, violentos y asesinos, la que indica la existencia de tales inclinaciones en su fuero interno, como igualmente algunos hechos reales de su vida, tales como su pasión por el juego, y acaso el haber abusado sexualmente de una muchacha impúber (confesión)[1]. La contradicción se resuelve por el descubrimiento de que el fortísimo instinto de destrucción de Dostoyevski, que hubiera hecho de él fácilmente un criminal, aparece orientado esencialmente en su vida contra su propia persona (hacia adentro, en lugar de hacia afuera) y se manifiesta así como masoquismo y sentimiento de culpabilidad. De todos modos, su persona conserva rasgos sádicos suficientes, que se manifiestan en su irritabilidad, su gusto en atormentar y su intolerancia incluso contra personas queridas. Era, pues, en las cosas pequeñas, sádico hacia afuera, y en las de más alcance sádico hacia adentro, o sea, masoquista, esto es, un hombre benigno, bondadoso y auxiliador.

De la complicación de personalidad de Dostoyevski hemos extraído tres factores: uno cuantitativo y dos cualitativos. Su extraordinaria afectividad, la disposición instintiva perversa que había de hacer de él un sádico-masoquista o un criminal, y sus dotes artísticas, inanalizables. Este conjunto podría existir muy bien sin neurosis. Hay, en efecto, masoquistas completos no neuróticos. Conforme a la relación de fuerzas entre las exigencias instintivas y las inhibiciones a ellas contrapuestas (exceso de los caminos de sublimación disponibles) podría aún clasificarse a Dostoyevski dentro de los llamados «caracteres instintivos». Pero la situación es enturbiada por la coexistencia de la neurosis, la cual, como ya hemos dicho, no es inevitable y fatal en semejantes circunstancias, pero se constituye tanto más fácilmente cuanto mayor es la complicación que el *yo* ha de vencer. La neurosis no es más que un signo de que el *yo* no ha logrado una tal síntesis y ha perdido, al intentarlo, su unidad.

¿Qué es, rigurosamente, lo que prueba la existencia de la neurosis? Dostoyevski se tenía –y era tenido, en general– por epiléptico, a causa de los graves ataques de convulsiones musculares que le aquejaban, acompañados de pérdida del conocimiento y seguidos de honda depresión. Pero lo más probable es que esta pretendida epilepsia fuera tan sólo un síntoma de su neurosis, la cual podríamos clasificar, en consecuencia, como histeroepilepsia; esto es, como una histeria grave. Diagnóstico, desde luego, inseguro, por dos razones: la insuficiencia y la falta de garantía de los datos acopiados sobre la pretendida epilepsia de Dostoyevski y la oscuridad todavía reinante en cuanto a los estados patológicos a los que se enlazan ataques epileptoides.

Veamos, primero, este segundo punto: sería inútil reproducir aquí toda la patología de la epilepsia, que no llega a conclusión alguna definitiva. Pero sí podemos decirnos que el antiguo *morbus sacer,* la inquietante enfermedad, con sus ataques convulsivos imprevisibles, no provocados, al parecer; su modificación del carácter en un sentido irritable y agresivo, y un rebajamiento progresivo de todas las funciones intelectuales, resalta siempre como una aparente unidad clínica. Ahora bien: sus contornos no se nos muestran claramente delineados; muy al contrario, van desvaneciéndose hasta una máxima imprecisión. Los ataques de rápida y brutal aparición, con mordeduras de lengua y evacuación de orina acumulados al peligrosísimo *status epilepticus,* durante el cual el sujeto queda expuesto a causarse gravísimas lesiones, pueden aparecer mitigados hasta breves ausencias, meros vértigos rápidamente pasajeros, o ser sustituidos por breves periodos en los que el enfermo realiza, como bajo el imperio de lo inconsciente, algo totalmente ajeno a él. Somáticamente condicionados en general, pueden, no obstante, deber su génesis primera a un influjo psíquico (a un susto) o reaccionar a estímulos psíquicos. Por muy característico que en la inmensa mayoría de los casos sea el rebajamiento intelectual, conocemos, por lo menos, un ejemplo (Helmholtz) en el que la enfermedad no logró impedir elevados rendimientos de este orden. (Otros casos de los que se ha afirmado lo mismo son inseguros o suscitan las mismas dudas que el de Dostoyevski.)

Los enfermos de epilepsia pueden darnos la impresión de embotamiento y de un desarrollo inhibido, así como la enfermedad misma aparece frecuentemente acompañada de idiotez patente y de máximos defectos cerebrales, si bien no como elementos necesarios del cuadro patológico; pero los ataques descritos aquejan también, con todas sus variantes, a personas que manifiestan un pleno desarrollo psíquico y una extraordinaria afectividad, insuficientemente dominada en la mayoría de los casos. No es, por tanto, de extrañar que en estas circunstancias parezca imposible mantener la unidad de una afección clínica bajo el nombre de «epilepsia». La homogeneidad de los síntomas exteriorizados parece demandar una interpretación funcional, como si se hubiera constituido orgánica y previamente un mecanismo de derivación anormal de los instintos, mecanismo al que se recurriría en las más diversas circunstancias, tanto con ocasión de perturbaciones de la actividad cerebral por una grave enfermedad como ante un dominio insuficiente de la economía psíquica. Detrás de esta dualidad sospechamos la identidad del mecanismo de derivación de los instintos existentes en el fondo. Éste puede también ser un tanto afín a los procesos sexuales tóxicamente motivados en su fondo. Ya los médicos más antiguos decían que el coito era una pequeña epilepsia, reconociendo así en el acto sexual la mitigación y la adaptación de la descarga epiléptica de los estímulos.

La «reacción epiléptica», términos con los que podemos designar este conjunto, se pone indudablemente a disposición de la neurosis, cuya esencia consiste en derivar por el camino somático aquellas magnitudes de excitación que le es imposible manejar psíquicamente. El ataque epiléptico pasa a ser, de este modo, un síntoma de la histeria y es adaptado y modificado por ella, lo mismo que por la derivación sexual normal. Es, por tanto, acertado distinguir entre una epilepsia orgánica y una epilepsia «afectiva». Prácticamente, esta distinción significa que quien padece la primera es un enfermo del cerebro, y quien padece la segunda, un neurótico. En el primer caso, la vida anímica sufre una perturbación ajena a ella y procedente del exterior; en el segundo, la perturbación es una manifestación de la vida anímica misma.

Es muy probable que la epilepsia de Dostoyevski fuera de este segundo género. Pero no es hacedero probarlo rigurosamente, pues tendríamos que poder insertar la primera aparición y las oscilaciones posteriores de los ataques en el conjunto de su vida anímica y no poseemos datos bastantes para ello. Las descripciones de los ataques mismos no nos ilustran nada, y las noticias que poseemos sobre las relaciones entre los ataques y las vivencias del sujeto son insuficientes y a veces contradictorias. La hipótesis más verosímil es la de que los ataques comenzaron muy pronto, ya en la niñez de Dostoyevski, siendo primeramente representados por síntomas benignos y adoptando luego la forma epiléptica, cuando, a los dieciocho años de edad, sufrió el sujeto la conmoción de una terrible vivencia: el asesinato de su padre[2]. Sería muy adecuado que durante el tiempo de su encarcelamiento en Siberia hubieran remitido por completo los ataques; pero otros datos contradicen tal hipótesis[3]. La indiscutible relación existente entre el asesinato del padre en *Los hermanos Karamazov* y el destino del padre de Dostoyevski ha sido recogida por más de un biógrafo y los ha movido a referirse a «una cierta orientación psicológica moderna». El psicoanálisis, pues a él se alude con tales palabras, tiende a ver en este suceso el trauma más grave, y en la reacción de Dostoyevski a él, la piedra angular de su neurosis.

Ahora bien: al tratar de fundamentar psicoanalíticamente esta tesis temo resultar incomprensible a los lectores poco o nada familiarizados con las doctrinas y la terminología de nuestra disciplina.

Tenemos un punto de partida seguro. Conocemos el sentido de los primeros ataques de Dostoyevski en sus años jóvenes, mucho antes de la aparición de la «epilepsia». Estos ataques significaban la muerte; eran precedidos de accesos de miedo a morir, y consistían en estados de sueño letárgico. La enfermedad se apoderó de él inicialmente, siendo aún un niño, bajo la forma de una profunda melancolía repentina e inmotivada; un sentimiento –según el mismo Dostoyevski cuenta luego a su amigo Solowjoff– como si fuera a morirse al instante, y, efectivamente, a tal sentimiento seguía un estado análogo a la verdadera muerte. Su hermano Andrés cuenta que ya en años infantiles Fedor solía dejar al lado de su cama, antes de acostarse, una nota en la que expresaba su temor de caer durante la noche en un estado letárgico análogo a la muerte, y rogaba que si así sucedía no le enterraran hasta pasados cinco días (*Dostojewsky am Roulette,* introduc., pág. LX).

Conocemos el sentido y la intención de tales ataques que fingen la muerte. Suponen una identificación con un muerto, con una persona que ha muerto realmente o que vive aún, pero a la que se desea la muerte. Este último caso es el más importante. El ataque tiene entonces el valor de un castigo. El sujeto ha deseado a otro la muerte, y ahora es él aquel otro y está muerto. En este punto sienta el psicoanálisis la afirmación de que tal otro es, regularmente, para el niño su propio padre. El ataque –llamado histérico– es, pues, un autocastigo por el deseo de muerte contra el padre odiado.

El parricidio es, según interpretación ya conocida, el crimen capital y primordial, tanto de la Humanidad como del individuo[4]. Desde luego, es la fuente principal del sentimiento de culpabilidad, aunque no sabemos si la única, pues las investigaciones no han podido determinar con seguridad el origen psíquico de la culpa y de la necesidad de rescatarla. Pero tampoco es preciso que sea, en efecto, la única. La situación psicológica es complicada y precisa de aclaración.

La relación del niño con su padre es una relación ambivalente. Además del odio que quisiera suprimir al padre como a un enfadoso rival, existe, regularmente, cierta magnitud de cariño hacia él. Ambas actitudes llevan, conjuntamente, a la identificación con el padre. El sujeto quisiera hallarse en el lugar del padre porque le admira; quisiera ser como él y quisiera, al mismo tiempo, suprimirlo. Ahora bien: toda esta evolución tropieza con un poderoso obstáculo. En un momento dado, el niño llega a comprender que la tentativa de suprimir al padre como a un rival sería castigada por aquél con la castración. Y así, por miedo a la castración, esto es, por interés de conservar su virilidad, abandona el deseo de poseer a la madre y suprimir al padre. En cuanto tal deseo permanece conservado en lo inconsciente constituye la base del sentimiento de culpabilidad. Todos éstos son, a nuestro juicio, procesos normales, el destino normal del llamado complejo de Edipo. A ello vamos a añadir ahora un complemento importantísimo.

Una complicación más surge cuando en el niño se halla intensamente desarrollado aquel factor al que damos el nombre de bisexualidad. Entonces, ante la amenaza de perder la virilidad por obra de la castración, se intensifica la tendencia a encontrar una salida, por el lado de la feminidad, situándose en el lugar de la madre y adoptando su papel de objeto erótico para con el padre. Pero el miedo a la castración hace también imposible esta solución. El sujeto comprende que también habrá de someterse a la castración si quiere ser amado, como una mujer, por el padre. De este modo, ambos impulsos, el odio al padre y el enamoramiento del padre, sucumben a la represión. Una diferencia psicológica se diseña, sin embargo, en este punto, pues el odio al padre es abandonado a causa del miedo a un peligro exterior (la castración), en tanto que el enamoramiento es tratado como un peligro instintivo interior, que, de todos modos, se reduce, en el fondo, de nuevo al mismo peligro exterior.

Lo que hace inadmisible el odio al padre es el miedo al mismo; la castración es temerosa, tanto en calidad de castigo como en calidad de precio del amor. De los dos factores que reprimen el odio al padre, el primero, el miedo directo al castigo y a la castración, puede ser calificado de normal, mientras que la intensificación patógena parece ser aportada por el otro factor, el miedo a la actitud femenina. Una intensa disposición bisexual es, así, una de las condiciones o uno de los refuerzos de la neurosis. Podemos estar casi seguros de que Dostoyevski entrañaba tal disposición, manifiesta en la importancia que tuvieron en su vida las amistades masculinas (homosexualidad latente), en su conducta singularmente cariñosa para con sus rivales en amor y en su excelente comprensión de situaciones sólo explicables por una homosexualidad reprimida, como lo prueban múltiples pasajes de sus novelas.

Lamentaré –pero no está en mi mano remediarlo– que estas consideraciones sobre el odio y el amor del sujeto infantil con respecto a su padre y las modificaciones experimentadas por tales sentimientos bajo el influjo de la amenaza de castración parezcan repulsivas e inaceptables a los lectores poco familiarizados con el psicoanálisis. Esperamos incluso que precisamente el complejo de castración haya de tropezar con la repulsa general. Pero no podemos menos de insistir con máxima energía en que la experiencia psicoanalítica deja fuera de toda duda estas circunstancias y nos hace ver en ellas la clave de toda neurosis. Habremos, pues, de intentar aplicarla también a la pretendida epilepsia de nuestro poeta.

Las consideraciones que preceden no agotan, desde luego, las consecuencias de la represión del odio al padre en el complejo de Edipo. A ellas hemos de agregar aún que la identificación con el padre acaba por conquistarse un puesto permanente en el *yo*. Es acogida en el *yo,* pero se enfrenta en él, como una instancia especial, a su contenido restante. A esta nueva instancia le damos entonces el nombre de *super-yo* y le adscribimos, como heredera de la influencia del padre, importantísimas funciones.

Si el padre fue severo, violento y cruel, el *super-yo* toma de él estas condiciones, y en su relación con el *yo* se restablece aquella pasividad que precisamente había de ser reprimida. El *super-yo* se ha hecho sádico, y el *yo* se hace masoquista; esto es, femeninamente pasivo en el fondo. Fórmase en el *yo* una magna necesidad de castigo que permanece, en parte, como tal a disposición del Destino y encuentra, en parte, satisfacción en el maltrato por el *super-yo* (sentimiento de culpabilidad). Todo castigo es, en el fondo, la castración, y, como tal, el cumplimiento de la antigua actitud pasiva con respecto al padre. También el Destino es tan sólo, en último término, una ulterior proyección del padre.

Los procesos normales de la formación de la conciencia han de ser análogos a los anormales antes descritos. No hemos conseguido aún fijar las fronteras entre unos y otros. Se observará que adscribimos máxima participación en el desenlace a los componentes pasivos, o sea, a la feminidad reprimida. Además, ha de ser muy importante, como factor accidental, el hecho de que el padre, ya siempre temido, sea también especialmente violento en la vida real. Así sucedió en el caso de Dostoyevski, y el hecho de su extraordinario sentimiento de culpabilidad, así como su conducta masoquista en la vida, podemos referirlo a un intenso componente femenino.

Así, pues, la fórmula correspondiente a Dostoyevski será ésta: un sujeto de disposición bisexual particularmente intensa, que puede defenderse con singular energía contra su dependencia de un padre especialmente duro.

Este carácter de la bisexualidad lo añadimos a los componentes de su personalidad antes fijados. El síntoma temprano de los «ataques de muerte» se nos explica así como una identificación con el padre, tolerada por el *super-yo* con un fin punitivo. «Has querido matar a tu padre para ocupar tú su lugar. Pues bien: ahora eres tú el padre, pero el padre muerto.» Tal es el mecanismo corriente de los síntomas histéricos. «Y, además, ahora el padre te mata a ti.»

Para el *yo,* el síntoma de la muerte es la satisfacción imaginativa del deseo masculino y al mismo tiempo una satisfacción masoquista. Para el *super-yo* es una satisfacción del impulso punitivo, o sea, una satisfacción sádica. Ambos, el *yo* y el *super-yo,* siguen desempeñando el papel de padre.

En conjunto, la relación entre la persona y el objeto paterno se ha transformado, conservando su contenido, en una relación entre el *yo* y el *super-yo,* constituyendo una reposición de la misma obra en un nuevo escenario.

Tales reacciones infantiles, emanadas del complejo de Edipo, pueden extinguirse cuando la realidad deja de aportarles alimento. Pero el carácter del padre sigue siendo el mismo, e incluso empeora con los años, y de este modo también perdura en Dostoyevski el odio al padre, su deseo de muerte contra aquel padre cruel.

Ahora bien: es harto peligroso que la realidad llegue a cumplir tales deseos reprimidos. La fantasía se hace así realidad, y todas las medidas defensivas quedan reforzadas. Los ataques de Dostoyevski toman entonces carácter epiléptico, siguen entrañando el sentido de una identificación punitiva con el padre, pero se hacen más temerosos, como terrible ha sido la muerte del padre mismo. Lo que no podemos adivinar es qué otro contenido, particularmente de orden sexual, hubo de agregarse a ellos.

Hallamos algo en extremo singular: en el aura del acceso el sujeto vive un instante de máxima felicidad, fijado acaso por el sentimiento de triunfo y de liberación emergentes al recibir la noticia de la muerte, al que sigue en el acto el castigo, tanto más cruel. Una tal sensación de triunfo y duelo, alegría festiva y duelo, la hallamos también repetida entre los hermanos de la horda primordial, que, después de matar al padre, lo vuelven a hallar en la ceremonia de la comida totémica. Si fuera cierto que Dostoyevski no sufrió ataque ninguno mientras estuvo en Siberia, ello confirmaría que sus ataques eran su castigo, no necesitándolos, por tanto, mientras sufría otro de distinto género. Pero esta circunstancia resulta indemostrable. Esta necesidad de castigo de la economía psíquica de Dostoyevski explica más bien que pudiera atravesar sin grave quebranto tales años de miseria y humillaciones. La condena de Dostoyevski como delincuente político fue injusta: Dostoyevski tenía que darse cuenta de ello; pero aceptó el castigo inmediato que el zar (el padrecito) le imponía, como sustitución del castigo al que su pecado contra su verdadero padre le había hecho acreedor. En lugar de entregarse al autocastigo se dejó castigar por el representante del padre. En este punto vislumbramos una parte de la justificación psicológica de las penas impuestas por la sociedad. Es indudable que grandes grupos de delincuentes piden y ansían el castigo. Su *super-yo* lo exige y evita así tener que imponerlo por sí mismo.

Quienes conocen los complicados cambios de sentido de los síntomas histéricos comprenderán que no emprendemos aquí una tentativa de descubrir más allá de este punto inicial el sentido de los ataques de Dostoyevski[5]. Ya es bastante poder suponer que su sentido original permaneció inmutable detrás de todas las estratificaciones ulteriores. Podemos decir que Dostoyevski no se vio jamás libre de remordimientos por su primitivo propósito parricida. Tales remordimientos determinaron también su actitud en los otros dos sectores en los que la relación paterno-filial da la norma; esto es, ante la autoridad estatal y ante la creencia en Dios. En el primero llegó una plena sumisión al padrecito zar, el cual había representado con él una vez, en la realidad, la comedia de la muerte que sus ataques le representaban con tanta frecuencia. La penitencia logró en este punto un predominio absoluto. En el terreno religioso le quedó mayor libertad. Según informes de cierta garantía, osciló durante toda su vida entre la fe y el ateísmo. Su gran inteligencia le hacía imposible ocultarse las grandes dificultades mentales que suscita la fe. Repitiendo individualmente una evolución histórica, esperaba hallar en el ideal cristiano una salida y una redención, y utilizar sus sufrimientos mismos como base de una aspiración a un papel de Cristo. Si en conjunto no llegó a alcanzar la libertad y se hizo reaccionario, fue porque la culpa filial, generalmente humana, en la que se basa el sentimiento religioso, alcanzó en él una intensidad superindividual, permaneciendo inaccesible incluso a su gran inteligencia. En este punto nos exponemos al reproche de abandonar la imparcialidad del análisis y someter a Dostoyevski a valoraciones sólo justificadas desde el punto de vista partidista de cierta intuición del Universo. Un conservador tomaría el partido del gran inquisidor y juzgaría muy diferentemente a Dostoyevski. El reproche está justificado; mas para mitigarlo podemos alegar que la decisión de Dostoyevski aparece determinada por la inhibición mental provocada por la neurosis.

No cabe atribuir al azar que tres obras maestras de la literatura universal traten el mismo tema: el parricidio. Tal es, en efecto, el tema del *Edipo* de Sófocles, del *Hamlet* shakespeariano y de *Los hermanos Karamazov*. Y en las tres aparece también a plena luz el motivo del hecho: la rivalidad sexual por una mujer. La exposición más sincera, desde luego, la del drama inspirado en la leyenda griega. En él, el protagonista mismo ha cometido el hecho. Pero sin atenuantes ni veladuras es imposible la elaboración poética. La confesión desnuda del propósito de suprimir al padre, tal como tendemos a conseguirla en el análisis, parece intolerable sin una previa preparación analítica. En el drama griego, la atenuación imprescindible queda magistralmente conseguida sin alteración alguna de los hechos, proyectando en la realidad el motivo inconsciente del protagonista como una fatalidad ajena a él. El protagonista comete el acto criminal intencionadamente y, al parecer, sin influjo alguno procedente de la mujer; pero luego se rinde pleitesía a la verdad profunda, por cuanto sólo después de repetir el hecho con el monstruo que simboliza al padre llega el protagonista a conseguir a la reina, su madre. Una vez descubierta su culpa y hecha consciente, no sigue tentativa alguna de descargarla de sí recurriendo a la construcción auxiliar de la fatalidad, sino que es reconocida y castigada como una culpa consciente, cosa que a nuestra reflexión puede parecer injusta, pero que es plenamente correcta desde el punto de vista psicológico.

La exposición del drama inglés es indirecta; el acto criminal no ha sido realizado por el protagonista mismo, sino por otro sujeto, para el cual no significaba un parricidio. Por lo cual no es preciso ya velar el motivo repulsivo: la rivalidad sexual. También el complejo de Edipo del protagonista lo vemos como a una luz refleja al observar los efectos que en él produce el acto cometido por otro. Debía vengar el crimen, pero se encuentra extrañamente incapaz de hacerlo.

Sabemos que lo que le paraliza es su sentimiento de culpabilidad, pero éste es sustituido en forma muy análoga a la que siguen los procesos neuróticos por la percepción de su insuficiencia para el cumplimiento de su labor vengadora. Surgen indicios de que el protagonista siente esta culpa como una culpa superindividual. Desprecia a los demás tanto como a sí mismo se desprecia.

> Si se tratara a cada cual como se merece, ¿quién escaparía de ser azotado?

La novela de Dostoyevski avanza en esta dirección un paso más. También en ella es otro el que ha cometido el crimen; pero alguien que se hallaba con el asesinado en la misma relación filial que Dimitri, el protagonista, con respecto al cual es abiertamente confesado el motivo de la rivalidad sexual. El parricida es, en efecto, otro hermano, al que Dostoyevski atribuye singularmente su propia enfermedad, la pretendida epilepsia, como si quisiera confesar que el neurótico y epiléptico que en él había era un parricida. Y luego sigue en el informe ante los tribunales la famosa burla contra la Psicología, calificada de bastón con dos extremos, la cual constituye un habilísimo encubrimiento, pues basta darle la vuelta para hallar el sentido profundo de la concepción de Dostoyevski. No es la Psicología lo que merece la burla, sino el procedimiento judicial. Es indiferente quién haya cometido realmente el crimen; para la Psicología, lo único que importa es quién lo ha deseado en su fuero interno y ha acogido gustoso su realización, y por eso son igualmente culpables todos los hermanos –con la sola excepción de Alioscha, figura de contraste–, tanto el vividor entregado a sus instintos, como el cínico escéptico y el criminal epiléptico. En *Los hermanos Karamazov* hallamos una escena que caracteriza magistralmente a Dostoyevski. El *staretz* reconoce en una conversación con Dimitri que entraña en sí la disposición al parricidio y se arrodilla ante él. Este acto no puede ser desde luego una expresión de admiración; ha de significar que el santo rechaza de sí la tentación de despreciar o condenar al asesino y se humilla por ello ante él. La simpatía de Dostoyevski hacia el delincuente es realmente ilimitada; va mucho más allá de la compasión, a lo que puede aspirar el desgraciado, y recuerda el respeto que a los antiguos inspiraban el epiléptico y el demente. El criminal es para él casi como un redentor, que ha tomado sobre sí la culpa que de otro modo habrían tenido que soportar los demás. Uno no necesita ya asesinar después que él ha asesinado y tiene que estarle agradecido, pues de otro modo hubiera tenido uno mismo que cometer el crimen. Esto no es sólo benigna compasión, sino identificación sobre la base de idénticos impulsos asesinos, y en último término, narcisismo ligeramente desplazado. Lo cual no anula en modo alguno el valor ético de tal bondad. Acaso es éste, en general, el mecanismo de la compasión, más fácilmente perceptible en este caso extremo del poeta, dominado por el sentimiento de culpabilidad. Es indudable que esta identificación simpática determinó decisivamente en Dostoyevski la elección de los temas literarios. Pero eligió primero la figura del delincuente vulgar –por egotismo–, y luego, las del delincuente político y religioso, antes de retornar, ya al fin de su vida, a la del delincuente primordial –el parricida– y utilizarla para legarnos su confesión poética.

La publicación de sus obras póstumas y del diario de su mujer han arrojado viva luz sobre un episodio de su vida, sobre el tiempo en que Dostoyevski, hallándose en Alemania, vivió dominado por la pasión del juego. *(Dostojewsky am Roulette.)* Fue éste un evidente acceso de pasión patológica, que no pudo ser desviada y utilizada en otro sentido. No faltaron racionalizaciones de esta conducta, tan singular como indigna. El sentimiento de culpabilidad se creó, como no es raro en los neuróticos, una representación tangible en una carga de deudas, y Dostoyevski podía alegar que aspiraba a ganar en el juego lo necesario para retornar a Rusia sin ser encarcelado por sus acreedores. Pero ello no era más que un pretexto: Dostoyevski era lo bastante inteligente para reconocerlo y lo bastante honrado para confesarlo. Sabía que lo importante era el juego en sí, *le jeu pour le jeu*[6]. Todos los detalles de su insensata conducta instintiva demuestran esto y todavía algo más. El juego le era también un medio de autocastigo. Había dado infinitas veces a su joven esposa su palabra de honor de no jugar más, y como él mismo confiesa, jamás cumplía tales promesas. Y cuando sus pérdidas hundían a ambos en la más negra miseria, Dostoyevski extraía de ello una segunda satisfacción patológica. Podía insultarse y humillarse ante su esposa e incitarla a despreciarle y a lamentar haberse casado con aquel pecador incorregible, y después de descargar así su conciencia volvía a la mesa de juego. Su joven mujer se acostumbró a este ciclo, pues observó que aquello que únicamente podía en realidad salvarlos, la producción literaria, nunca marchaba mejor que después de haberlo perdido todo y haber empeñado todo su ajuar. Pero, como es natural, no llegó a comprender la relación dada. Cuando su sentimiento de culpabilidad quedaba satisfecho por el castigo que él mismo se había atraído, cesaba su incapacidad para el trabajo y se permitía dar unos cuantos pasos por el camino del éxito.

Una novela de un autor moderno nos deja adivinar fácilmente cuál es el trozo de vida infantil, ha largo tiempo soterrado, que se conquista una repetición en la obsesión del juego. Stefan Zweig, que por cierto ha dedicado también un estudio a Dostoyevski *(Drei Meister),* nos ofrece en una novela corta, titulada *Veinticuatro horas de la vida de una mujer,* una pequeña obra maestra, que aparentemente se propone hacer observar cuán irresponsable es la mujer y a qué sorprendentes extralimitaciones puede ser impulsada por una imprevisión inesperada. Pero si la sometemos a una interpretación analítica, y todo en ella invita a tal labor, hallamos en su fondo algo muy distinto. Presenta, en efecto, ya sin tendencia alguna exculpatoria, algo generalmente humano, más bien generalmente masculino. Característico de la naturaleza de la creación poética es que el autor, al ser interrogado por mí sobre la cuestión, pudiera asegurar de perfecta buena fe que la interpretación que yo le comunicaba era totalmente ajena a su conocimiento y a su intención, aunque su obra incluía ciertos detalles, que parecían expresamente calculados para indicar la pista de su sentido secreto. En esta novela de Zweig, una distinguida señora, ya entrada en años, relata al poeta un suceso por ella vivido veinte años atrás. Había perdido muy pronto a su esposo, y cuando sus dos hijos se crearon un hogar y quedó ella sola y sin objeto ya en la vida, se había dedicado a viajar para distraer su ánimo ensombrecido. Y una noche, en el casino de Montecarlo, cautivaron su atención las manos de un jugador desgraciado, que delatarían con emocionante sinceridad e intensidad las sensaciones de su dueño. Era éste un apuesto joven –el poeta le atribuye, sin intención aparente, la edad del hijo mayor de la protagonista–, que después de haber perdido todo su dinero abandonaba la sala de juego, presa de honda desesperación, y sale al parque, acaso para poner fin a su vida. Una simpatía inexplicable fuerza a nuestra heroína a seguirle para intentar salvarle. El joven la cree al principio una de tantas aventureras que por aquellos lugares pululan, e intenta rechazarla; pero ella consigue permanecer a su lado, y una serie de circunstancias inesperadas la lleva a alojarse en el mismo hotel, y, por último, a compartir su lecho. Después de esta improvisada noche de amor, logra que el joven le jure solemnemente no volver a jugar, le facilita el dinero necesario para volver a su casa y le promete ir a despedirle a la estación. Pero luego despierta en ella una intensa ternura hacia aquel joven, se propone sacrificarlo todo para conservar su amor, y decide partir con él. Azares contrarios la hacen perder el tren, y cuando luego, llevada por la nostalgia del bien perdido, entra en la sala de juego, encuentra de nuevo allí, con espanto, aquellas manos que despertaron su simpatía. El perjuro ha vuelto al juego. La protagonista le recuerda su juramento, pero él, poseído por la pasión del juego, la rechaza, y para librarse de su presencia acaba por arrojarle el dinero con el que ella había intentado redimirle. Nuestra heroína huye, profundamente avergonzada, y días después averigua que ni siquiera le ha sido dado preservar del suicidio a aquel desgraciado.

Esta narración, brillantemente escrita y escrupulosamente motivada, posee por sí sola méritos suficientes para cautivar al lector. Pero el análisis nos muestra que su invención reposa sobre la base primera de una fantasía optativa de la época de la pubertad, fantasía que algunas personas recuerdan incluso como consciente. El contenido de esta fantasía es que la madre misma inicie al adolescente en la vida sexual para librarle de los temidos perjuicios del onanismo. El «vicio» de la masturbación aparece sustituido por la pasión del juego; así lo delata claramente la acentuación de la apasionada actividad de las manos. La pasión del juego es realmente un equivalente de la pretérita obsesión onanista. Lo irresistible de la tentación, los juramentos y promesas, jamás cumplidos, y el remordimiento de estarse matando (suicidio) aparecen inmutablemente conservados en la sustitución. La narración de Zweig es relatada ciertamente por la madre y no por el hijo. Al hijo tiene que halagarle el pensamiento de que si la madre supiera a qué peligros le expone el onanismo, le salvaría de él iniciándole en la vida sexual.

La equiparación inicial de la madre con una aventurera, en el ánimo del protagonista de la novela de Zweig, pertenece al contexto de la misma fantasía. Ésta hace fácilmente alcanzable lo inasequible. Los escrúpulos de conciencia que acompañan a esta fantasía se reflejan en el fatal desenlace de la novela. Es también interesante observar cómo la fachada que el poeta da a su novela intenta encubrir su sentido analítico. Pues es muy discutible que la vida erótica de la mujer sea regida por impulsos repentinos y enigmáticos. El análisis descubre más bien una motivación suficiente de la singular conducta de la protagonista, apartada hasta entonces del amor. Fiel a la memoria de su marido, se ha acorazado contra toda exigencia erótica, pero –y en ello acierta la fantasía del hijo– no escapó, como madre, a una transferencia erótica inconsciente sobre la persona del hijo, y en este punto, no vigilado, puede apoderarse de ella el Destino. Si la pasión del juego, con sus vanos intentos de deshabituación, y las ocasiones que ofrece para el autocastigo, es una reproducción de la obsesión masturbadora, no puede extrañarnos que conquistara un lugar tan importante en la vida de Dostoyevski. No conocemos ningún caso de neurosis grave en el que la satisfacción autoerótica de la temprana infancia y la pubertad no haya desempeñado su papel, y las relaciones entre los esfuerzos que el sujeto realiza para reprimirla y el miedo al padre son lo bastante conocidas para poder limitarnos a su simple mención[7].

Notas

Un recuerdo infantil de Leonardo de Vinci

1. Según frase de Burckhardt, citada por Alexandra Konstantinowa en la obra *Die Entwklung des Madonnentypus bei Leonardo da Vinci,* Estrasburgo, 1907.
2. «Egli per reverenza rizzandose a sedere sur letto, contando il mal suo egli accidenti di quello, mostrava tuttavia, quanto aveva offenso Dio egli uomini del mondo, non habendo operato nell'arte come si convenia.» (Vasari: *Vite,* etc., LXXXIII, años 1550-1554.)
3. Solmi: *La resurrezione dell'opera di Leonardo. Leonardo da Vinci. Conferenze fiorentine.* Milán, 1910.
4. Citado por Scognamiglio en su obra *Richerche e documenti sulla giovanezza di Leonardo da Vinci.* Nápoles, 1900.
5. W. v. Seidlitz: *Leonardo da Vinci, der Wendepunkt der Renaissance* 1909, I, p. 202.
6. Ibídem, II, p. 48.
7. W. Pater: *El Renacimiento.* «Lo cierto es que en determinada época de su vida abandonó por completo el arte.»
8. Véase en la obra citada de Seidlitz la historia de las tentativas de salvamento y restauración.
9. E. Muentz: *Leonardo da Vinci.* París, 1899, p. 18. (Una carta de un contemporáneo, dirigida a un Médicis, desde las Indias, alude a esta costumbre de Leonardo. Según Richter: *The literary works of Leonardo da Vinci.*)

10. F. Boltazzi: *Leonardo, biòlogo e anatòmico. Conference fiorentine*, p. 186, 1910.
11. E. Solmi: *Leonardo da Vinci*.
12. Marie Herzfeld: *Leonardo da Vinci, der Denker, Forscher und Poet*. Segunda edición. Jena, 1906.
13. Quizá hemos de exceptuar aquí los chistes –*belle facezie*– coleccionados por Leonardo, pero esta excepción carece de todo alcance.
14. Un dibujo de Leonardo, que representa el acto sexual en un corte anatómico y que en ningún modo puede calificarse de obsceno, muestra algunos singulares errores que han sido descubiertos por el doctor R. Reitler (*Internat. Zeitschr. f. Psychoanalyse*, IV, 1916-17) y le han servido de base para deducciones orientadas en igual sentido que las nuestras:

«Este extraordinario instinto de investigación falló por completo en la representación del acto sexual, a causa, naturalmente, de la represión sexual de Leonardo, más intensa aún, en él, que dicho instinto.

»Si al mostrar el adjunto dibujo a una persona que no lo conozca de antemano no le dejamos ver, al principio, sino la cabeza, podemos estar seguros de que la supondrá perteneciente a una figura femenina. Los rizosos cabellos que caen sobre la frente y por detrás hasta la cuarta o quinta vértebra dorsal caracterizan decisivamente esta cabeza como más femenina que masculina.

»El pecho femenino muestra dos defectos. Desde el punto de vista artístico, es perfectamente antiestético, pues aparece caído y falto de firmeza. Anatómicamente considerado, constituye un testimonio de que la repugnancia sexual de Leonardo le impidió examinar alguna vez detenidamente el pezón de una mujer criando, pues, si lo hubiera hecho así, habría observado que la leche fluye de él por diversos canales independientes. Por el contrario, dibuja Leonardo un solo canal que penetra largo trecho en la cavidad abdominal y extrae, probablemente, a juicio del maestro, la leche de la *cisterna chyli*, hallándose enlazado, además, en alguna forma, con los órganos sexuales.

»Hemos de tener, desde luego, en cuenta que el estudio de los órganos internos del cuerpo humano era muy difícil en aquella época, por hallarse prohibida y castigada como una profanación la disección de cadáveres. Así, pues, Leonardo no dispuso sino de un escasísimo material de disección, debió de ignorar la existencia de un depósito de linfa en la región abdominal, aunque representó en su dibujo una cavidad que indudablemente ha de ser interpretada en tal sentido. Pero el hecho de prolongar el canal de la leche hasta los genitales internos hace sospechar que intentaba representar también, por medio de conexiones anatómicas evidentes, la coincidencia temporal de la subida de la leche con el final del embarazo. Aun disculpando los defectuosos conocimientos anatómicos de Leonardo, por las circunstancias de su época, hemos de extrañar que dibujase aquí tan ligera y descuidadamente los genitales femeninos. Apenas podemos reconocer la vagina y una indicación de la *portio uteri*, y la matriz misma aparece dibujada con líneas muy confusas.

»En cambio, dibuja Leonardo mucho más correctamente los genitales masculinos, no limitándose, por ejemplo, a representar los tentáculos, sino también, y con toda exactitud, el epidídimo.

»La posición en la que el artista nos muestra realizado el coito es altamente singular. Existen cuadros y dibujos de excelentes artistas que representan el *coitus* a *tergo*, a *latere*, etc.; pero ante la ocurrencia de dibujar un acto sexual realizado en pie, hemos de suponer la existencia de una represión sexual particularmente enérgica como determinante de la elección de esta postura solitaria y casi grotesca. Cuando se quiere gozar –y muy especialmente en la satisfacción de los dos instintos originales, el hambre y el amor– suelen buscarse las mayores comodidades posibles. La mayoría de los pueblos de la Antigüedad comían echados. Esta costumbre se ha perdido ya en nuestros días; pero, en cambio, para realizar el coito seguimos adoptando tal posición y buscando igual comodidad que nuestros lejanos antepasados. Con el acto de acostarnos expresamos en cierto modo nuestra voluntad de permanecer largo rato en la situación deseada.

»Los rasgos fisonómicos de la femenina cabeza, correspondiente en el dibujo a la figura masculina, muestran una expresión de repugnancia y desagrado. El entrecejo aparece fruncido; la mirada, dirigida lateralmente, con una expresión de horror, y los labios se contraen en una mueca de disgusto que tira de sus comisuras hacia abajo. Nada refleja en este dibujo el placer del amante ni la bienaventuranza del amado. Sólo advertimos en él repugnancia y desagrado. Pero el mayor error cometido por Leonardo en este dibujo se nos evidencia al examinar las extremidades inferiores de las figuras. El pie del hombre tenía que ser el derecho, pues habiendo representando Leonardo el coito en un corte anatómico vertical, había de ser imaginado el pie izquierdo de la figura masculina fuera de la superficie del dibujo. Inversamente, y por

Notas

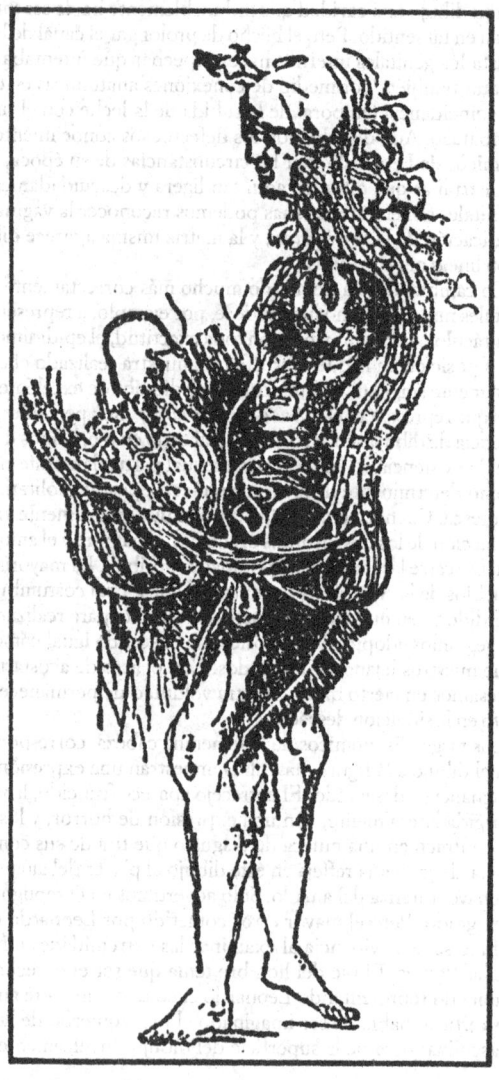

las mismas razones, el pie de la figura femenina tenía que ser el izquierdo. Pero Leonardo procede al revés y confunde entre sí la figura masculina y la femenina. La primera presenta el pie izquierdo y la segunda el derecho. Este error se nos evidencia en cuanto reflexionemos que los dedos gordos de los pies se hallan colocados en la parte interior de los mismos.

»Sólo por este dibujo anatómico podría deducirse que el gran artista e investigador italiano presentaba una perturbadora represión de la libido.»

15. A este incidente se refiere, según Scognamiglio (*l. c.* página 49), una oscura frase del *Codex Atlanticus*, que ha sido objeto de diversas interpretaciones: «Quanto io feci Domeneddio putto voi mi metteste in prigione, ora s'io lo fo grande, voimi farete peggio».
16. Merejkowski: *Leonardo da Vinci*. Esta novela histórica constituye la parte central de una gran trilogía titulada *Cristo y Anticristo*. Las otros dos partes se titulan *Juliano el Apóstata* y *Pedro el Grande y Alejo*.
17. Solmi: *Leonardo da Vinci*.
18. Filippo Botazzi: *Leonardo, biòlogo e anatòmico*, p. 193.
19. Solmi: *La resurrezione*, etc., p. 11.
20. *La resurrezione*, etc., p. 8: «Leonardo aveva posto come regola al pittore lo studio della natura... poi la passione dello studio era divenuta dominante, egli aveva voluto acquitare non più la scienza per l'arte ma la scienza per la scienza».
21. Véase la enumeración de sus trabajos científicos en la bella introducción biográfica de la obra antes citada de Maria Herzfeld (Jena, 1910) y en algunos de los ensayos coleccionados en las *Conferenze fiorentine* (1910).
22. Como confirmación de estos asertos, que al principio parecen poco verosímiles, véase mi «Análisis de la fobia de un niño de cinco años» (en *Sexualidad infantil y neurosis*, Alianza Editorial, Madrid, 2004 (1972), y otras observaciones análogas publicadas en el tomo II de la misma revista (1910). En un ensayo sobre las «teorías sexuales infantiles» escribía: «Estas reflexiones y dudas pasan a constituir el prototipo de toda la labor intelectual ulterior sobre cualquier orden de problemas, y el primer fracaso ejerce una perdurable acción paralizadora».
23. Scognamiglio, *l. c.*, p. 15.
24. Havelock Ellis ha objetado a esta hipótesis, en su benévola crítica del presente ensayo (*Journal of Mental Science*, julio, 1910), que el recuerdo de Leonardo podía muy bien haber tenido una base real, pues los recuerdos infantiles alcanzan, con frecuencia,

épocas mucho más tempranas de lo que generalmente se cree. El ave que en realidad se acercó a Leonardo pudo no ser precisamente un buitre, sino otra cualquiera de análogo tamaño. No quiero oponerme a esta explicación, y para atenuar aún más las dificultades llegaré incluso a suponer, por mi parte, que la madre pudo observar la visita del ave al niño, considerarla como un importante presagio y relatarla después repetidas veces a su hijo, el cual conservó el recuerdo de dichos relatos, confundiéndolo más tarde, caso muy frecuente, con el de haber vivido el suceso relatado. Pero esta variación no influye para nada en mis conclusiones. Las fantasías que el hombre crea posteriormente sobre su niñez se apoyan casi siempre en pequeñas realidades de esta prehistoria infantil, sumida, por lo demás, en el olvido. Por esta misma razón, resulta necesaria la existencia de un motivo secreto para compensar la insignificancia real de tales detalles y estructurarlos, como Leonardo hace con el ave, a la que supone un buitre, y con la singular conducta que le atribuye.

25. Posteriormente, he llevado a efecto tal aplicación de un incomprendido recuerdo infantil a la investigación de la personalidad de otro grande hombre [véanse las páginas 248-260 de este mismo volumen]. En las primeras páginas de la autobiografía de Goethe *(Poesía y verdad)*, escrita cuando el genial poeta frisaba ya en los sesenta años, hallamos el relato de que, siendo muy niño e instigado por un vecino, tiró un día por la ventana a la calle multitud de cacharros, que naturalmente se hicieron añicos. Es éste el único recuerdo que Goethe nos comunica de sus tempranos años infantiles. La absoluta inconexión coincidente con los recuerdos infantiles de otros hombres que no han llegado a la altura del gran escritor alemán, y la singular circunstancia de que Goethe no menciona para nada a un hermano suyo, que nació cuando él tenía tres años y nueve meses y murió seis años después, me indujeron a emprender el análisis del recuerdo infantil antes reseñado, esperando poder sustituirlo por algo más adaptado a la coherencia de la exposición goethiana y cuyo contenido le hiciera más merecedor de ser conservado y del lugar que el autor le concede en su autobiografía. Este pequeño análisis me permitió considerar el acto de tirar los cacharros por la ventana como un acto mágico dirigido contra un molesto intruso. Su significación es la de que ningún nuevo hermano habría de venir a perturbar la íntima relación del pequeño Goethe con su madre. No podemos extrañar que hasta en Goethe, como en Leonardo, se refiera a la madre el primer recuerdo infantil conservado bajo tales disfraces.

26. Cfr. el «Análisis fragmentario de una histeria», en *Escritos sobre la histeria,* Alianza Editorial, Madrid, 2002 (1973).
27. Horapollo: *Hieroglyphica,* I, 11.
28. Boscher: *Ausf. Lexikon der griechischen und roemischen Mythologie,* Artikel Mut, tomo II, 1894-1897. Lanzone: *Dizionario di mitología egizia.* Turín, 1882.
29. H. Hartleben, *Champollion. Sein Leben und setn Werk.*
30. Fomer: *Heber die androgynische idee des Lebens,* en *Jahrbuch f. sexuelle Zwischenstufen,* v. 1902, p. 731.
31. Plutarco: *Veluti si scarabeos mares tantum esse putarunt Aegypti sic inter vultures mares non inveniri statuerunt.*
32. *Horapollinis Eiloi Hieroglyphica editit.* Conradus Leemans, Amstelodami, 1835.
33. E. Muentz: *Léonard de Vinci,* París, 1899, p. 282.
34. Muentz, *l. c.*
35. Véanse las ilustraciones de la obra citada de Lanzone.
36. Roemer, *l. c.*
37. Cfr. Las observaciones incluidas en las revistas *Jahrbuch für Psychoanalytische und Psychopathologische Forschungen, Internationale Zeitschrift für Psychoanalyse* e *Imago.*
38. Entrevemos también aquí una raíz del antisemitismo de los pueblos occidentales, tan irracional como espontáneo. La circuncisión es equiparada inconscientemente por los hombres a la castración. Si nos arriesgamos a transferir nuestras hipótesis a los tiempos primitivos de la Humanidad, podemos sospechar que la circuncisión fue, en un principio, un sustitutivo atenuado de la castración.
39. Cfr. Richard Payne: *Le culte de Priape.* Bruselas, 1838.
40. Son éstas, en primer lugar, las de I. Sadger, cuyos resultados he podido comprobar en lo esencial. Sé, además, que W. Stekel, en Viena, y S. Ferenczi, en Budapest, han obtenido idénticas conclusiones.
41. La investigación psicoanalítica ha aportado para la comprensión de la homosexualidad dos hechos indudables, aunque no crea haber agotado con ello el estudio de la causación de esta aberración sexual. El primero de tales hechos es la fijación, antes citada, de las necesidades eróticas en la madre; el segundo se halla expresado en la afirmación de que todo individuo, aun el más normal, es capaz de la elección de objeto homosexual, la ha llevado a cabo siempre alguna vez en su vida y la conserva aún en lo inconsciente o se defiende contra ella por enérgicas disposiciones opuestas. Estos dos hechos ponen un término a la aspiración de los homo-

sexuales a ser reconocidos como un «tercer sexo» y también a la diferenciación entre sexualidad innata y sexualidad adquirida. La existencia de rasgos somáticos del sexo contrario (el grado de hermafroditismo psíquico) favorece la exteriorización de la elección de objeto homosexual, pero no es decisiva. Hemos de afirmar con sentimiento que los representantes de los homosexuales en la ciencia no han sabido extraer enseñanza ninguna de los seguros datos proporcionados por el psicoanálisis.
42. Solmi: *Leonardo da Vinci*, p. 152.
43. Ibídem, p. 203.
44. Se conduce aquí Leonardo como si se hallara acostumbrado a confesarse diariamente con una persona a la que luego hubiera sustituido por el libro de notas. Merejkowski expresa en su obra antes citada la sospecha de quién habría podido ser dicha persona.
45. M. Herzfeld: *Leonardo da Vinci*, 1906, p. CXLI.
46. Según Merejkowski, *l. c.*, p. 282.
47. O modelo.
48. La estatua ecuestre de Francesco Sforza.
49. Según M. Herzfeld, *l. c.*, p. XLV.
50. Merejkowski, *l. c.*, p. 372. «Como prueba de la inseguridad de las escasas noticias que poseemos sobre la vida íntima de Leonardo, indicaremos que esta misma cuenta aparece incluida con importantes variantes en la obra de Solmi. Así, los florines quedan sustituidos en ella por sueldos. Habremos, pues, de suponer que la moneda designada con el nombre de florín en la cuenta por nosotros reproducida no es el antiguo "florín de oro", sino otra unidad posterior, equivalente a 1,66 liras, o sea 33,33 sueldos.» Solmi supone que Catalina era una criada que Leonardo tuvo durante algún tiempo al frente de su casa. No me ha sido accesible la fuente de las dos versiones indicadas de la cuenta antes reproducida.
51. «Catalina ha llegado el 16 de julio de 1493.» «Giovannina –un rostro encantador– pregunta por Catalina en el hospital.»
52. Las manifestaciones en las que la líbido reprimida se exterioriza en Leonardo –minuciosidad y economía– pertenecen a los rasgos de carácter derivados del erotismo anal. (Cfr. *Charakter und Analerotik*, en *Sammlung Kleiner Schriften zur Neurosenlhre*. Zweite Folge, 1909.)
53. Las personas peritas en arte pensarán aquí en la singular sonrisa helada de las esculturas griegas arcaicas y quizá también en las figuras del Verrocchio, maestro de Leonardo, predisponiéndose así en contra de las consideraciones que a continuación desarrollamos.

54. Gruyer, según Seidlitz, *Leonardo da Vinci*, II, p. 280.
55. *Geschichte der Nalerei*, I, p. 314.
56. L. c., p. 417.
57. A. Conti: *Leonardo, pittore*, en *Conferenze Fiorentine*, l. c., p. 92.
58. L. c., p. 45.
59. W. Pater: *El Renacimiento*, segunda edición, 1906.
60. M. Herzfeld, *Leonardo da Vinci*, p. LXXXVIII.
61. Merejkowski sienta esta misma hipótesis, no obstante imaginar para Leonardo una historia infantil muy diferente de la deducida por nosotros en nuestro análisis de la fantasía del buitre. Pero si el mismo Leonardo hubiera poseído tal sonrisa, no hubiese dejado de señalar la tradición tan interesante coincidencia.
62. L. c., p. 309.
63. A. Konstantinowa, *l. c.:* «María contempla a su hijo con entrañable cariño y su sonrisa recuerda la enigmática expresión de la Gioconda». Y en otro lugar: «En el rostro de María se refleja la sonrisa de la Gioconda».
64. S. v. Seidlitz, *l. c.,* II, p. 274, observaciones.
65. Si intentamos delimitar en este cuadro las figuras de Santa Ana y la Virgen María no lo conseguiremos fácilmente. Podríamos decir que se hallan confundidas como imágenes oníricas mal condensadas, de manera que en algunos puntos resulta difícil determinar dónde acaba Santa Ana y comienza María. Esta circunstancia, que desde el punto de vista artístico se nos muestra como un defecto de la composición, queda justificada en el análisis por su oculto sentido. Las dos madres de su niñez tenían que fundirse, para el artista, en una sola figura.

    En este último cuadro ha realizado Oscar Pfister un singular descubrimiento, al que no puede negarse extraordinario interés, aunque no se quiera reconocer su exactitud. En las vestiduras, extrañamente plegadas y difícilmente delimitables, de la Virgen María ha hallado el *contorno del buitre y lo interpreta como un rompecabezas inconsciente.*

    «En el cuadro que representa a las madres del artista hallamos con absoluta claridad el *buitre, símbolo de la maternidad.*

    »En el manto azul que parte de la cadera de la figura situada en primer término, y se extiende sobre el regazo hasta envolver la rodilla derecha, vemos, efectivamente, la característica cabeza del buitre, el cuello y la cerrada curva del comienzo del lomo. Casi ninguna de las personas a las que he comunicado mi pequeño descubrimiento ha podido sustraerse a la evidencia de este rompecabezas.» *(Kryptolalie. Kryptographie und unbewusstes Vexierbild bei Normales,* en *Jahrbuch für Psychoanalytische und Psychopathologische Forschungen,* v. 1913.)

El lector no desdeñará seguramente el trabajo de contemplar breves momentos el cuadro, con objeto de buscar en él los contornos del buitre descubierto por Pfister. El manto azul, cuyos bordes dibujan el rompecabezas, se destaca en gris sobre el fondo, más oscuro, de las vestiduras restantes.

Pfister escribe luego (*l. c.,* p. 147): «Surge aquí una interrogación: ¿cuál es la amplitud del rompecabezas? Si seguimos los contornos del manto, claramente destacado de las vestiduras restantes, a partir de la mitad del ala, observaremos que, por una parte, desciende hasta el pie de la figura, y, por otra, se eleva hasta el hombro de la misma y la cabeza del niño. La primera nos daría aproximadamente el ala y la cola natural del buitre; la segunda, un puntiagudo vientre, y teniendo en cuenta sobre todo, las líneas radiadas, una cola de pájaro desplegada en abanico y cuyo extremo derecho llega a la boca del niño, esto es, de Leonardo, exactamente como en su

profético sueño infantil». El autor emprende luego una más detallada interpretación y examina las dificultades que en ella surgen.
66. Véase, Freud, «Una teoría sexual», apart. VII del volumen I de las *Obras completas.*
67. Prescindimos aquí de un más grave error cometido por Leonardo en esta anotación, al atribuir a su padre ochenta años siendo setenta y siete su verdadera edad.
68. Parece ser que también se equivocó Leonardo en esta anotación al consignar el número de sus hermanas, circunstancia que contrasta singularmente con la minuciosidad y el prurito de exactitud en ella aparentes.
69. Según M. Herzfeld (*Leonardo da Vinci*, p. 32), «el gran cisne» sería una colina próxima a Florencia, llamada Monte Cecero.
70. Según las investigaciones de Paul Federn y las de Mourly Vold (1912), hombre de ciencia noruego, independiente por completo del psicoanálisis.
71. Cfr. Muentz, *l. c.,* pp. 82 y ss., y M. Herzfeld, *l. c.,* páginas 223 y ss.
72. «Oltrechè perse tempo fino a disegnare gruppi di corde fatti con ordine, e che da un capo seguissi, tutto il resto fino all altris, tanto che s'empiessi un fondo, che se ne vede in stampa uno difficilisimo e molto bello e nel mezzo vi sono queste parole: "Leonardus Vinci Accademia."»
73. Esta crítica se refiere a los biógrafos en general y no únicamente a los de Leonardo.

El *Moisés* de Miguel Ángel

1. Acaso en 1602.
2. Según Henry Thode, la estatua fue ejecutada en los años de 1512 a 1516.
3. Henry Thode: *Michelangelo, Kritische Untersuchungen über seine Werke,* I, año 1908.
4. Thode, *l. c.,* cap. CXCVII.
5. Es de advertir que la cuidadosa disposición del ropaje sobre las piernas de la figura sedente invalida esta primera parte de la explicación de Justi. Diríase más bien que Moisés, hallándose tranquilamente sentado, ha sido sorprendido repentinamente por la visión de algo que excita sus iras.
6. Aunque el pie izquierdo del Giuliano de la Capilla de los Médicis, que aparece serenamente sentado, se muestra en análoga posición.

7. W. Watkiss Lloyd: *The Moses of Michelangelo*. Londres, Williams and Morgate, año 1863.

El delirio y los sueños en la *Gradiva*, de W. Jensen

1. Realmente, el caso de Norberto Hanold debería ser calificado de delirio histérico y no paranoico, pues faltan en él los signos característicos de la paranoia.
2. Véase la obra de Bleuler titulada *Affektivitaet, Suggestibitaet, Paranoia,* y los *Diagnostische Assoziationstudien,* de C. G. Jung, Zúrich, 1906. (En la fecha de esta segunda edición de nuestro estudio sobre la obra de Jensen –1912– debemos rectificar los conceptos supradichos. El «movimiento psicoanalítico», por nosotros estimulado, ha alcanzado ya una extraordinaria difusión y su importancia crece aún de día en día.)
3. Cfr. nuestra *Colección de ensayos sobre Neurología,* primera parte.
4. Véase, en efecto, nuestro análisis de su histeria en la segunda parte de la *Colección de ensayos sobre Neurología.*
5. Cfr. Breuer y Freud: *Estudio sobre la histeria,* 1895 [véase *La histeria,* Alianza Editorial, Madrid, 2002 (1967)].
6. Sancte de Sanctis: *Los sueños,* 1901.
7. *Gradiva,* p. 70: «No; hablando, no. Pero te llamé cuando te echaste a dormir y estuve a tu lado; –tu rostro era tan serenamente bello como si fuese de mármol. Te lo ruego.–Reclínate de nuevo sobre la gradería.»

Un recuerdo infantil de Goethe en *Poesía y verdad*

1. Error pasajero, de naturaleza singular. No puede negarse que el sujeto se encuentra ya inducido por la tendencia de supresión, hostil al hermano.
2. Esta duda, que ataca, en calidad de resistencia, al punto más esencial de la comunicación, fue espontáneamente retirada, poco después, por el paciente.
3. Elegía siempre objetos pesados.
4. «Análisis de la fobia de un niño de cinco años», en *Sexualidad infantil y neurosis,* Alianza Editorial, Madrid, 2004 (1972).
5. Esta simbolización del embarazo me ha sido confirmada de nuevo no hace mucho por una paciente mía, mujer de más de cincuenta

años. Sus familiares le habían contado repetidamente que, siendo muy niña, hasta el punto de que apenas hablaba aún, acostumbraba coger a su padre de la mano y tirar de él hasta llevarlo al balcón, mostrándose muy excitada cada vez que pasaba por la calle un pesado carro de mudanzas. Por el recuerdo de las casas en que de niña había vivido pudimos fijar que la sujeto tenía entonces unos dos años y medio. Por este tiempo nació su hermano, y la familia tuvo que mudarse a una casa más espaciosa. Próximamente, en la misma época tuvo frecuentemente, en el momento de conciliar el sueño, la sensación de que algo inquietantemente grande se aproximaba a ella, al mismo tiempo que «se le hinchaban enormemente las manos».

Dostoyevski y el parricidio

1. Cfr. la discusión sobre este punto en *Der unbekannte Dostoiewski*, 1926. –Stefan Zweig: «No se detiene ante las barreras de la moral burguesa, y nadie puede decir exactamente hasta qué punto transgredió en su vida las fronteras legales ni cuánta parte de los instintos criminales de sus héroes llegó a convertirse en él en acción real» *(Drei Meister,* 1920). Sobre la íntima relación entre las figuras de Dostoyevski y sus propias vivencias, véanse las consideraciones de René Fülop-Miller en el capítulo inicial de *Dostoiewski am Roulette,* 1925.

2. Cfr. el ensayo de René Fülop-Miller *Dostoiewsky Heilige Krankheit (Wissen und Leben,* 19-20, 1924). Singularmente interesante es el dato de que en la infancia del poeta le sucedió «algo terrible, inolvidable y dolorosísimo» a lo cual deben referirse los primeros indicios de su enfermedad (Suworin en un artículo de la *Mowoje Wremja,* 1881, citado en la introducción a *Dostoiewski am Roulette,* p. XLV). Véase también a Orest Miller, *Dostoiewski autobiographische Schriften:* «Poseemos, sin embargo, sobre la enfermedad de Fiodor Mijailovich, otro dato particular que se refiere a su más temprana infancia y relaciona la enfermedad con un suceso trágico acaecido en la vida familiar de los padres de Dostoyevski. Pero aunque este dato me ha sido comunicado verbalmente por alguien muy próximo a Fiodor Mijailovich, no puedo decidirme a reproducirlo aquí precisa y detalladamente, por cuanto no he logrado confirmarlo» (p. 140). La literatura biográfica y la investigación de las neurosis no pueden ciertamente mostrarse agradecidas a esta discreción de O. Miller.

3. La mayoría de los datos, y entre ellos la propia manifestación de Dostoyevski, afirman más bien que sólo durante la prisión en Siberia adquirió ya su enfermedad su definitivo carácter epiléptico. Desgraciadamente, las manifestaciones autobiográficas de los neuróticos carecen de toda garantía de exactitud. La experiencia ha demostrado que su memoria incurre en falsedades encaminadas a desgarrar un encadenamiento causal. Mas parece seguro que la prisión en las cárceles siberianas modificó también profundamente la enfermedad de Dostoyevski. Cfr. *Dostoiewski Heilige Krankheit* (p. 1.186).
4. Cfr. Freud, *Tótem y tabú*, Alianza Editorial, Madrid, 2011 (1967).
5. Cfr. *Tótem y tabú, op. cit.* La mejor información sobre el sentido y contenido de los ataques de Dostoyevski nos la procura el propio interesado al comunicar a su amigo Strachoff que la irritabilidad y la depresión que le asaltaban después de sus ataques epilépticos tenían su origen en el hecho de que, en tales períodos, se aparecía a sí mismo como un criminal y no podía libertarse del sentimiento de haber echado sobre sí una terrible culpa incógnita, haber cometido un terrible crimen que le agobiaba. *(Dostoiewski Heilige Krankheit*, p. 1.188). En tales acusaciones ve el psicoanálisis la revelación de una parte de la «realidad psíquica» y se esfuerza en dar a conocer a la conciencia la culpa desconocida.
6. «Lo principal es el juego mismo», escribe en una de sus cartas. «Te juro que no juego por ansia de hacer dinero, aunque bien lo necesito.»
7. La mayoría de las opiniones desarrolladas en el presente ensayo fueron ya apuntadas por Jolar Menfeld en un excelente trabajo titulado *Dostoiewski, Skiffe zu seiner Psychoanalyse*, 1923.

Obras de Sigmund Freud en Alianza Editorial

Autobiografía
El chiste y su relación con lo inconsciente
El malestar en la cultura
El yo y el ello y otros escritos de metapsicología
Ensayos sobre la vida sexual y la teoría de las neurosis
Escritos sobre la histeria
*Esquema del psicoanálisis y otros escritos de doctrina
    psicoanalítica*
Introducción al narcisismo y otros ensayos
Introducción al psicoanálisis
La histeria
La interpretación de los sueños, 1
La interpretación de los sueños, 2
La interpretación de los sueños, 3
Los orígenes del psicoanálisis
*Moisés y la religión monoteísta y otros escritos sobre
    judaísmo y antisemitismo*
Nuevas aportaciones a la interpretación de los sueños
Paranoia y neurosis
Psicoanálisis aplicado y técnica psicoanalítica

Psicoanálisis del arte
Psicología de las masas
Psicopatología de la vida cotidiana
Sexualidad infantil y neurosis
Tótem y tabú
Tres ensayos sobre teoría sexual y otros escritos